Prix de Rome

2011

Beeldende Kunst / Visual Arts

Prix de Rome 2011

Pilvi Takala

Vincent Vulsma

Priscila Fernandes

Ben Pointeker

Gwenneth Boelens

Mark Boulos

Petra Stavast

Edward Clydesdale Thomson

Guido van der Werve

Katarina Zdjelar

NAi Uitgevers/Publishers
Rijksakademie van beeldende kunsten

VOORWOORD FOREWORD
ELS VAN ODIJK

De Prix de Rome is de oudste en meest genereuze Nederlandse 'staatsprijs' voor kunstenaars en architecten tot 35 jaar. Het traceren van talent en signaleren van trends in een internationale context staat centraal.
De organisatie van de prijs, van oudsher een van de taken van de Rijksakademie, is een natuurlijk onderdeel binnen de geschiedenis van de Rijksakademie, waar historie en actualiteit hand in hand gaan en steeds opnieuw uitdagen tot vernieuwing en verandering.

De Prix de Rome 2011 richt zich op de beeldende kunst. De jury bestaat overwegend uit kunstenaars: Sung Hwan Kim (KR/USA) genomineerd voor de Prix de Rome 2007, Wendelien van Oldenborgh (NL), Silke Otto-Knapp (DE) en Pedro Cabrita Reis (PT), aangevuld met curator/schrijver Adam Szymczyk (P/CH). Onafhankelijk voorzitter van de jury is Hendrik Driessen, directeur van museum De Pont in Tilburg. Els van Odijk, directeur van de Rijksakademie, is secretaris.

In november 2010 beoordeelde de jury de meer dan 200 aanmeldingen voor de Prix de Rome Beeldende Kunst 2011. De grote variëteit binnen het ingezonden werk in discipline en in onderwerp gaf een levendig beeld van de rijkheid en diversiteit binnen de jongere generatie kunstenaars in Nederland.
In de eerste ronde zocht de jury naar een tentatieve profielschets van potentiële genomineerden. Ook zocht zij naar gemeenschappelijke tendensen in thematiek, wijze van werken of verhouding tot de omgeving. Opvallend in deze ronde was de aandacht binnen veel van het ingezonden werk voor ongeschreven codes en sociale verwachtingen die van invloed zijn op de omgang en communicatie tussen mensen. Op verschillende manieren blijken de kunstenaars het publiek, de maatschappij, een spiegel voor te willen houden. Daartegenover vielen de kunstenaars op die zich bezighouden met 'het zijn', met verstilling en reflectie.
In december, in de tweede ronde, is de jury met de tien kunstenaars van de long list individueel in gesprek gegaan aan de hand van het originele werk. Bij het kijken, beoordelen en uiteindelijk maken van keuzen bleken in deze fase persoonlijke fascinatie en nieuwsgierigheid belangrijk. De discussies om te komen tot de vier kunstenaars die genomineerd zijn voor de Prix de Rome 2011 worden in het juryrapport beschreven.
Priscila Fernandes, Ben Pointeker, Pilvi Takala en Vincent Vulsma hebben de mogelijkheid gekregen om in een periode van ruim drie maanden nieuw werk te maken waarop de jury in mei, tijdens de tentoonstelling, haar uiteindelijke oordeel baseert.

De Prix de Rome ontwikkelt mee met de veranderende maatschappelijke omgeving en zoekt naar meer publieke aanwezigheid en debat. Voor de kunstenaars, met name de vier 'shortlisters' heeft dit gevolgen. De beslotenheid van het atelier wordt doorbroken, zij worden uitgedaagd na te denken over de manier waarop zij zich met het publiek willen verhouden; of het mogelijk is om inzicht te geven in hun proces van werken en in de bronnen die zij gebruiken om het werk te ontwikkelen.
De Prix de Rome werkt samen met de AVRO, NAi Uitgevers, Kunstbeeld en met IMC Weekendschool; de vier kunstenaars van de eindronde worden op televisie gevolgd, er wordt over geschreven en ook een kinderjury spreekt zich uit over het werk. De partners SNS REAAL Fonds, Stichting Gieskes-Strijbis Fonds, KPN en Inbo dragen op eigen wijze bij om de publieke kant van de Prix de Rome te vergroten en te verbreden. KPN-medewerkers kiezen uit de tien long-listkunstenaars een eigen winnaar voor de KPN Kunstprix. SNS REAAL Fonds en Stichting Gieskes-Strijbis Fonds ondersteunen de publieke en educatieve activiteiten.

The Prix de Rome is the oldest and most generous Dutch 'state' prize for artists and architects younger than 35. The central aims are to trace talent and identify trends in the Netherlands in an international context. The organization of the prize, traditionally one of the tasks of the Rijksakademie, is a natural component of the Rijksakademie's history, where past and present go hand-in-hand, posing the challenge to innovate and change time and again.

The Prix de Rome 2011 focuses on visual art and the jury consists largely of artists: Sung Hwan Kim (KR/USA) who was nominated for the Prix de Rome 2007, Wendelien van Oldenborgh (NL), Silke Otto-Knapp (DE) and Pedro Cabrita Reis (PT), supplemented with curator/writer Adam Szymczyk (P/CH). The independent chairman of the jury is Hendrik Driessen, director of museum De Pont in Tilburg. Els van Odijk, director of the Rijksakademie, fulfils the role of secretary.

In November 2010, the jury assessed the more than 200 applications for the Prix de Rome Visual Art 2011. The wide variety in discipline and subject matter encountered in the submitted work provided a lively image of the richness and diversity within the younger generation of artists in the Netherlands.
In the first round, the jury was looking for a tentative profile of potential nominees. It was also looking for common trends in theme, method of working or relationship with the surroundings. A striking feature of this round was the attention paid in many of the works to unwritten codes and social expectations that influence contact and communication between people. In various ways, it seems to be the artists' intention to hold up a mirror to the public and society in general. However, the artists who concern themselves with 'being', tranquillity and reflection also stood out.
During the second round in December, the jury entered into individual discussions with the ten artists on the long list, based on their original work. Personal fascination and curiosity proved important during this phase while observing, assessing and ultimately making choices. The discussions that led to the selection of the four artists nominated for the Prix de Rome 2011 are described in the jury report.
Priscila Fernandes, Ben Pointeker, Pilvi Takala and Vincent Vulsma were given a period of more than three months to create new work on which the jury will base its final judgement in May, during the exhibition.

The Prix de Rome is developing along with a changing society and is looking for more public presence and debate. This has consequences for the four 'short-listers'. The seclusion of the studio is broken, the artists are challenged to think about the way they wish to interact with the public and whether it is possible to give insight into their work process and the sources they use to develop their work.
The Prix de Rome works together with the AVRO, NAi Publishers, Kunstbeeld and with IMC Weekendschool; the four artists in the final round are followed on television, they are written about and a children's jury also gives its opinion of the work. Partners SNS REAAL Fonds, Stichting Gieskes-Strijbis Fonds, KPN and Inbo each make their own contribution towards enlarging and broadening the public side of the Prix de Rome. KPN employees choose their own winner from the ten long list artists for the KPN Kunstprix. SNS REAAL Fonds and Stichting Gieskes-Strijbis Fonds provide support for the public and educational activities.
Once again, there has been collaboration with the Young Art Critic Prize. Nicoline Timmer, who was nominated for this prize, wrote the texts on the artists as well as the Jury Report in this publication.

The Prix de Rome is eminently suitable for reacting to developments that correspond to the spirit of the times. Its rich history provides the space to grant the artists complete free-

In 2011 is opnieuw samengewerkt met de Prijs voor de Jonge Kunstkritiek. Nicoline Timmer, genomineerd voor deze prijs, schreef de teksten over de kunstenaars en het juryrapport.

De Prix de Rome leent zich ervoor om te reageren op ontwikkelingen passend in de geest van de tijd. Zijn rijke geschiedenis geeft ruimte om enerzijds de kunstenaars de volledige vrijheid van werken te geven en anderzijds zowel de jury als een geïnteresseerd en betrokken publiek zich te laten uitspreken over het werk van de kunstenaar(s), de rol van kunst in de samenleving en de verhouding tot het hier en nu.
Een prijs voor jong talent dient aansluiting te krijgen bij een passend publiek. Daarom zijn verschillende stappen ondernomen om een breder en jonger publiek te betrekken bij de Prix de Rome. Er is een flinke slag geslagen in de communicatie via de nieuwe media. De belangrijkste pijlers van de publieksprogrammering zoals die in 2011 is ingezet, zijn educatieve activiteiten in de tentoonstelling en betere informatievoorziening en betrokkenheid via online communicatie. Dit gebeurt steeds vanuit de inhoud, met het werk van de kunstenaars als leidraad.

In 2011 wordt voor de eerste keer 'Mijn Prix' georganiseerd. Tijdens de Prix de Rome-tentoonstelling krijgen bezoekers de mogelijkheid om aan te geven wie zij als winnaar van de Prix de Rome zouden kiezen. Ook wordt voor het eerst samengewerkt met SMART Project Space in Amsterdam. SMART is de bijzondere opgave aangegaan een tentoonstelling te maken van werk dat niet door het eigen team geselecteerd is.

Graag bedank ik de jury van de Prix de Rome Beeldende Kunst 2011 voor hun grote mate van betrokkenheid en geconcentreerdheid tijdens het juryproces en hun medewerking aan de publieke kanten van de Prix de Rome. In het bijzonder bedank ik juryvoorzitter Hendrik Driessen voor de uitstekende wijze waarop hij het proces heeft gestuurd en begeleid. Hij was in staat ruimte te geven aan de verschillende invalshoeken, stilte te laten vallen en aan te zetten tot onderlinge uitwisseling, inzichten en doorzichten. Het was een plezier om samen te werken.
Ik bedank de partners van de Prix de Rome en het ministerie van OCW voor de genereuze ondersteuning van deze bijzondere Nederlandse prijs.

Els van Odijk
directeur Rijksakademie van beeldende kunsten
secretaris jury Prix de Rome

dom to work and also to give both the jury and an interested and engaged public the opportunity to express opinions about the artists' work, the role of art in society and the relationship to the here and now.
A prize for young talent deserves to find a connection with an appropriate public. That is why various steps were taken to attract a broader and younger public to the Prix de Rome. Serious work has been made of communication via new media. The most important elements of the public programme in 2011 are educational activities at the exhibition and better information provision and involvement through on-line communication. This is always content-driven and uses the artists' work as guiding principle.

For the very first time in 2011, 'My Prix' is being organized. During the exhibition, visitors will be given the opportunity of indicating who they would choose as winner. Also for the first time, the Prix de Rome is working with SMART Project Space in Amsterdam. SMART accepted the special assignment of creating an exhibition of work not selected by its own team.

I would like to thank the Prix de Rome Visual Art 2011 jury members for their immense commitment and concentration during the judging process and their cooperation with the public side of the Prix de Rome. In particular, I would like to thank the chairman of the jury, Hendrik Driessen, for the first-rate way in which he directed and supported the process. He gave space to the various perspectives, allowed for moments of silence and encouraged mutual exchanges, insights and understanding. It was a pleasure to work together.
I would also like to thank the Prix de Rome partners and the Ministry of Education, Culture and Science for their generous support of this very special Dutch prize.

Els van Odijk
Director of the Rijksakademie of Visual Arts, Amsterdam
Secretary of the Prix de Rome jury

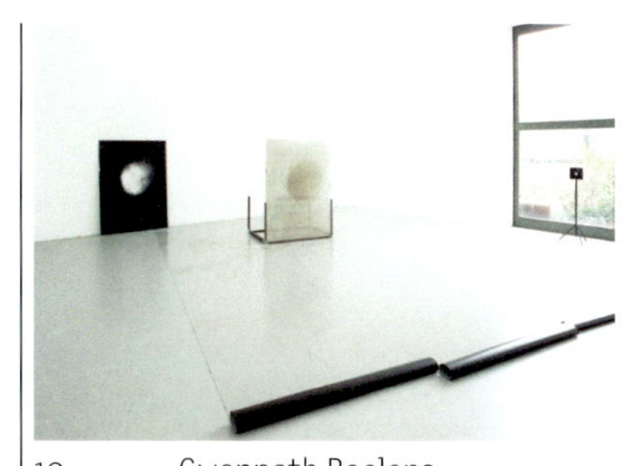

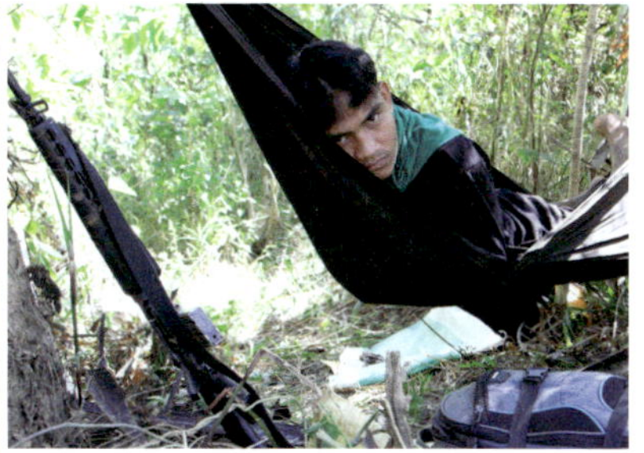

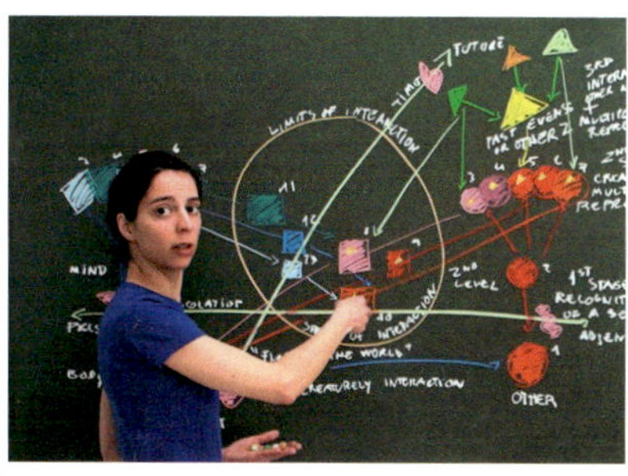

LONG LIST

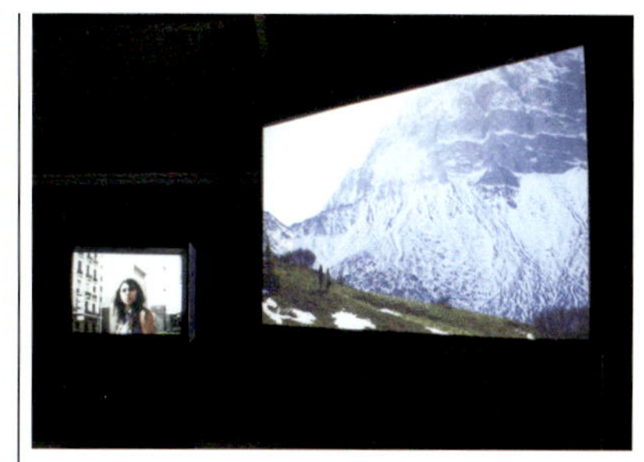

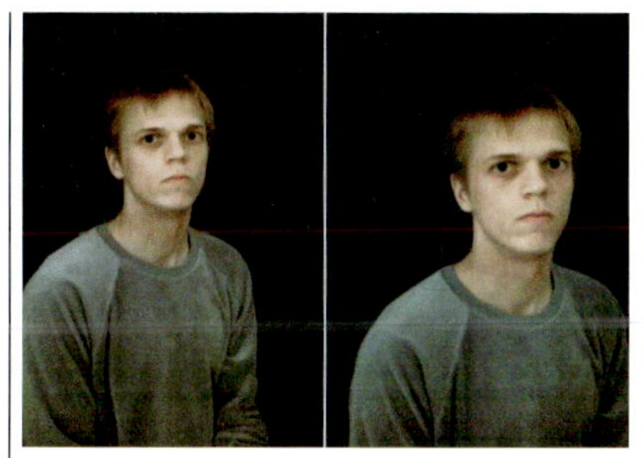
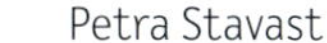

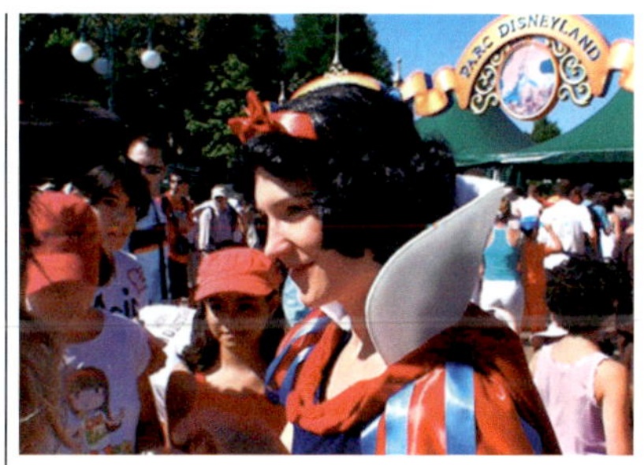

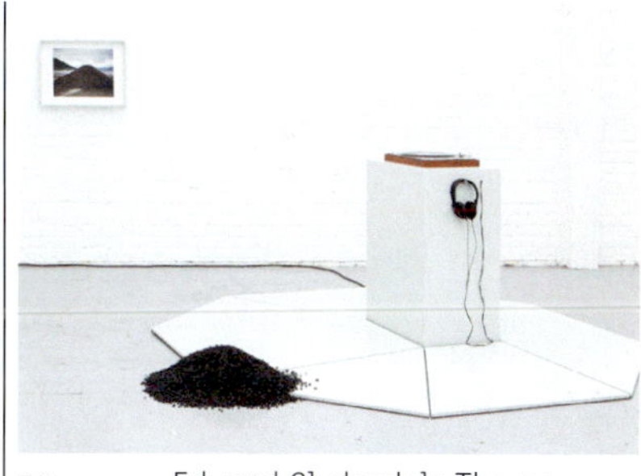

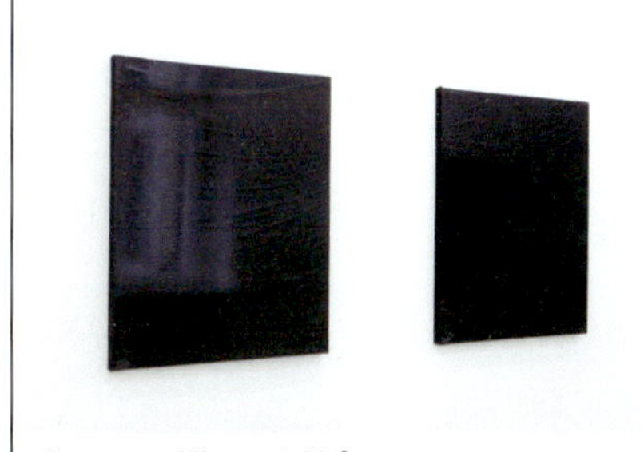

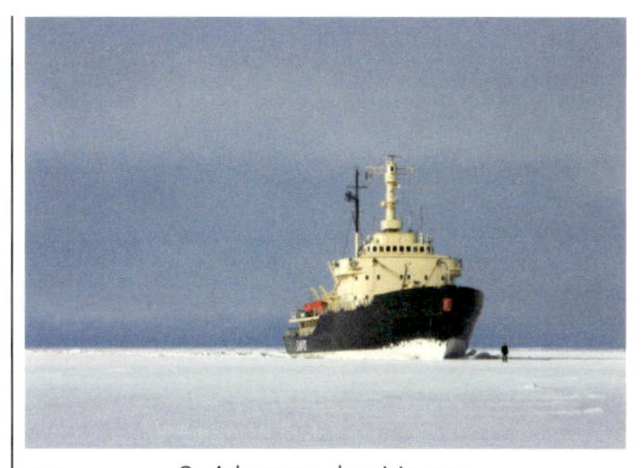

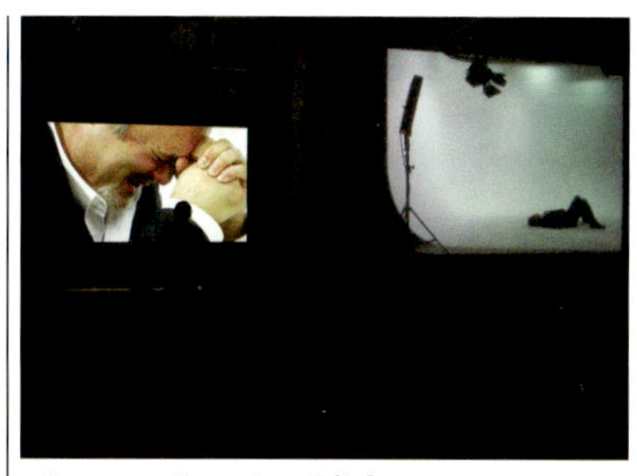

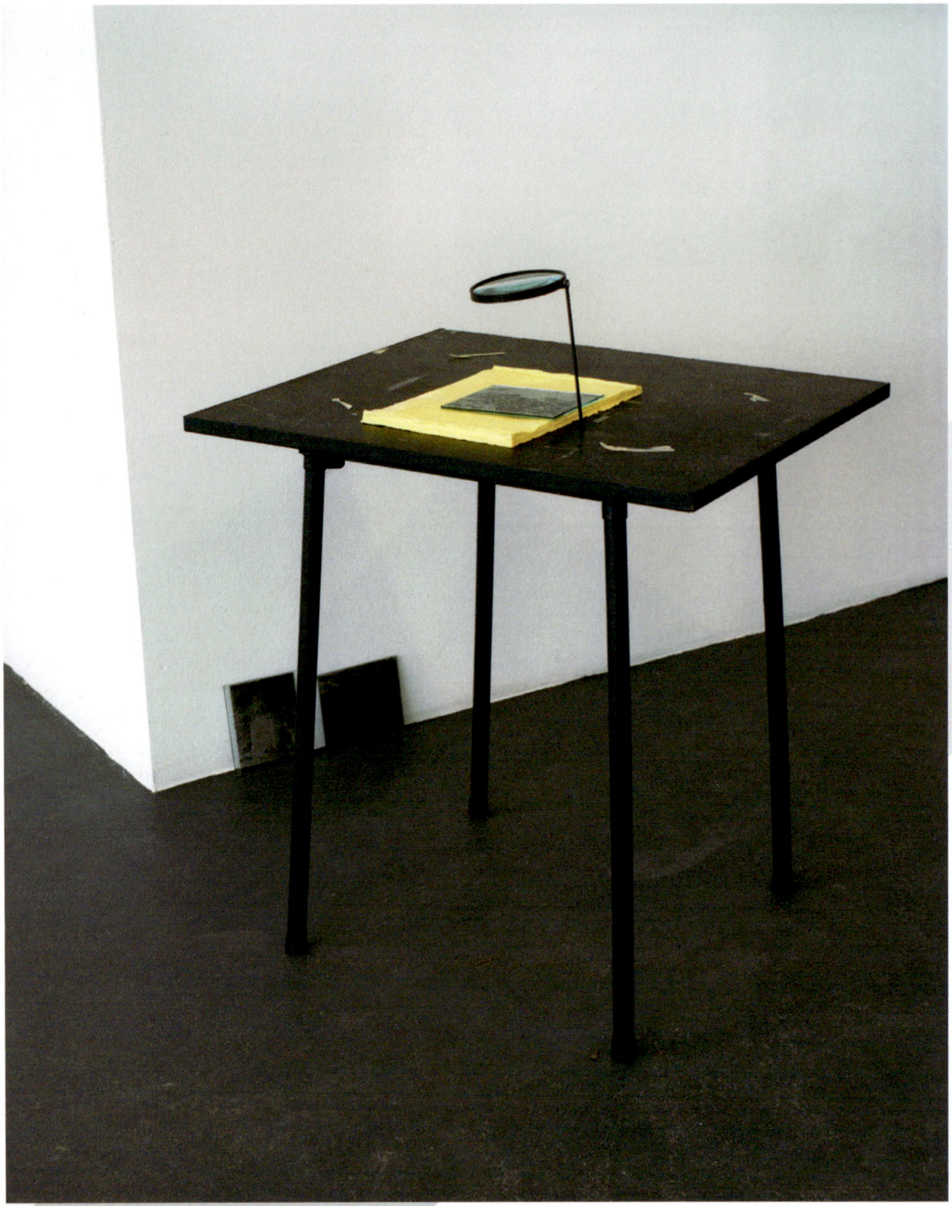

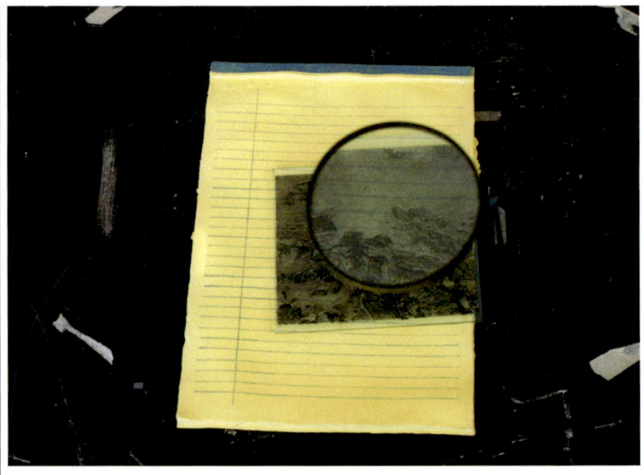

Negative. Rather Than Truth, 2010
hout, keramiek, vergrootglas, metaal, krijt op glas, inkjetprints/wood, ceramic,
magnifying glass, metal, wax crayon on glass, ink-jet prints, 68 x 58 x 74 cm

Negative. Rather Than Truth, 2010 (detail)

Gwenneth Boelens

How can you make the boundaries between inner and outer worlds tangible? How much space do thoughts take up? These are the kind of personal, abstract questions that Gwenneth Boelens' work arises from. Human beings do not occupy centre stage as a matter of course; the centre of experience can also be a group of stones, a corner of Central Park, a striped floor or a ceramic notepad. Boelens creates tangible abstractions to investigate the functioning of our perception. It is as if her method of working involves simultaneously a zooming in and a zooming out, introducing intuitive arrangements that take on a self-evident form. In Exposure Piece (Sensitizing) (2010), for instance, an installation that consists of a man-high glass negative and the corresponding print. There is nothing to see, no image at any rate, only the process of transformation is captured; it is the origin of the image that has acquired circumference and dimensions here. The title of another recent work — Not often the walls of the mind become transparent (2010) — could perhaps serve as a motto for Boelens' entire oeuvre-in-the-making. Using various media (photos, installations, books, performances and recently also more and more sculptures) she continually feels out the boundaries and housing of a closed realm of thought or source of images.

Gwenneth Boelens (1980, Soest, NL) studied at the Koninklijke Academie van Beeldende Kunsten in The Hague, was a resident at the Rijksakademie in Amsterdam in 2006–2007 and had a solo exhibition at Klemm's in Berlin in 2010. In collaboration with Nickel van Duijvenboden (under the name 'Il faut'), she published various books.

Hoe maak je de grens tussen binnenwereld en buitenwereld tastbaar? Hoeveel ruimte nemen gedachten in? Het werk van Gwenneth Boelens vloeit voort uit zulke persoonlijke, abstracte vragen. De mens staat daarbij niet altijd vanzelfsprekend centraal; centrum van de belevingswereld kan ook een groepje stenen zijn, een hoekje van Central Park, een vloer met strepen of een kladblok van keramiek. Boelens creëert aanraakbare abstracties waarmee de werking van onze waarneming wordt onderzocht. Het is alsof Boelens in haar werkwijze tegelijkertijd inzoomt en uitzoomt, intuïtieve ordeningen aanbrengt die vanzelfsprekend vaste vorm aannemen. Zoals in Exposure Piece (Sensitizing) (2010), een installatie die bestaat uit een menshoog glasnegatief en de afdruk daarvan. In feite is er niets te zien, geen afbeelding althans, alleen het proces van transformatie is gevangen, het ontstaan van beeld heeft hier een omtrek en een afmeting verworven. De titel van een ander recent werk — Not often the walls of the mind become transparent (2010) — kan misschien als motto dienen voor heel Boelens' oeuvre-in-wording. In verschillende media (foto's, installaties, boeken, performances en recentelijk ook steeds meer sculpturen) tast ze telkens de begrenzing en behuizing van een gesloten gedachtewereld of bron van beelden af.

Gwenneth Boelens (1980, Soest, NL) studeerde aan de Koninklijke Academie van Beeldende Kunsten in Den Haag, was in 2006–2007 resident aan de Rijksakademie in Amsterdam en had in 2010 onder meer een solotentoonstelling in Klemm's in Berlijn. In samenwerking met Nickel van Duijvenboden (onder de naam 'Il faut') publiceerde ze verschillende kleine uitgaven.

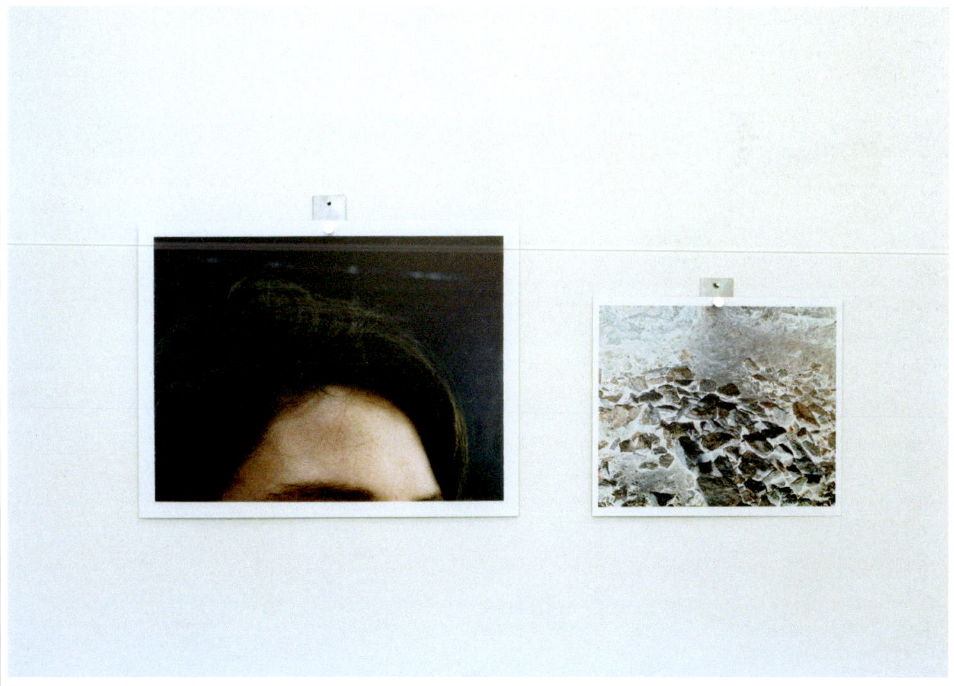

Not often the walls of the mind become transparent, 2010
inkjetprints op aluminium, metaal, magneten/ink-jet prints on aluminium, metal, magnets, 30 x 38.25 cm en/and 22.2 x 25.8 cm

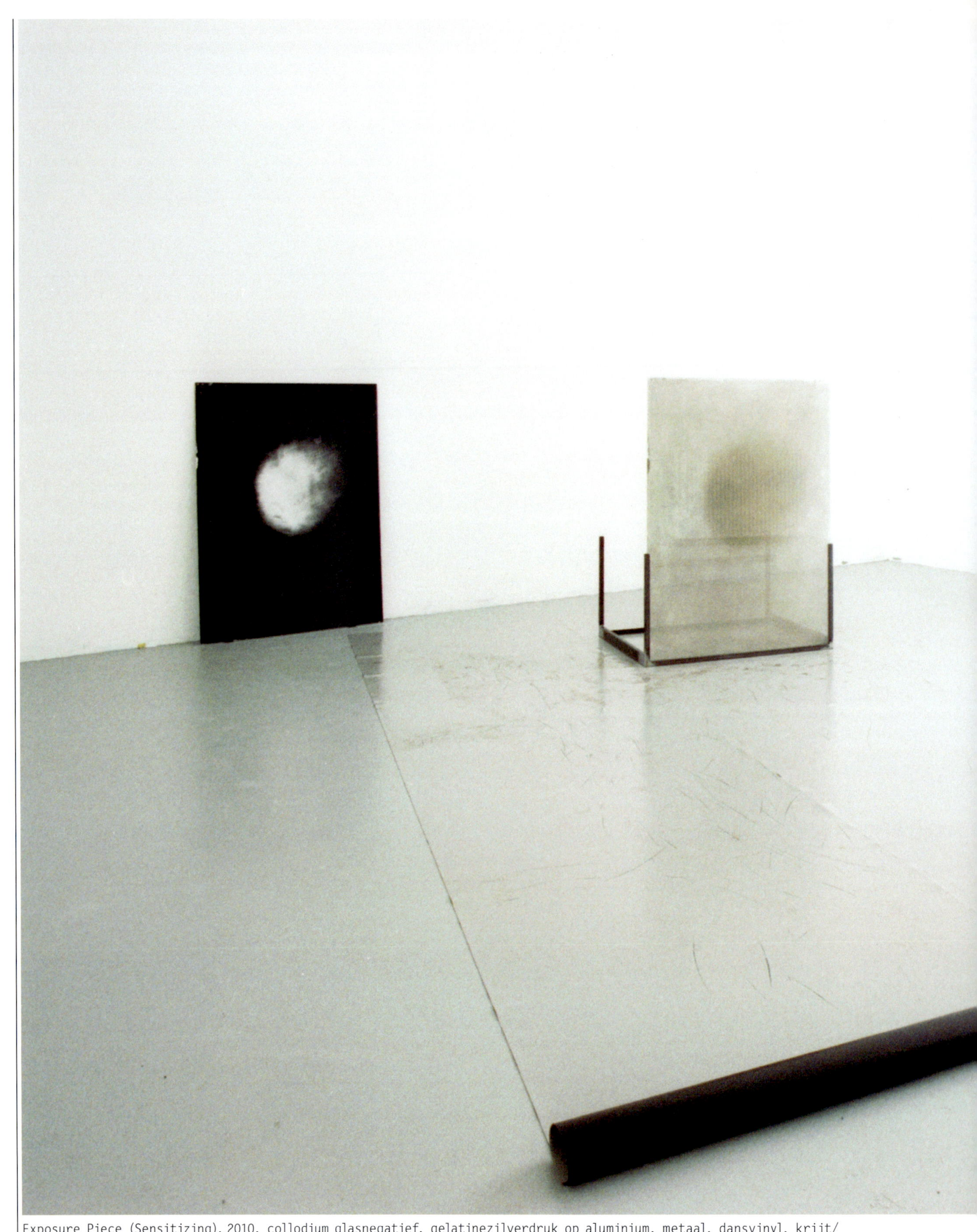

<u>Exposure Piece (Sensitizing)</u>, 2010, collodium glasnegatief, gelatinezilverdruk op aluminium, metaal, dansvinyl, krijt/
collodium glass negative, gelatine silver print on aluminium, metal, dance vinyl, wax crayon
glasnegatief en print/glass negative and print 127 x 170 cm; installatie/installation 450 x 660 cm

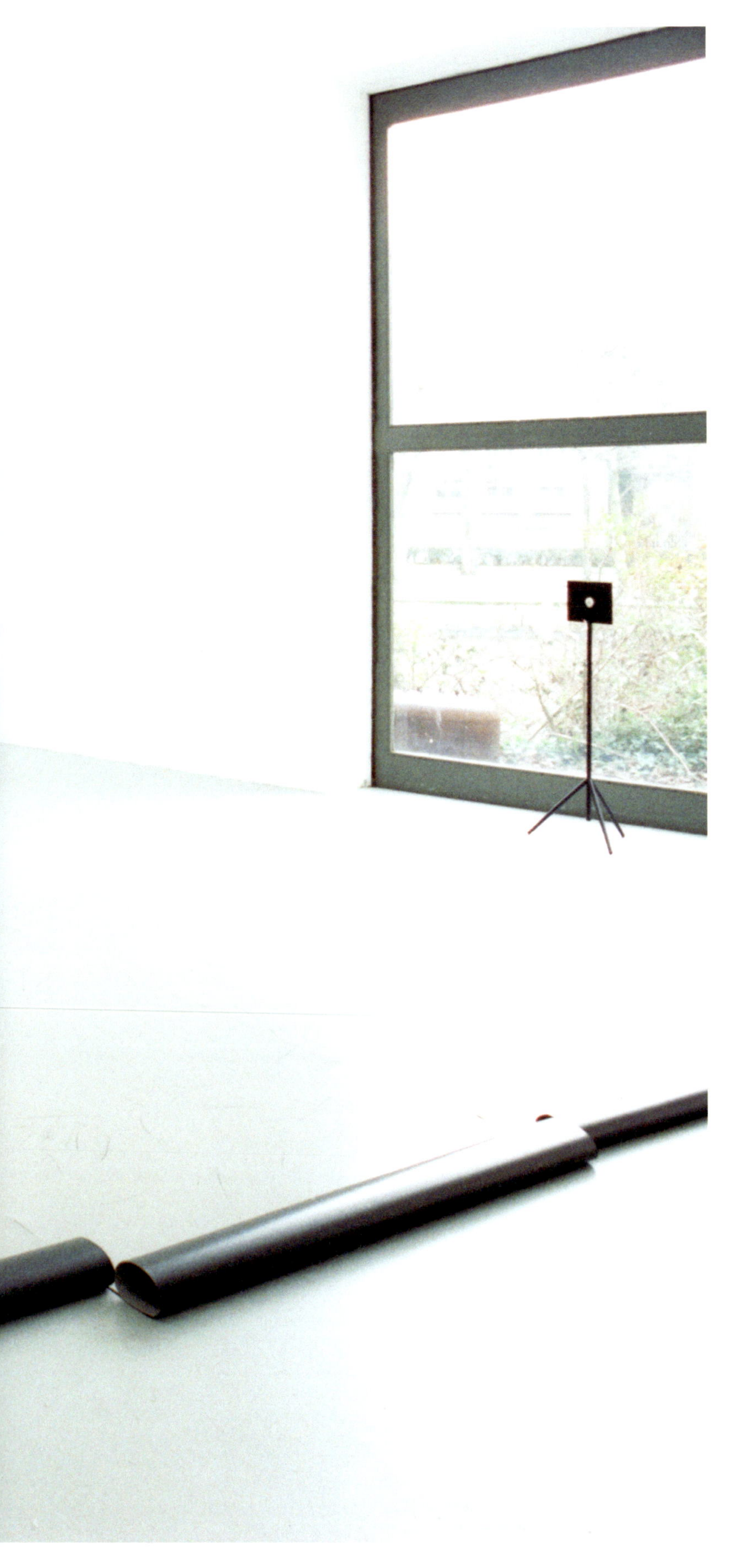

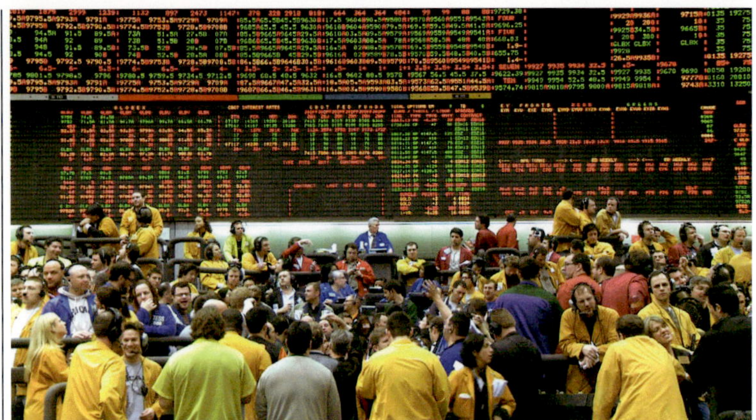

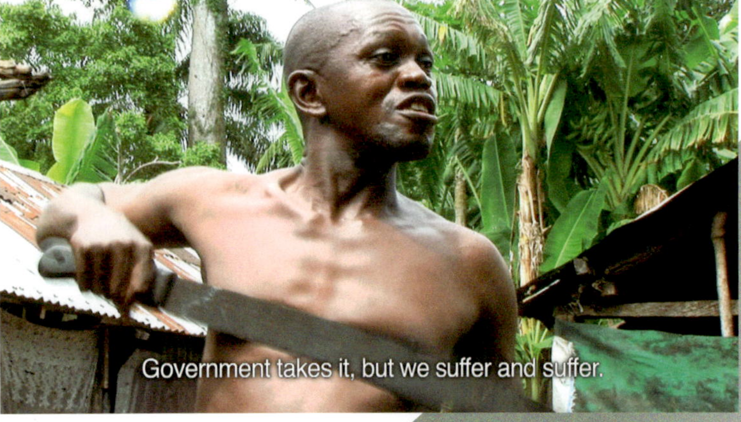

All That Is Solid Melts into Air, 2008, video-installatie
voor 2 schermen/2-screen video installation, 14 min, 20 sec

Mark Boulos's films often have a very clear message: he shows the 'heroes' of our time — heroes being the people who attempt to free themselves from the yoke of the State, God and Big Business. His almost pamphlet-like message conceals a more complex investigation into the functioning of power, in its many guises. Boulos is interested in the concrete realization of ideas; he tests the reality value of the great words of the theoretical heroes of the post-communist era: figures like Žižek, Badiou and Rancière, and he reports on the conflict that is sometimes all too easily filtered out of abstract discussions about globalization and decolonization. In his most recent work No Permanent Address (2010), he talks to members of the New People's Army, a Maoist guerrilla group in the Philippines, and documents their daily life.
His work, which he prefers to project 'larger than life' so that the spectator is forced to lose himself in what he is confronted with, is permeated with Marxist themes. Boulos, who studied philosophy before he trained as a documentary maker in England, makes strategic choices: you reach more people within an artistic context than when you make a documentary for television or art cinemas. But his work is not just out-and-out propaganda nor is it an unmediated report from the trenches. He is more interested in a phenomenological approach to making documentaries than in well-intentioned reports, and he draws his inspiration from filmmakers such as Godard and Pasolini.

Mark Boulos (1975, Boston, USA) was a resident at the Rijksakademie in 2007–2008. His film All That Is Solid Melts into Air enjoyed its première at the Stedelijk Museum CS in 2008 after a trial presentation at the 'Rijksakademie Open 2007' and has since been shown worldwide, for instance at the Sydney Biennale (2008), the 6th Berlin Biennale (2010) and at Witte de With in Rotterdam (2010).

Mark Boulos

De films van Mark Boulos hebben vaak een heel duidelijke boodschap: hij toont de 'helden' van onze tijd, en helden zijn mensen die zich proberen te bevrijden van het juk van de Staat, van God, het Grootkapitaal. Achter zijn bijna pamflettistische boodschap gaat een complexer onderzoek schuil naar de werking van de macht, in vele gedaanten. Boulos is geïnteresseerd in de concretisering van ideeën, toetst de werkelijkheidswaarde van grote woorden van de theoretische helden van het post-communistische tijdperk, figuren als Žižek, Badiou en Rancière, en doet verslag van een strijd die soms al te makkelijk wordt weggefilterd in abstracte discussies over globalisering en dekolonisering. Voor zijn meest recente werk No Permanent Address (2010), sprak hij met leden van een maoïstische guerrillabeweging in de Filippijnen, genaamd New People's Army en legde hun dagelijks leven vast.

Zijn werk, dat hij liefst 'larger than life' projecteert, zodat de toeschouwer wel gedwongen wordt om op te gaan in wat hij voorgeschoteld krijgt, is doordrongen van marxistische motieven. Boulos, die filosofie studeerde voordat hij zich in Engeland bekwaamde in het vak van documentairemaker, maakt strategische keuzes: binnen een kunstcontext bereik je meer mensen dan wanneer je een documentaire schiet voor de televisie of voor filmhuizen. Maar zijn werk is geen platte propaganda, geen ongemedieerd verslag vanuit de loopgraven. Hij interesseert zich meer voor een fenomenologische aanpak van documentaire-maken dan voor goedbedoelde reportages, en vindt inspiratie bij filmmakers als Godard en Pasolini.

In 2007–2008 was Mark Boulos (1975, Boston, VS) *resident* aan de Rijksakademie. Zijn film All That Is Solid Melts into Air ging na een proefpresentatie op de 'Rijksakademie Open 2007' in première in het Stedelijk Museum CS in 2008 en is daarna wereld-wijd vertoond, onder meer op de Sydney Biennale (2008), de 6e Berlin Biennale (2010) en in Witte de With te Rotterdam (2010).

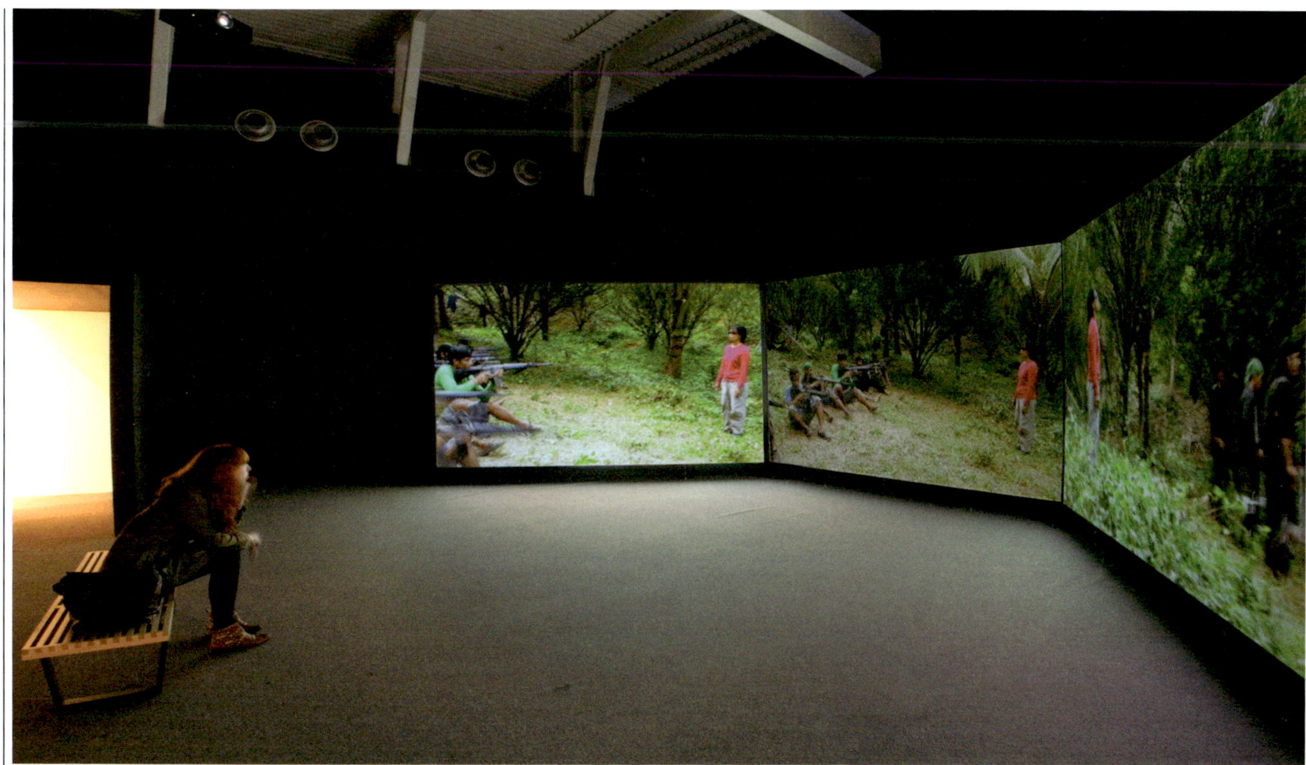

No Permanent Address, 2010, video-installatie met 3 schermen/3-screen video installation, 28 min, courtesy Morris and Helen Belkin Art Gallery, UBC, Vancouver

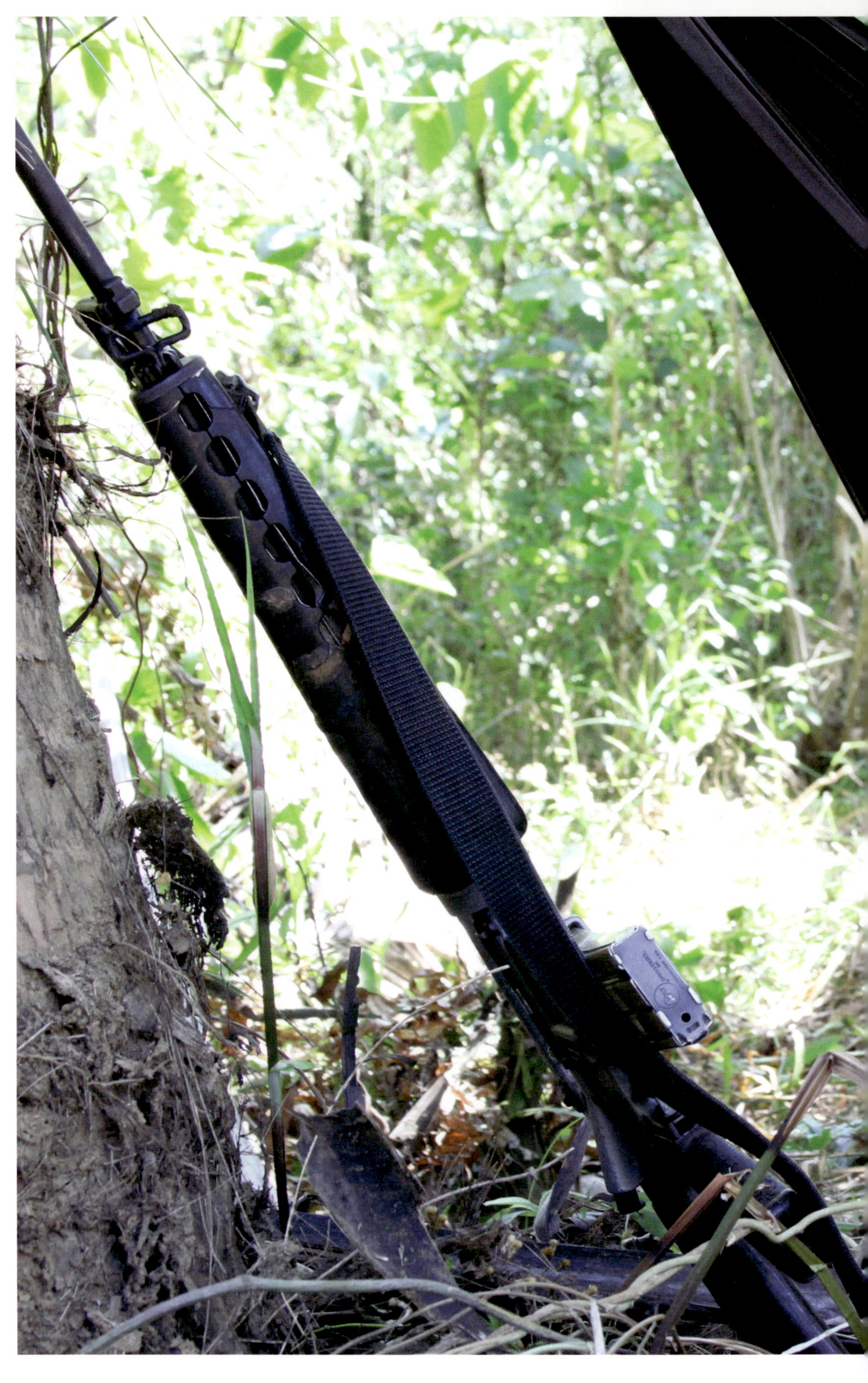

<u>No Permanent Address</u>, 2010
productie-opname, c-print/production still, c-type print

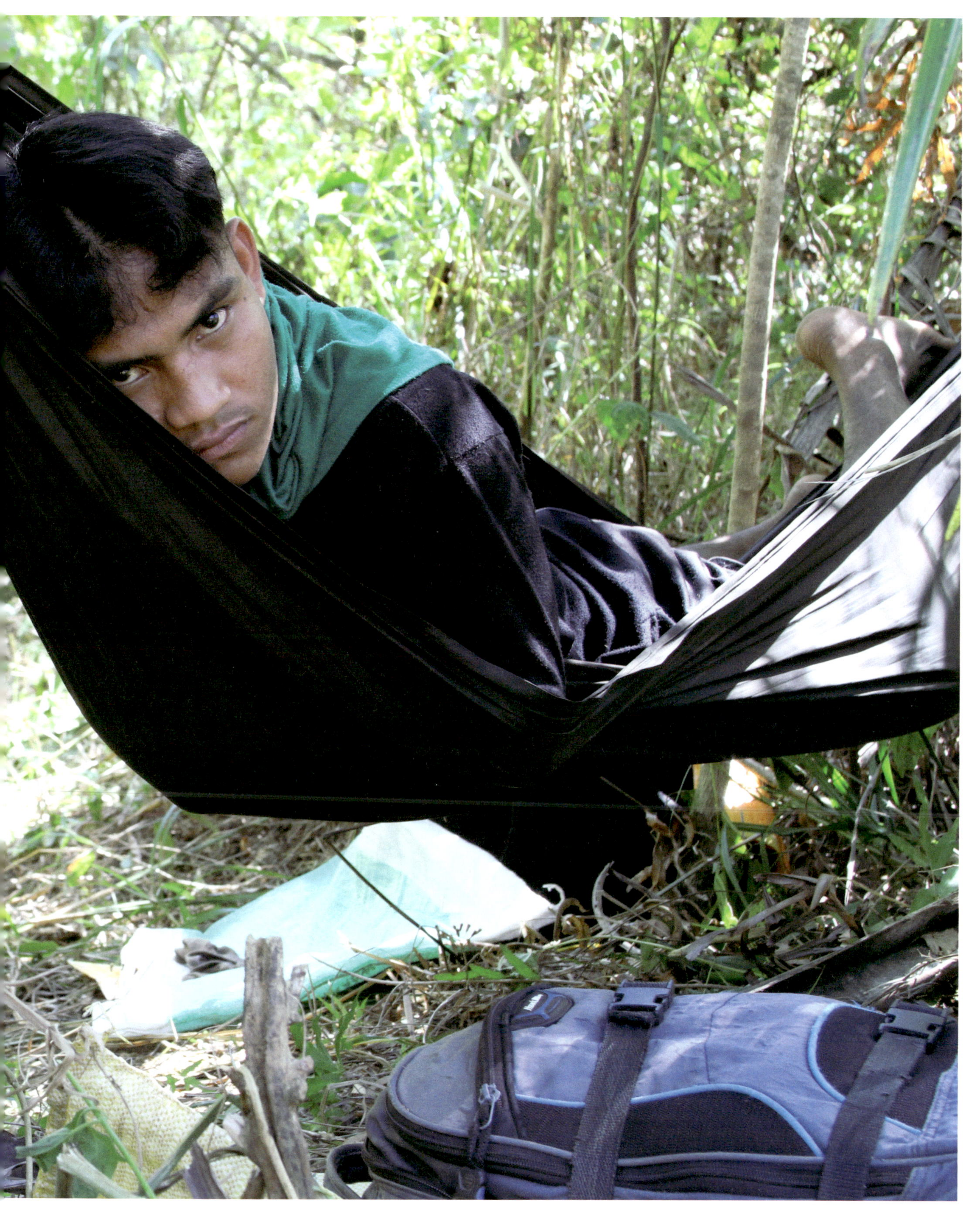

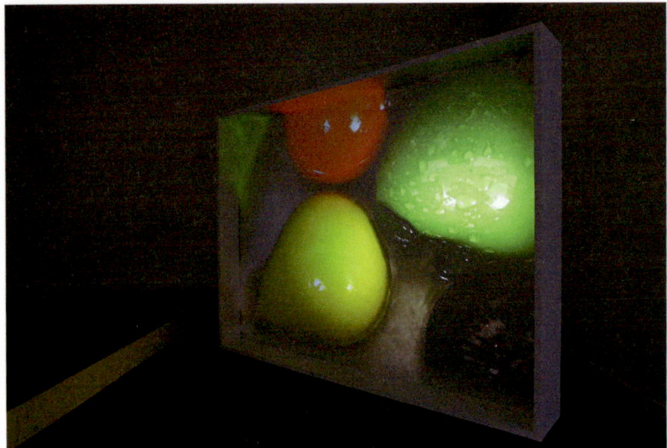

<u>That which is above That which is</u>, 2010, HD-videoprojectie, kleur,
geluid/HD video projection, colour, sound, 8 min, 43 sec (loop),
gerealiseerd met steun van/realized with the kind support of NAi,
Rotterdam. Installatie/installation view

Priscila Fernandes

Bloedserieus wordt met krijt op een schoolbord een schema
getekend waarin precies wordt uitgelegd wat we moeten verstaan
onder het 'zelf'. Kleurige pijlen, figuren, opsommingen en diagrammen moeten de kijker verleiden om mee te gaan in het besliste
betoog, maar: we horen niets, alleen het geluid van woest gekras
van krijtjes, *out of sync* met de gebaren. Haar video <u>In Search of
the Self</u> (2009) legt precies het soort incongruenties bloot —
tussen 'weten' en 'zien', tussen waarheden waarvan we zeker dachten
te zijn en de misleidende vormen waarin we deze kennis gieten —
die de basis vormen van Priscila Fernandes' manier van werken. Het
plezier dat we ontlenen aan het ordenen, rangschikken en vormge-
ven van onze gedachten en preoccupaties wordt door Fernandes
aangegrepen om op mild ironische wijze onze zekerheden in
representatieve systemen te ondermijnen. Ze eigent zich dergelijke
vormen van kennisoverdracht toe, om ze vervolgens tot in het
absurde in praktijk te brengen. Hele werelden gaan schuil achter de
vorm die we kiezen voor onze schijnzekerheden, zoals encyclope-
dieën en archieven. Fernandes wil die werelden blootleggen, de
utopische verlangens en visies die eraan ten grondslag liggen; niet
om de mensheid in haar onvermogen om tot objectieve waarheden
te komen belachelijk te maken, maar om subjectieve vormen van
kennis te celebreren.

Priscila Fernandes (1981, Coimbra, PT) studeerde aan het National
College of Art and Design in Dublin en rondde haar MFA af aan het
Piet Zwart Institute in Rotterdam (2008–2010). Ze nam deel aan
groepstentoonstellingen in onder meer Portugal en China, en had
solotentoonstellingen in Dublin ('Drosophilia Melanogaster', 2007)
en Donegal, Ierland ('In Search of the Self', 2009).

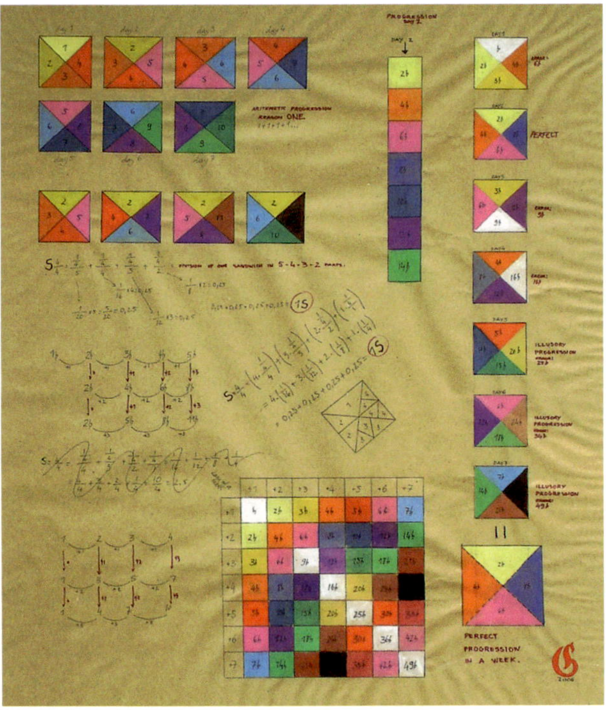

<u>Breakfast Manifesto — Diagram #1</u>, 2006, aquarel en inkt op
bruin papier/watercolour and ink on brown paper, 63 x 54 cm

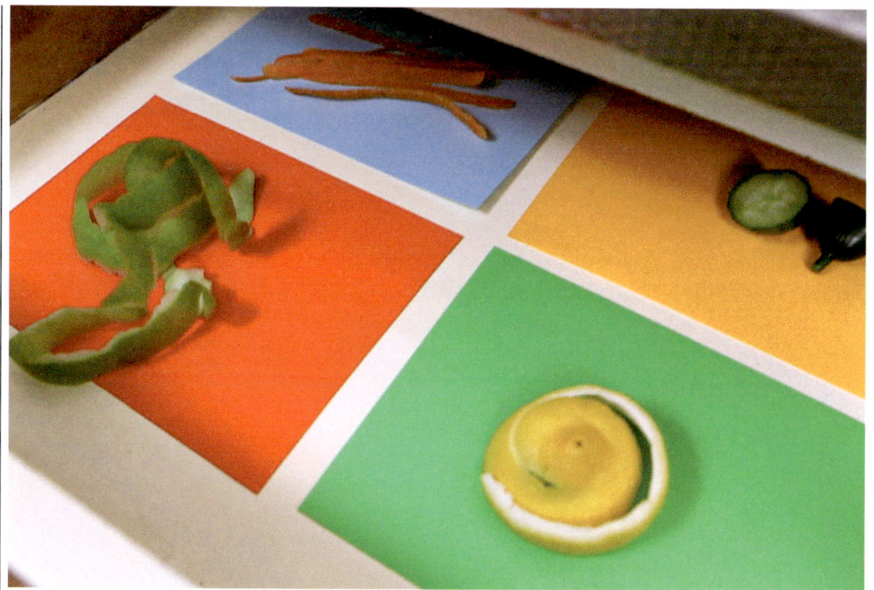

That which is above That which is, 2010

A diagram is chalked on a black-board to illustrate an explanation of what exactly the 'self' means. Colourful arrows, figures, lists and charts are designed to seduce the viewer into going along with the decisive argument, but: we hear nothing, only the sound of frenetic scraping chalk, out of sync with the movements. Her video In Search of the Self (2009) exposes precisely the sort of incongruities — between 'knowing' and 'seeing', between truths we thought were certain and the misleading forms we give to this knowledge — that make up the basis of Priscila Fernandes's way of working. The pleasure we experience in arranging, classifying and shaping our thoughts and preoccupations is seized upon by Fernandes to undermine our certainties in representative systems in a mildly ironic way. She appropriates these forms of knowledge transfer to subse-quently put them into practice to the point of absurdity. Entire worlds are concealed behind the forms we choose to house our pseudo-certainties, such as encyclopaedias and archives. Fernandes wants to lay these worlds bare, together with their underlying utopian desires and visions; not to ridicule our human inability to arrive at objective truths, but instead to celebrate our subjective forms of knowledge.

Priscila Fernandes (1981, Coimbra, PT) studied at the National College of Art and Design in Dublin and completed her MFA at the Piet Zwart Institute in Rotterdam (2008–2010). She took part in group exhibitions in Portugal and China, among others, and had solo exhibitions in Dublin ('Drosophilia Melanogaster', 2007) and Donegal, Ireland ('In Search of the Self', 2009).

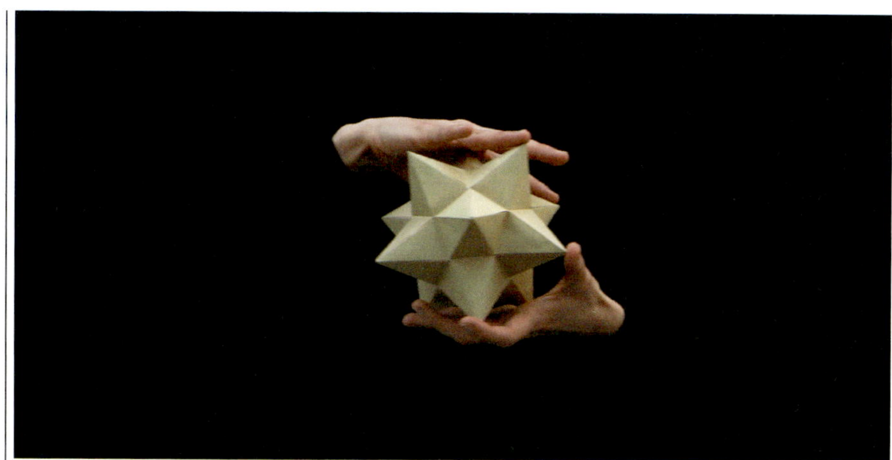

Small Stellated Dodecahedron, 2010, HD-video op monitor, kleur, zonder geluid/
HD video on monitor, colour, silent, 1 min, 43 sec (loop)

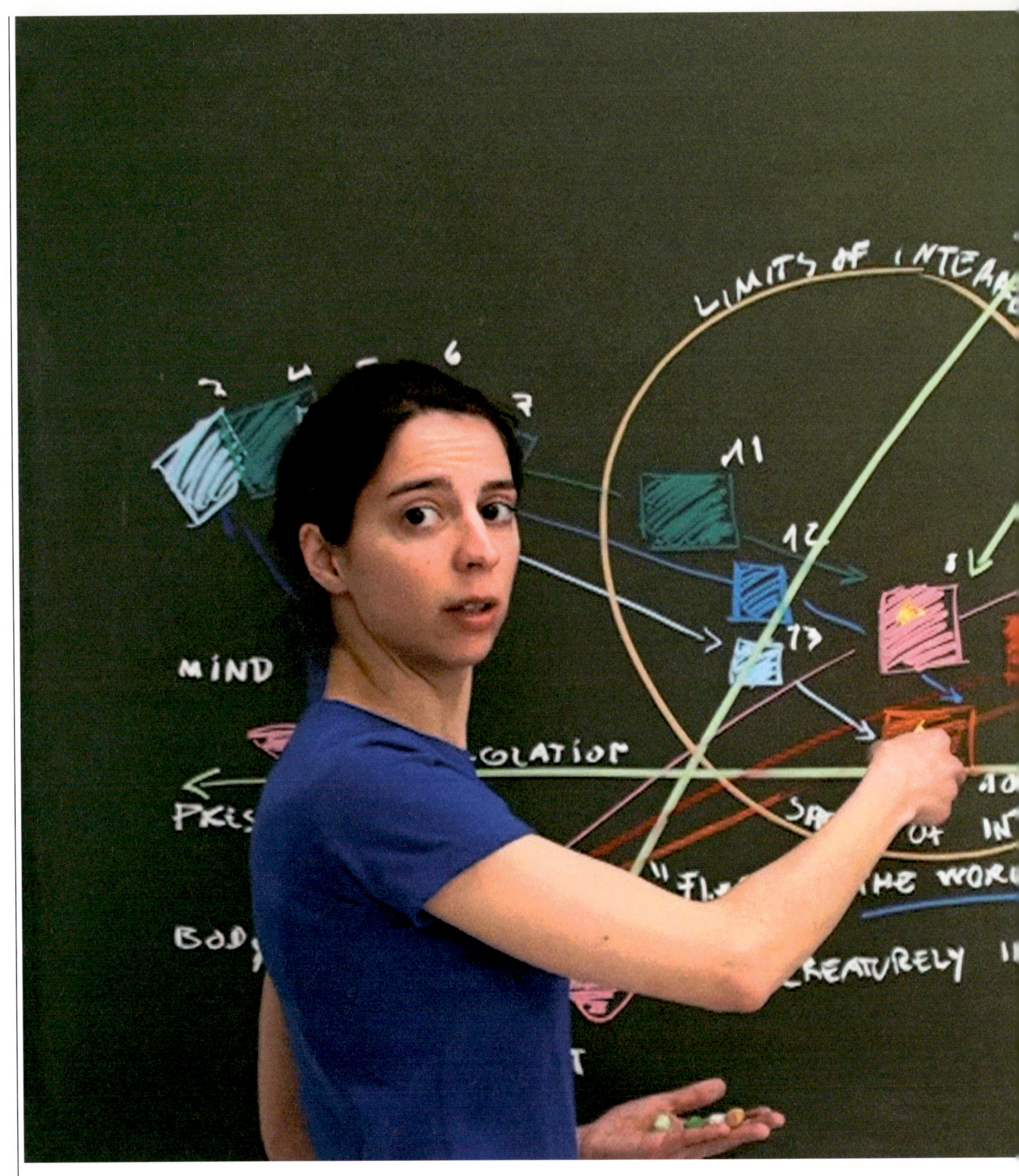

In Search of the Self, 2009, HD-videoprojectie, kleur, geluid/
HD video projection, colour, sound, 16 min, 17 sec

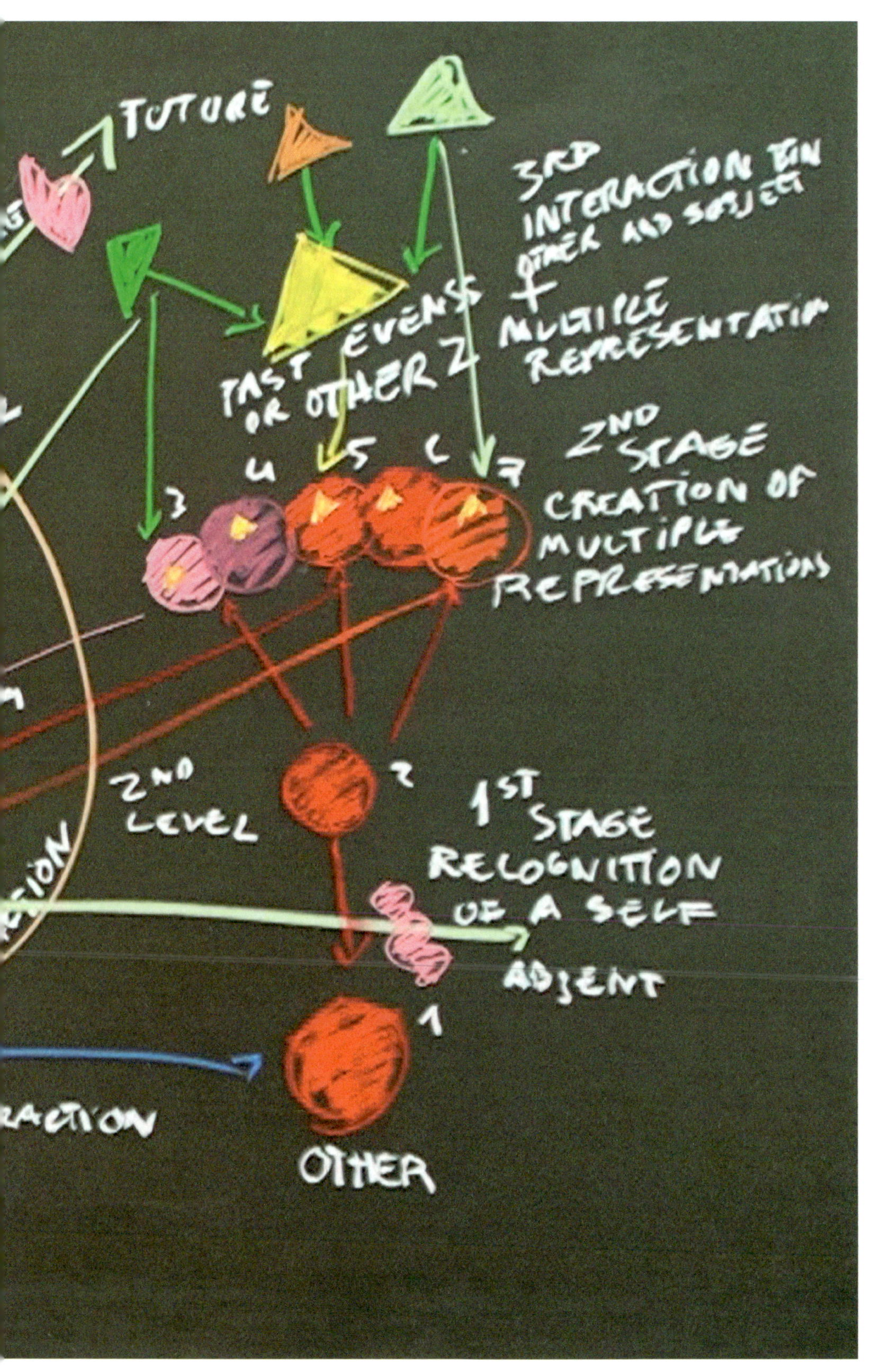
FUTURE
3RD
INTERACTION BTN
OTHER AND SUBJECT
+
MULTIPLE
REPRESENTATION
PAST EVENTS
OR OTHER Z
2ND
STAGE
CREATION OF
MULTIPLE
REPRESENTATIONS
3
4
5
6
7
2ND
LEVEL
2
1ST
STAGE
RECOGNITION
OF A SELF
ADJENT
1
RACTION
OTHER

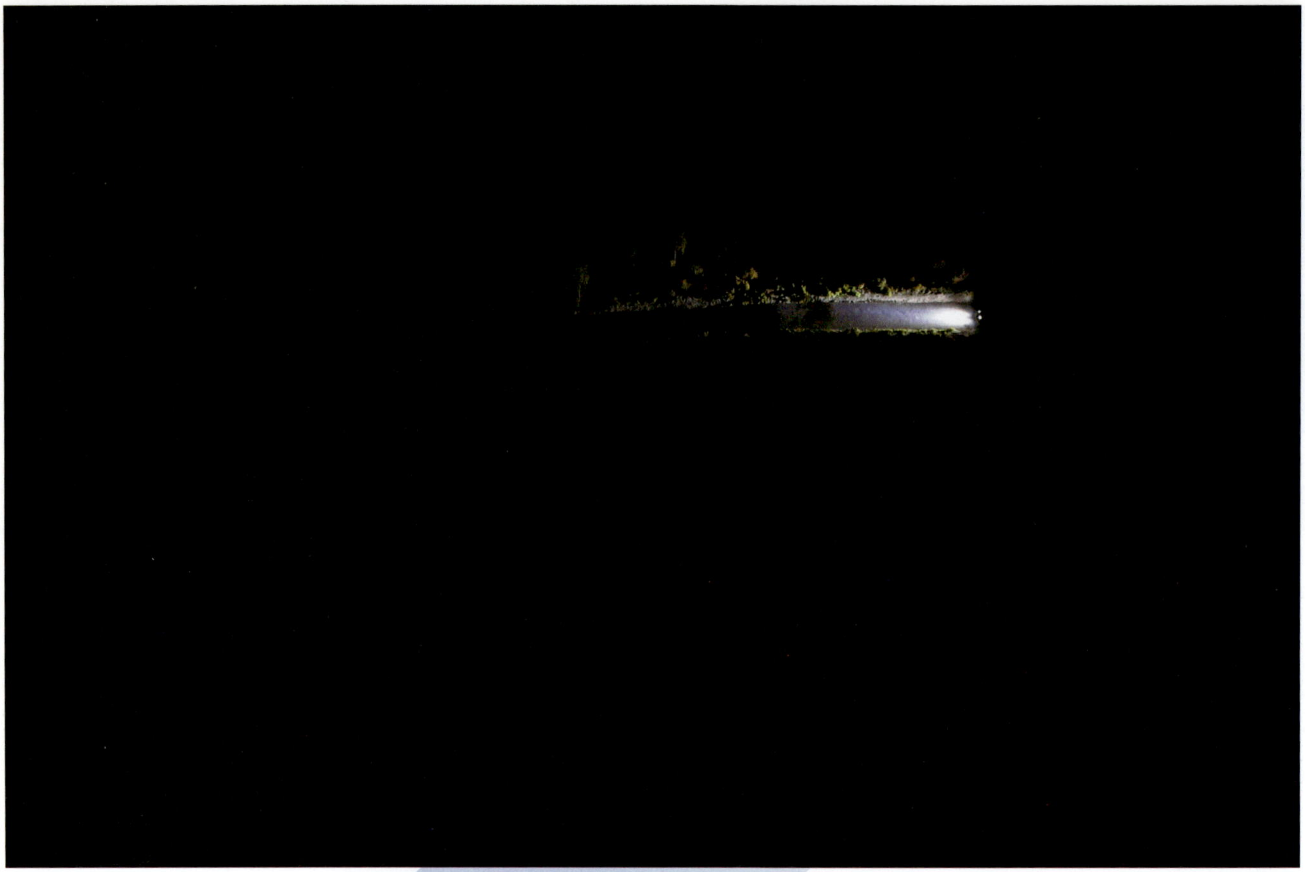

. ...:.:...:::ccccoCCoooo:: , 2007, video, kleur, geluid/video, colour, sound, 9 min,
installatie/installation loop, 20 min

. ...:.:...:::ccccoCCoooo:: , 2007, video, kleur, geluid/video, colour, sound, 9 min
installatie/installation loop, 20 min

                          | Long List

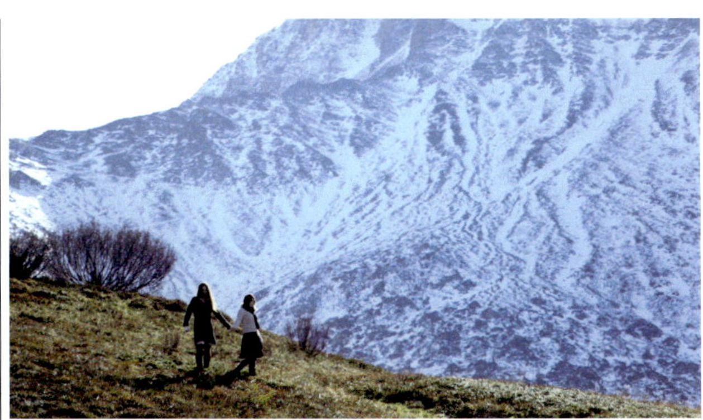

<u>Erdkörper (Suns of Temper)</u>, 2011, HD-video, kleur, zonder geluid/HD video, colour, silent, 8 min

Ben Pointeker

Het is alsof de videobeelden ademen. In <u>Erdkörper (Suns of Temper)</u> (2010), een werk-in-wording van Ben Pointeker, zien we twee vrouwen op een monumentale berg – het beeld flikkert, het lijkt te bestaan uit talloze stills die haperend, nerveus de situatie aftasten. Er wordt geen verhaal verteld, en de vrouwen spelen niet de hoofdrol. De hoofdrol is weggelegd voor het beeld zelf. Het gaat Pointeker naar eigen zeggen om de aanwezigheid van het beeld, niet om wat het beeld mogelijkerwijs vertegenwoordigt of representeert. Dat blijkt ook uit de manier waarop hij, heel precies, zijn werk opstelt: opdat de videobeelden een sculpturale dimensie krijgen, een fysieke aanwezigheid in dezelfde ruimte als de toeschouwer. <u>. ..... .:.:... .:::ccc-coCCoooo::</u> (2007) (wat niet de eigenlijke titel is van het werk, maar volgens Pointeker een 'typografische verwijzing' naar de werkelijke titel, het eerste filmbeeld) vereist dat de toeschouwer in volledige duisternis de ruimte betreedt, waarna genoeg seconden verstrijken voor de kijker om zich te positioneren voor een grijs oplichtend televisiescherm, dat vervolgens op zwart gaat. Pas dan valt het scherm weg en is het alsof het autootje dat vanuit het donker opdoemt volledig is losgekomen van het medium waarin het rondrijdt (namelijk film); in plaats daarvan wordt alle aandacht opgezogen door de situatie van het kijken.

Ben Pointeker (1975, Höfen, AT) studeerde aan de Akademie der bildenden Künste in Wenen en aan het Piet Zwart Institute in Rotterdam. Zijn werk was te zien op verschillende groepstentoonstellingen (in onder meer Nederland, Duitsland, de Verenigde Staten en Oostenrijk) en op filmfestivals in binnen- en buitenland, zoals TIE (2007) en het Image Forum Festival in Tokio (2009).

The video images seem to be breathing. In <u>Erdkörper (Suns of Temper)</u> (2010), Ben Pointeker's work-in-progress, we see two women on a monumental mountain – the image flickers, it seems to consist of countless stills – hesitantly and nervously sounding out the situation. No story is told, and the women do not play the lead. The leading role is reserved for the image itself. According to Pointeker, it is about the presence of the image, not about what the image conceivably stands for or represents. This is confirmed by the very precise way he sets up his work: the video images are given a sculptural dimension, a physical presence in the same space as the spectator. <u>. ..... .:.:... .:::ccc-coCCoooo::</u> (2007) (which is not the actual title of the work but, according to Pointeker, a 'typographical reference' to the real title, the first film image) requires the spectator to enter a completely dark space, after which enough time elapses for the viewer to position himself in front of a grey illuminated television screen that subsequently goes black. Only after the screen disappears does a small car loom up out of the darkness, as if it has been set completely free of the medium it is driving around in (that is, film); all the viewer's attention is commanded by the situation of watching.

Ben Pointeker (1975, Höfen, AT) studied at the Akademie der bildenden Künste in Vienna and at the Piet Zwart Institute in Rotterdam. His work was shown in different group exhibitions (in the Netherlands, Germany, The USA and Austria, among others) and at film festivals in the Netherlands and abroad, such as TIE (2007) and the Image Forum Festival in Tokyo (2009).

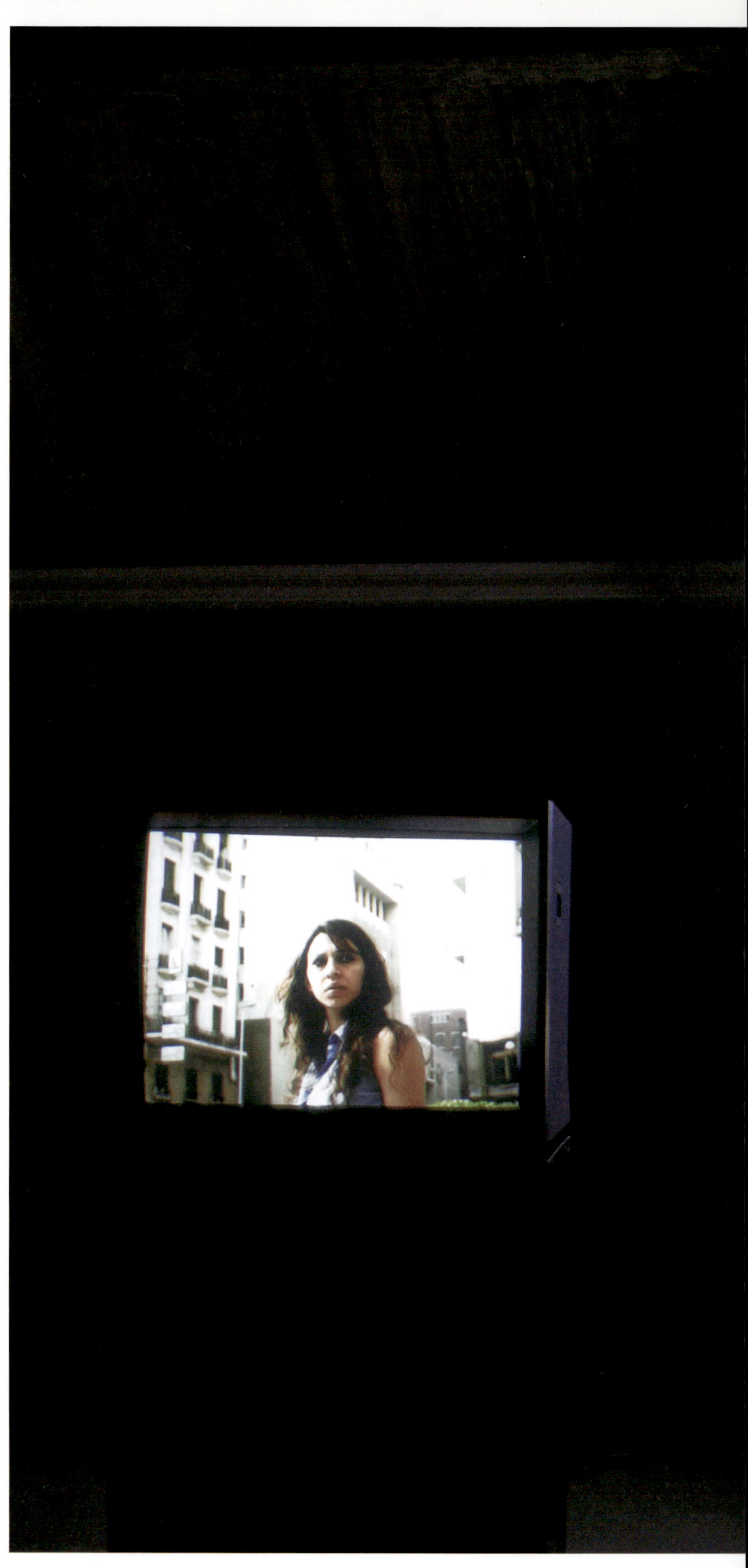

l: <u>dieses wilde Klaffen #3</u>, 2008
video, kleur, zonder geluid/video, colour, silent
r: <u>Erdkörper (Suns of Temper)</u>, 2011
HD-video, kleur, zonder geluid/HD video, colour,
silent, 8 min.

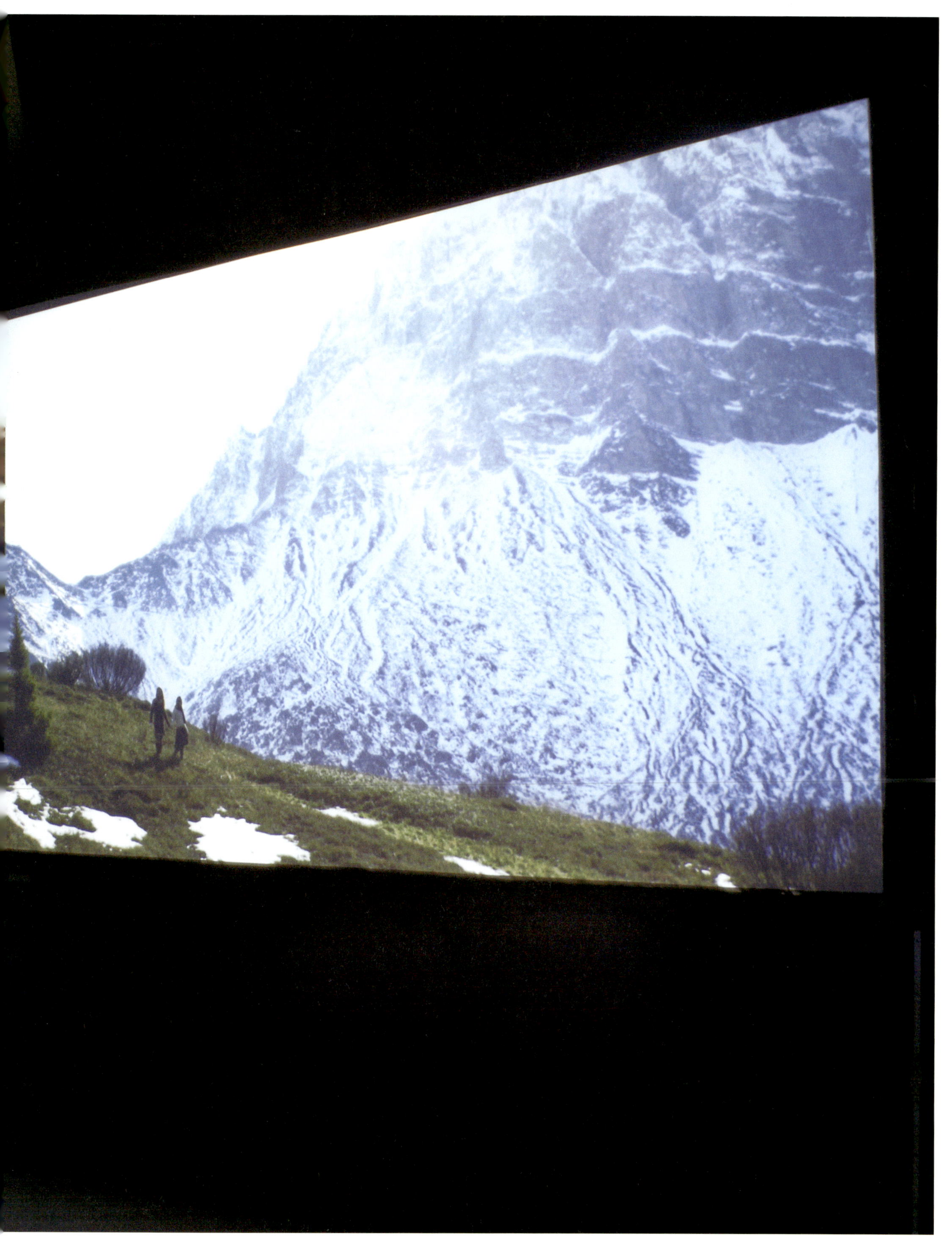

Voor haar omvangrijke project <u>Libero</u> (2003–2009) – dat resulteerde in een tentoonstelling en een boekpublicatie – nam Petra Stavast een oud, vervallen huis in Calabrië (Italië) als uitgangspunt: het huis van 'Tante Delia'. Via een spoor van oude foto's, versleten kledingstukken, briefwisselingen en gesprekken traceerde ze zorgvuldig de geschiedenis van de familie die het huis generaties lang bewoonde. Zo wordt een vervlogen tijd geactualiseerd in het heden, en tegelijkertijd het heden verankerd in een vroeger dat door verschillende mensen is gedeeld. Uitgangspunt van projecten zoals dit is voor Stavast altijd een persoonlijke ontmoeting of ervaring, haar eigen betrokkenheid bij het onderwerp of een plek. Deze 'encounters' worden vertaald in grotere thema's zoals de perceptie van tijd, de doorwerking van traditie, processen van stagnatie en herhaling. Stavast is een verzamelaar, een spoorzoeker en een verhalenverteller in beelden. Dat blijkt ook uit de wijze waarop ze haar werk presenteert: ze probeert zo dicht mogelijk bij haar onderwerp te blijven en door middel van foto's, tekstfragmenten, geluid, dia's haar eigen ervaringen zo navolgbaar mogelijk te maken voor de toeschouwer. Fragmenten worden liefdevol opnieuw geordend, en het ritme van een heel particuliere geschiedenis wordt zo omgezet in een herkenbare en tijdloze symfonie over sociale verbanden en de werking van het geheugen.

Petra Stavast (1977, Tiel, NL) studeerde aan de Academie St. Joost in Breda en had solotentoonstellingen in onder andere het Nederlands Fotomuseum in Rotterdam en op het Fotofestival Naarden. Naast haar fotoboek <u>Libero</u> (2009) verscheen in 2008 bij Roma Publications ook <u>China/S75</u>: klassieke portretten gefotografeerd met de eerste mobiele telefoon met camerafunctie.

For her project <u>Libero</u> (2003–2009) – which resulted in an exhibition and a book – Petra Stavast took a dilapidated old house in Calabria (Italy) as her starting point: the house of 'Aunt Delia'. By following a trail of old photos, worn-out clothes, exchanges of letters and conversations, she carefully traced the history of the family that lived in the house for generations. In this way a bygone age was actualized in the present, and at the same time the present was anchored in a past shared by various people. For Stavast, the point of departure for projects like this is always a personal meeting or experience, her own involvement with the subject or a place. These 'encounters' are translated into larger themes such as the perception of time, the continued effect of traditions, processes of stagnation and repetition. Stavast is a collector, a trail seeker and a storyteller through images. That is also visible in the way she presents her work: she tries to stay as close as she can to her subject and to make her own experiences as accessible as possible for the spectator by using photos, text fragments, sound and slides. Fragments are lovingly re-sequenced and the rhythm of a very specific history is transformed into a recognizable and timeless symphony about social connections and the functioning of memory.

Petra Stavast (1977, Tiel, NL) studied at the Academie St. Joost in Breda and had solo exhibitions in the Nederlands Fotomuseum in Rotterdam and the Fotofestival Naarden, among others. Besides her photo book <u>Libero</u> (2009), Roma Publications published <u>China/S75</u> in 2008: classic portraits photographed with the first mobile telephone with a camera function.

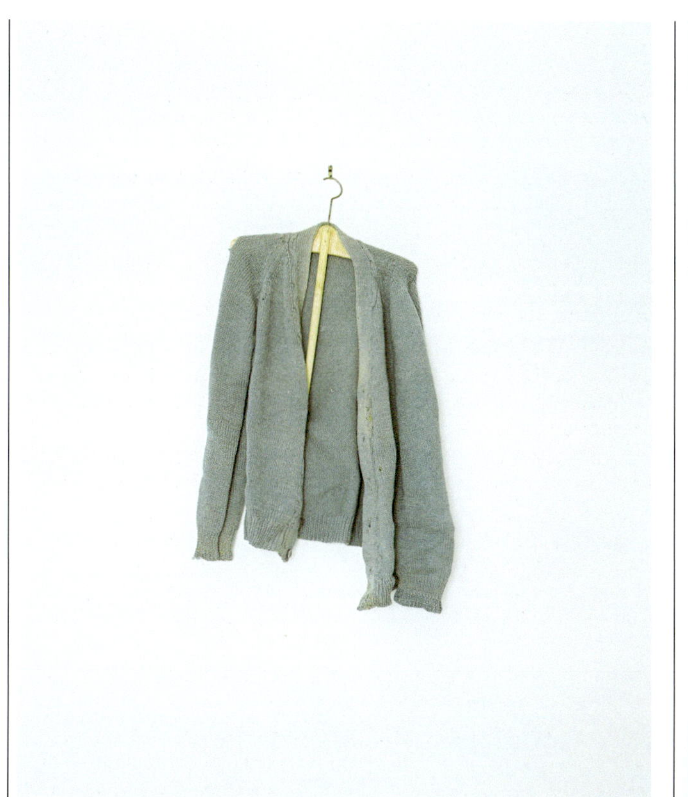

Delia's Cardigan (Libero), 2009, c-print op dibond in lijst/
c-print mounted on dibond, framed, 80 x 65 cm

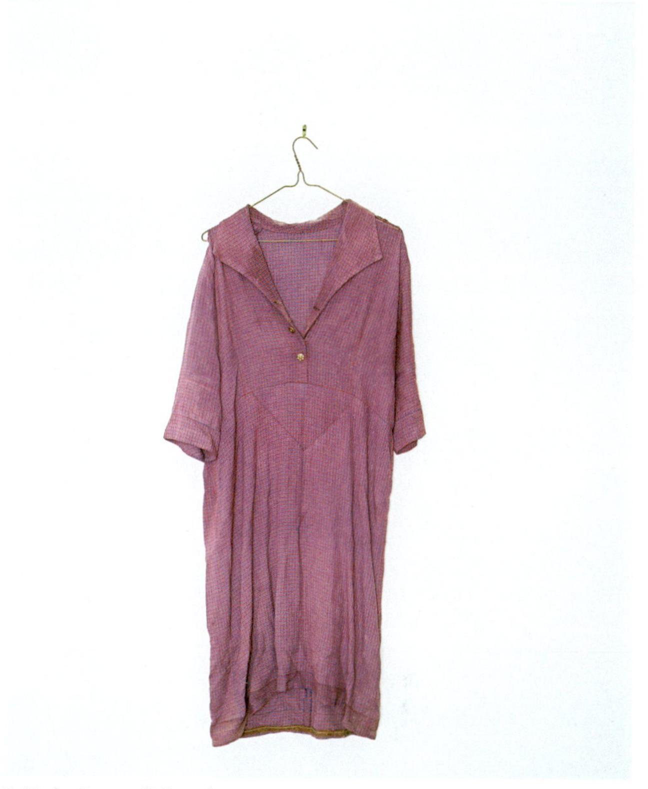

Delia's Dress (Libero), 2009, c-print op dibond in lijst/
c-print mounted on dibond, framed, 80 x 65 cm

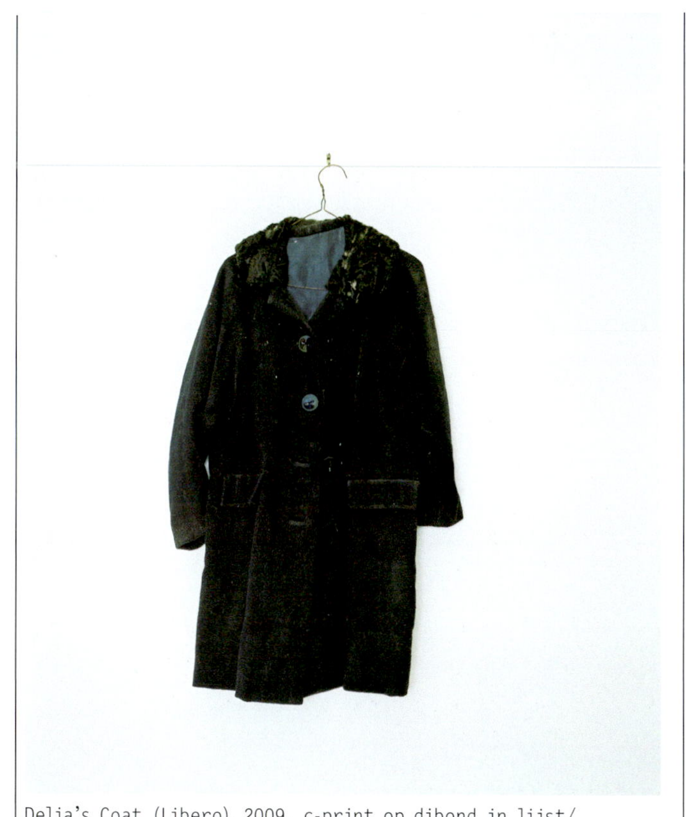

Delia's Coat (Libero), 2009, c-print op dibond in lijst/
c-print mounted on dibond, framed, 80 x 65 cm

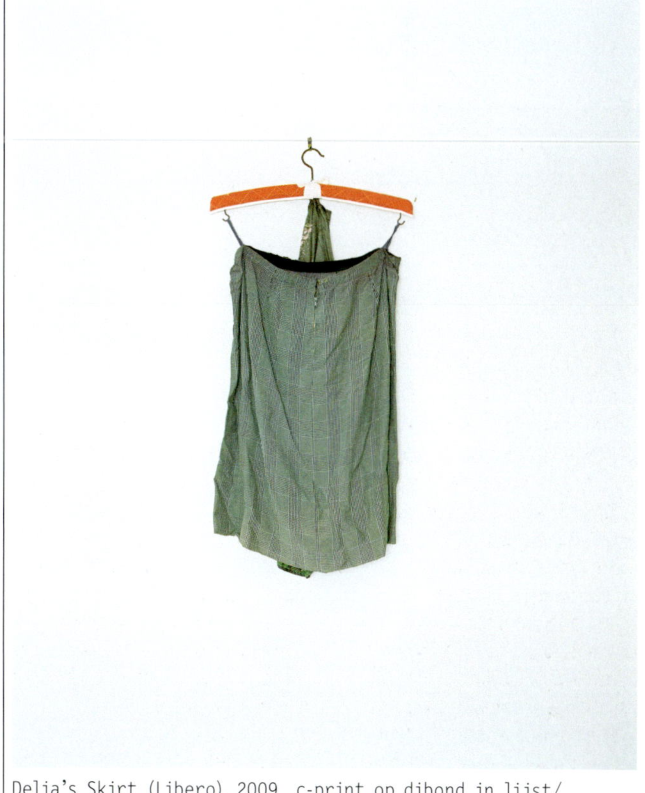

Delia's Skirt (Libero), 2009, c-print op dibond in lijst/
c-print mounted on dibond, framed, 80 x 65 cm

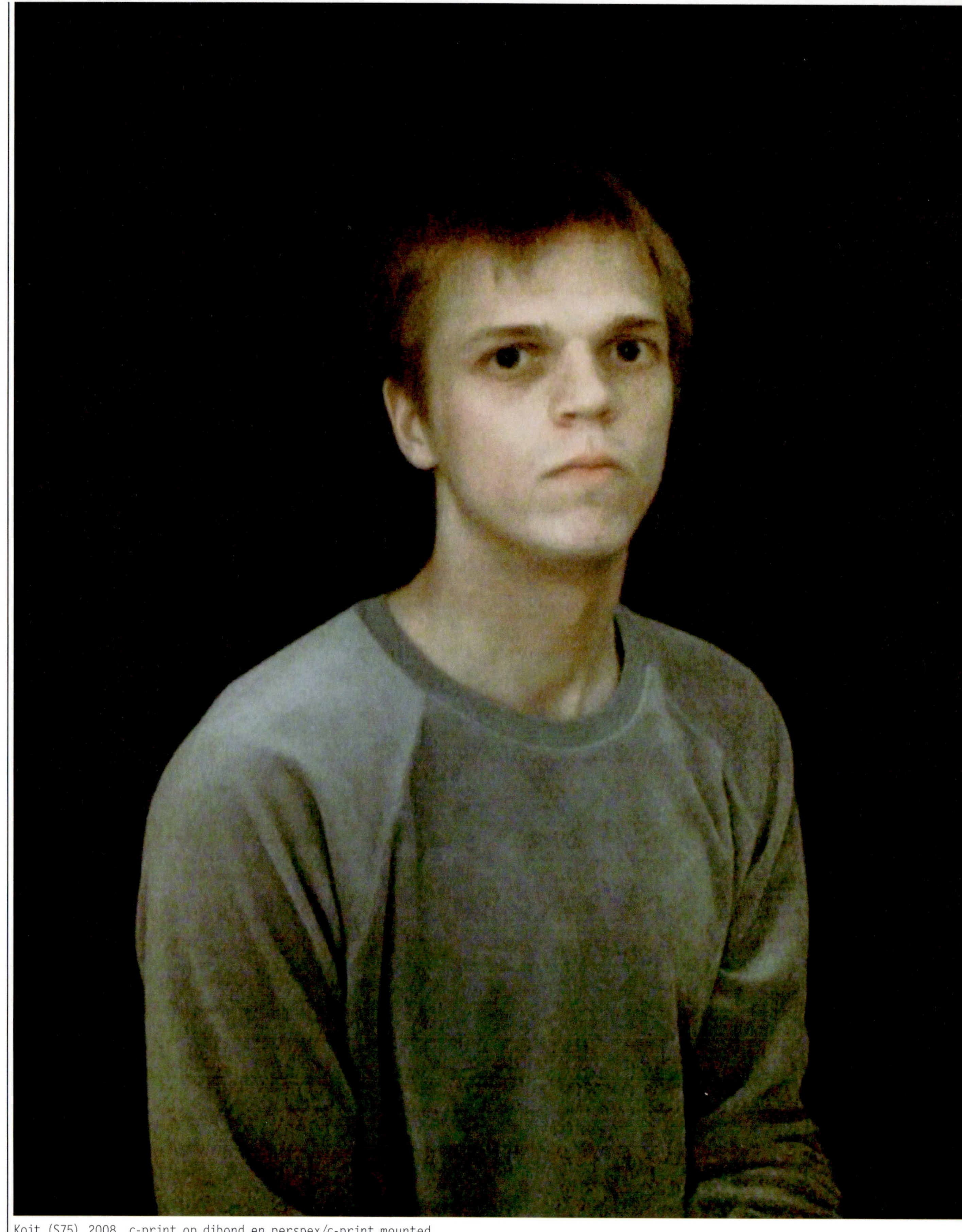

Koit (S75), 2008, c-print op dibond en perspex/c-print mounted
on dibond and perspex; tweeluik/diptych, 44 x 35 cm (elk/each)

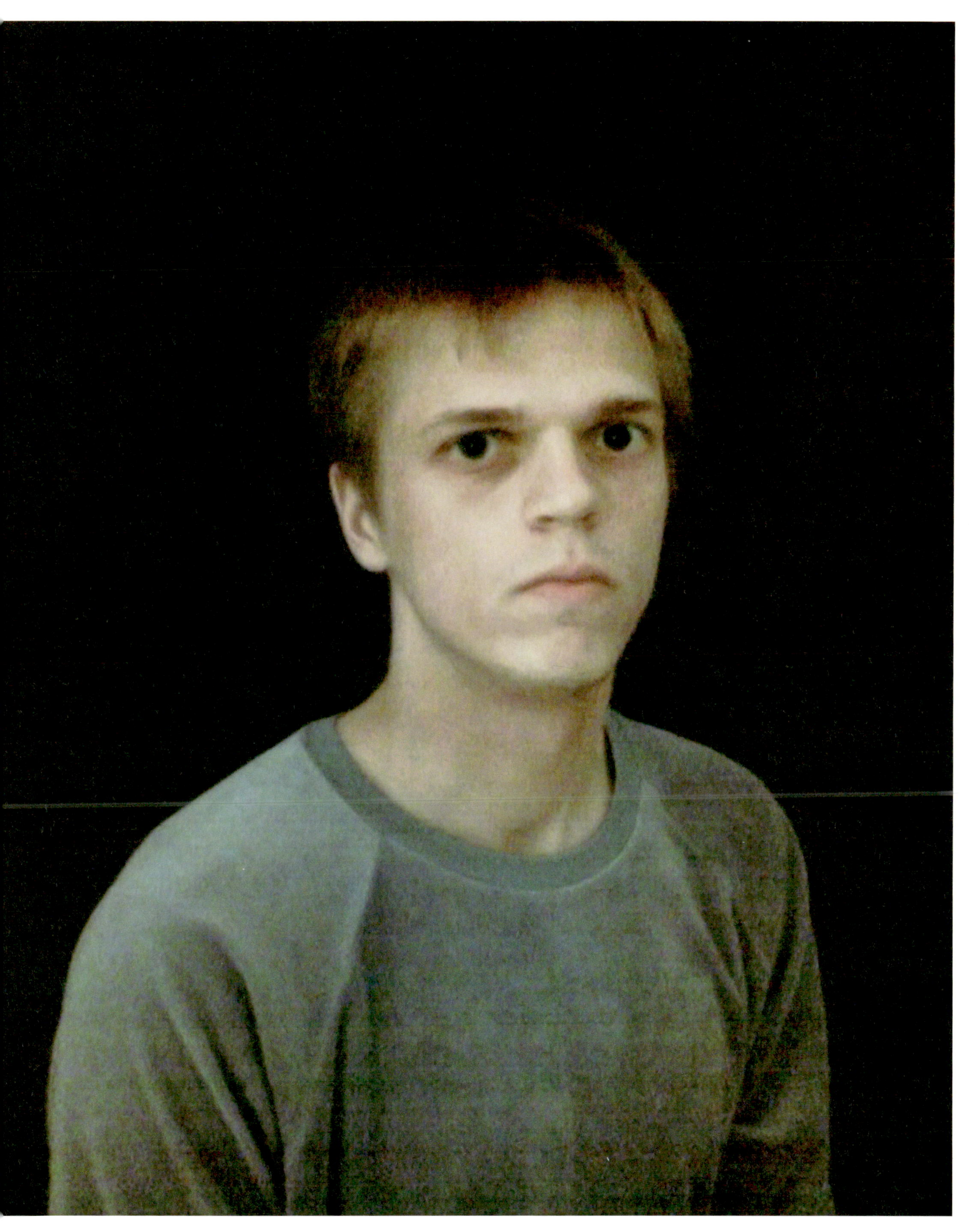

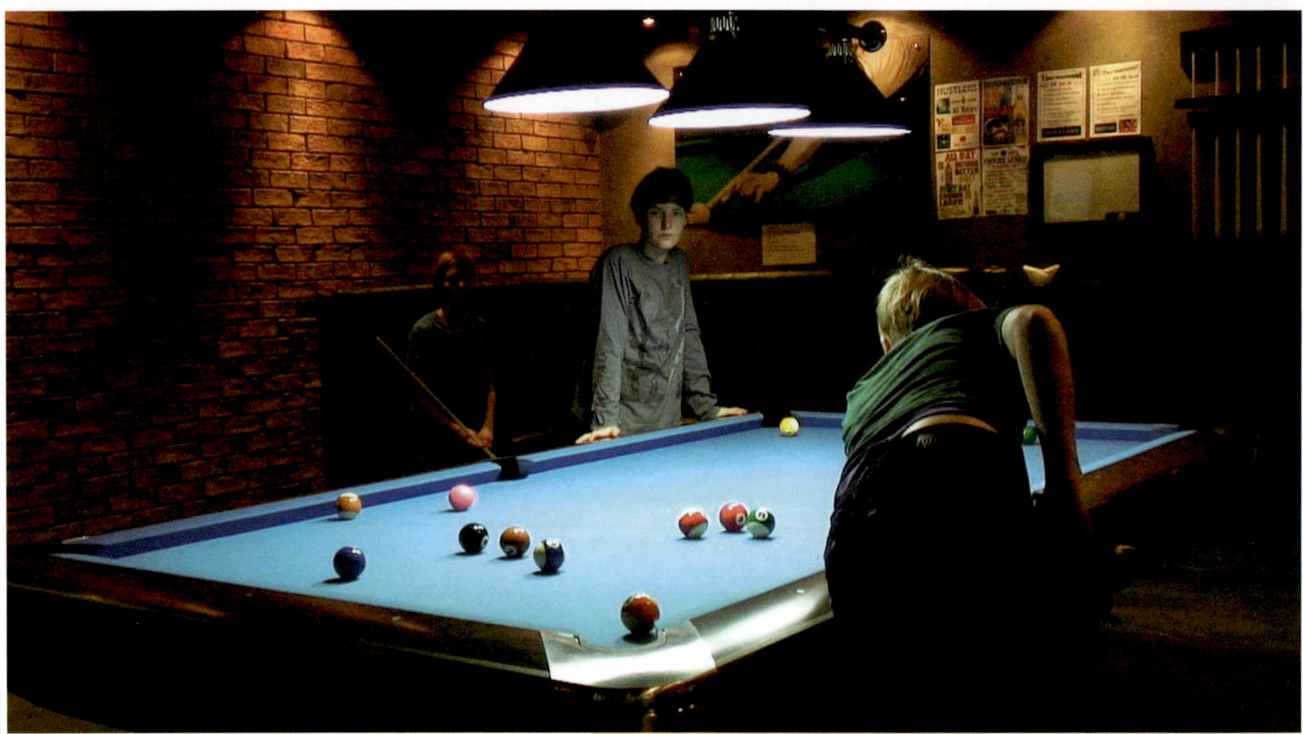

Players, 2010
video, 7 min, 50 sec

Ons sociale gedrag wordt beïnvloed door allerlei ongeschreven regels. Als relatieve buitenstaander probeert Pilvi Takala door middel van subtiele interventies deze verborgen aansturingsmechanismen van ons gedrag bloot te leggen. Ze dompelt zich onder in specifieke situaties en creëert door kleine verstoringen een kanteling van de blik. Zoals in The Trainee (2008), waarin Takala een maand lang bij een marketingbedrijf in dienst is en door haar passieve optreden steeds ongemakkelijker reacties bij de andere werknemers oproept, waarmee de grenzen aan hun tolerantie tot het uiterste worden opgerekt.

De lijn tussen wat we normaal en vreemd vinden, wordt door dergelijke interventies een klein beetje opgeschoven en omgebogen, waardoor ruimte ontstaat voor nieuwe mogelijkheden— een 'klein wonder', zoals Takala dat noemt, dat plaatsvindt wanneer ingesleten gewoonten heel even worden opgeschort. In haar meest recente werk, Players (2010), onderzoekt ze de leefregels waarmee een groepje professionele pokerspelers in Bangkok (haar broer en zijn vrienden) zich tot elkaar en tot hun vak verhouden. Hun manier van doen lijkt op het eerste gezicht absurd, maar volgt een heel eigen logica, die Takala op onbevooroordeelde en ingehouden humoristische wijze in kaart brengt. De vorm waarin Takala haar werk presenteert lijkt te zijn ontleend aan een dagelijkse, no-nonsense esthetiek, zoals van homevideo's of powerpoint-*slideshows*, waardoor de afstand tot het onderwerp zo klein mogelijk wordt gehouden en de kijker zich geen distantie kan veroorloven, maar gedwongen wordt de blik ook op zichzelf te richten.

Pilvi Takala (1981, Helsinki, FIN) rondde onlangs haar *residency* aan de Rijksakademie af. Ze nam onder meer deel aan de 5e Berlin Biennale en had al verschillende solotentoonstellingen. Haar werk is opgenomen in de collectie van onder andere het Kiasma Museum of Contemporary Art in Helsinki.

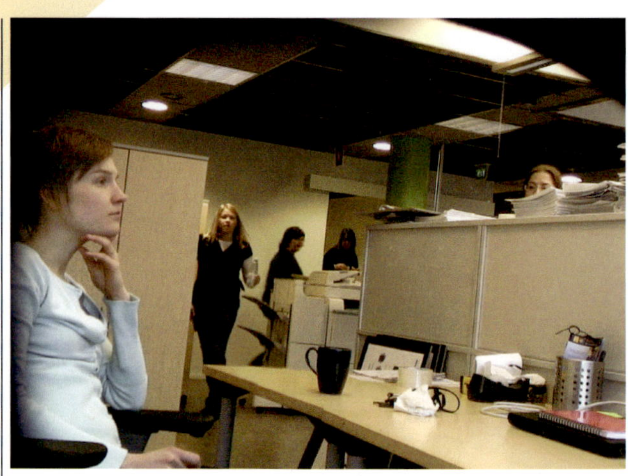

The Trainee, 2008
video-installatie/video installation

Pilvi Takala

Our social behaviour is influenced by all sorts of unwritten rules. As a relative outsider, Pilvi Takala tries to expose these hidden guiding mechanisms by means of subtle interventions. She immerses herself in specific situations and manages to overturn our viewpoint by creating small disturbances. For instance in The Trainee (2008), where Takala went to work for a marketing company for a month and provoked increasingly uncomfortable reactions from the other employees by her passive behaviour, stretching the boundaries of their tolerance to the limit. The line between what we consider normal and strange is shifted and altered slightly by this sort of intervention, which creates space for new possibilities — a 'small miracle', as Takala calls it, which happens when ingrained habits are put on hold for a little while.

In her most recent work, Players (2010), she investigates the rules of life employed by a group of professional poker players in Bangkok (her brother and his friends) to relate to each other and their line of business. The way they act seems absurd at first, but it follows its very own logic, which Takala charts in an unbiased, quietly humorous way. The form Takala uses to present her work seems to have been borrowed from an everyday no-nonsense aesthetic, like home videos or PowerPoint slideshows, and this minimizes the distance from the subject and prevents the viewer from experiencing detachment by forcing him to focus his gaze on himself as well.

Pilvi Takala (1981, Helsinki, FIN) recently rounded off her residency at the Rijksakademie. She has taken part in events such as the 5th Berlin Biennale and has already had various solo exhibitions. Her work has been included in the collections of various museums, including the Kiasma Museum of Contemporary Art in Helsinki.

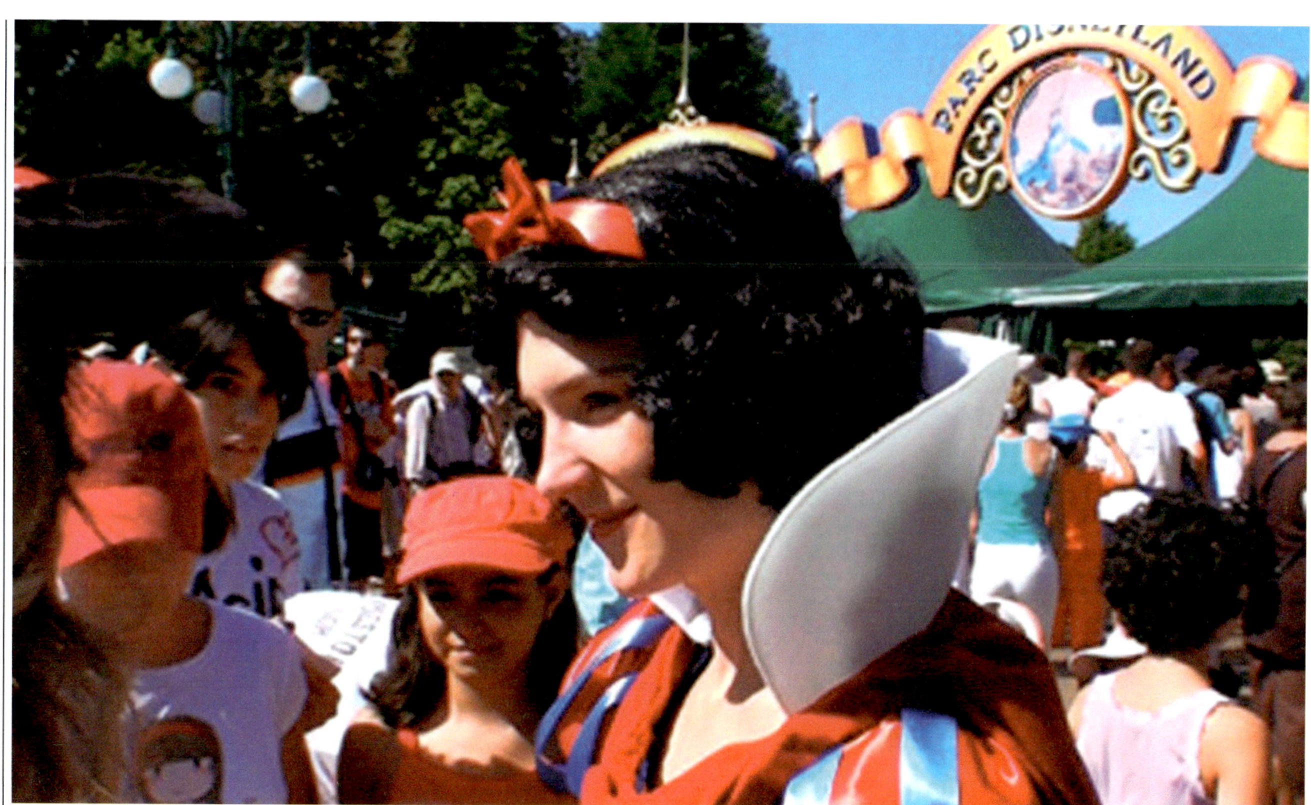

Real Snow White, 2009
video, 9 min, 15 sec

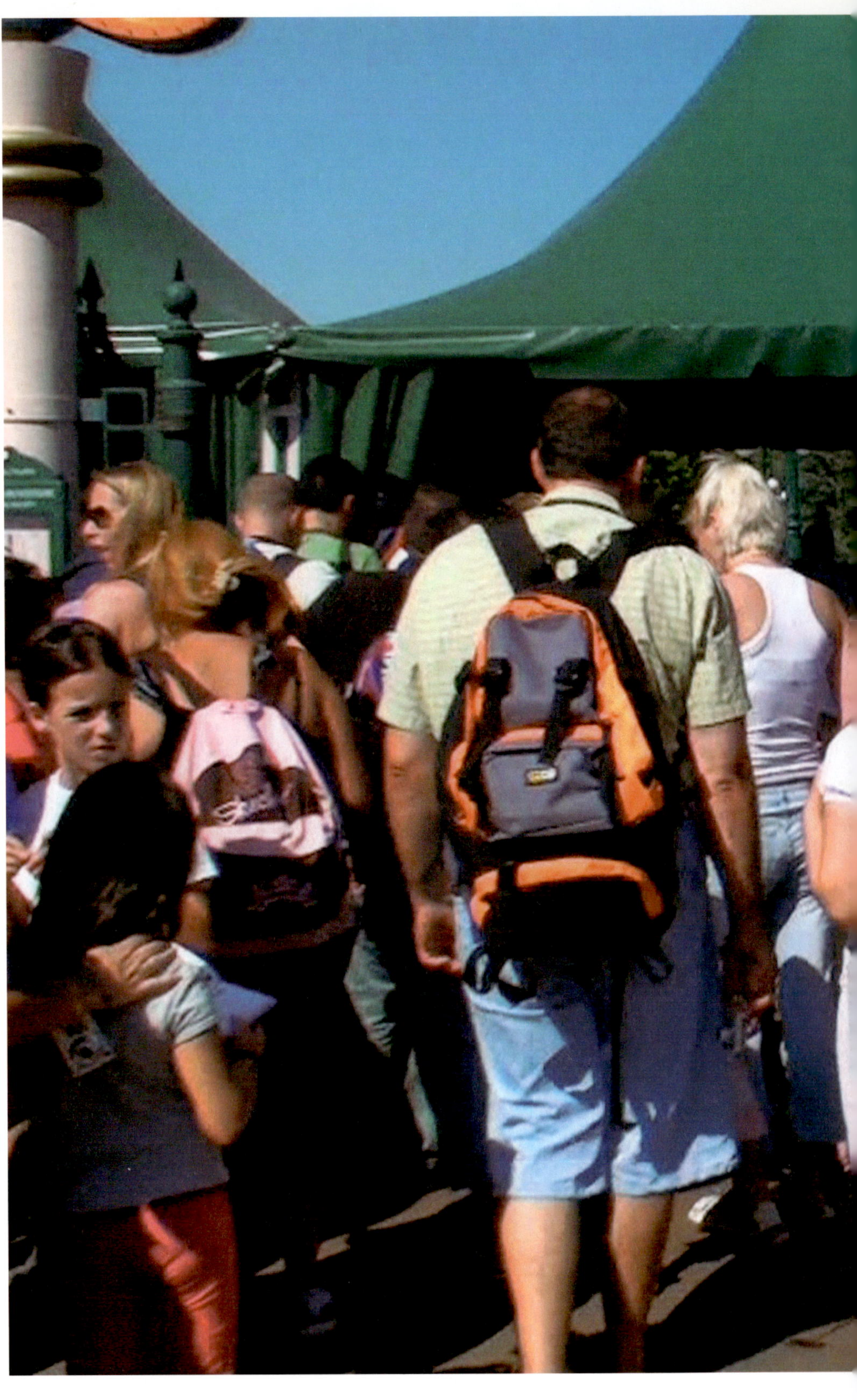

<u>Real Snow White</u>, 2009
video, 9 min, 15 sec

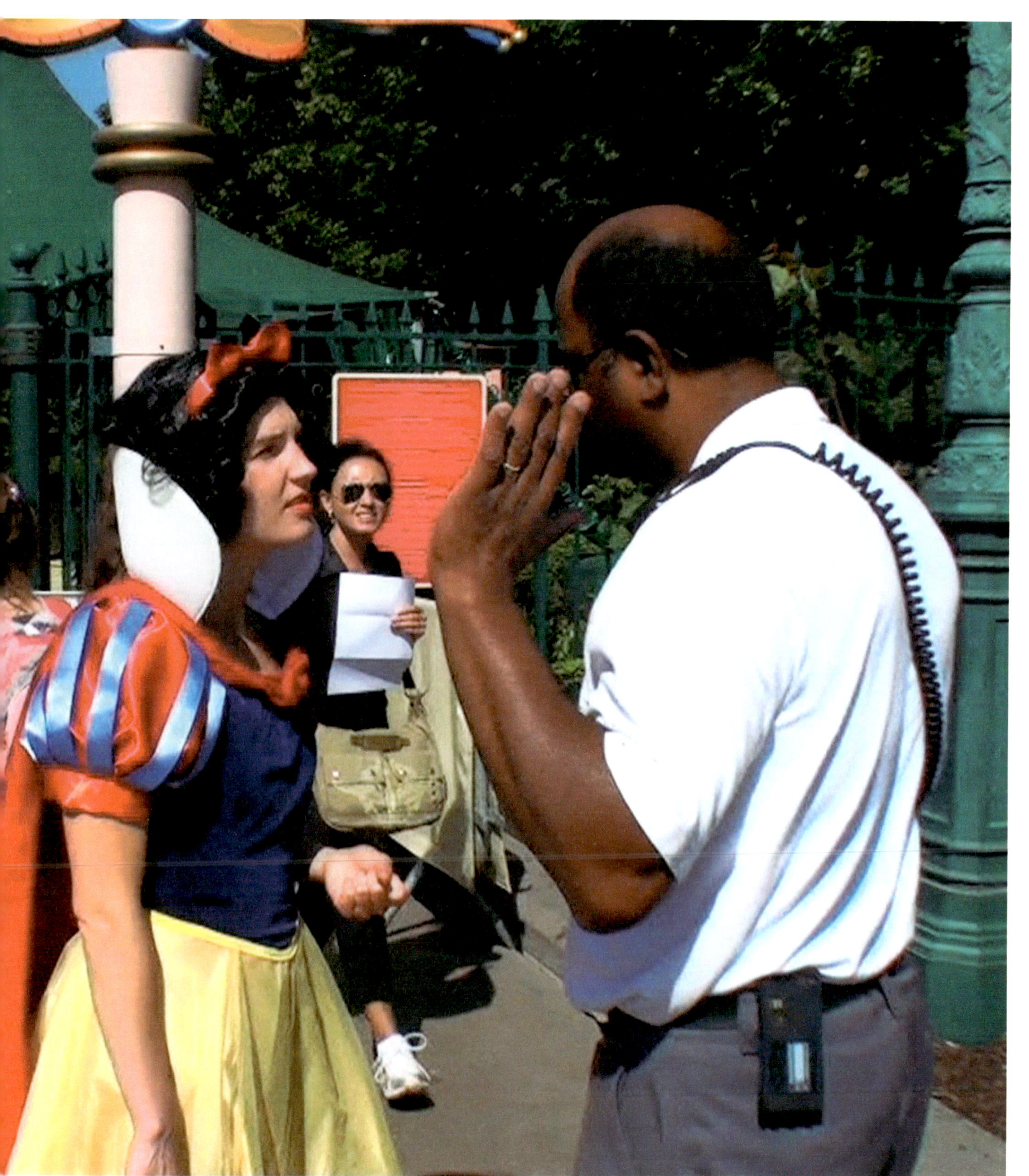

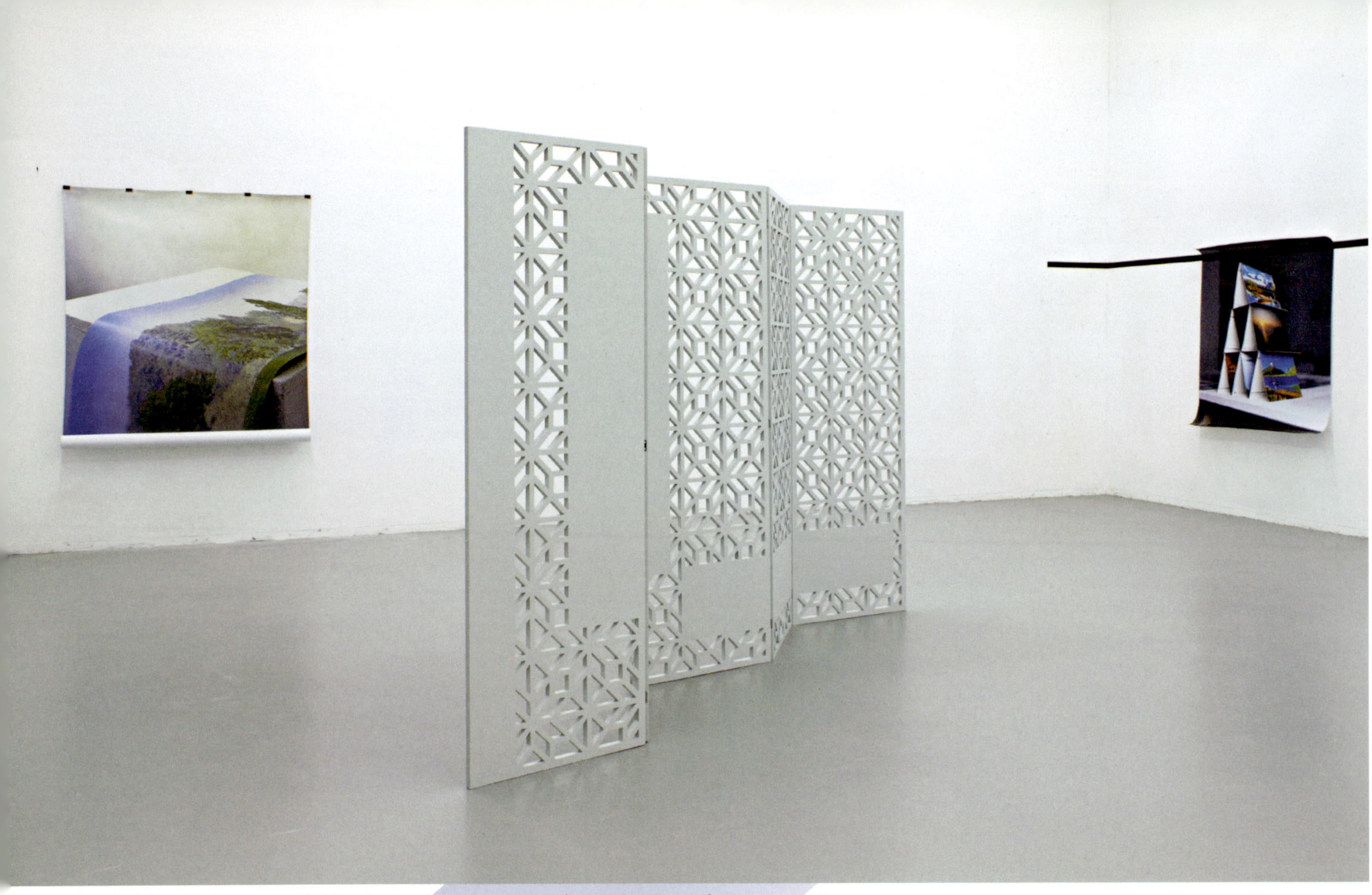

Borderline Picturesque & the Recounting Prospect (part one & two), 2010, 2009
en/and Flat World, 2008, c-print met tape, houten kamerscherm bedrukt met
zwart-witfoto en gelamineerde inkjetprint/c-print and one piece of fabric tape,
wooden dressing screen with direct print b&w photograph and laminated ink-jet print
150 x 120 cm, 200 x 330 cm, 160 x 200 cm

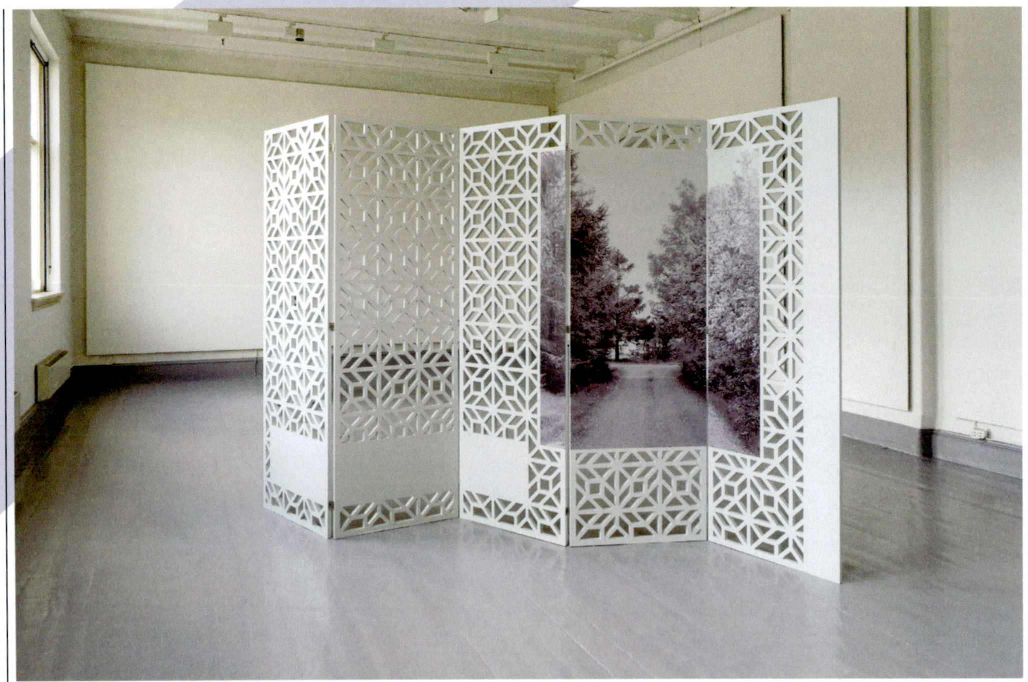

Borderline Picturesque & the Recounting Prospect (part three), 2010
houten kamerscherm bedrukt met zwart-witfoto/wooden dressing screen with
direct print b&w photograph, 200 x 330 cm

For Edward Clydesdale Thomson,
the way he arranges his work in a
space is just as important as the
individual works themselves.
How do you direct the gaze of the
spectator? For Thomson, this kind
of manipulation is not just a means
he exploits personally in his
installations but is, above all, a
subject he approaches critically
time and again in his work. Our
perception is continually influenced
by the images surrounding us,
including our perception of who we
are and the community to which we
belong. Thomson links a fascination
for the political, ideological and
cultural 'undertone' of representations to questions relating to
identity and locality. He involves
the physical surroundings as well:
the landscape and architecture
that are just as compelling in
determining how we observe the
world. For <u>Borderline Pictur-
esque</u> (2009), he spent an extended
period in the town of Tromsø in
Norway. Within this community, a
strong desire for individual
identity came to the fore, which
Thomson took advantage of in his
research: How do these desires and
myths about personal identity find
form in stories, images and
architectural elements? A long
process of observation at specific
locations often precedes his work,
before it finds its final form in his
studio.

Edward Clydesdale Thomson (1982,
Dundee, UK) studied architecture
in Glasgow and Copenhagen before
gaining his Master's degree in Fine
Arts at the Piet Zwart Institute in
Rotterdam. In 2011 he began a
residency at the Rijksakademie.
A solo exhibition of his work was
held in Tromsø in 2010; previous
exhibition locations include the
Netherlands Architecture Institute
in Rotterdam.

Edward Clydesdale Thomson

Voor Edward Clydesdale Thomson geldt dat de manier waarop hij
zijn werk in een ruimte opstelt even belangrijk is als de afzonderlijke werken zelf zijn. Hoe stuur je de blik van de toeschouwer?
Deze manipulatie is voor Thomson niet slechts een middel dat hij
zelf aanwendt in zijn installaties, maar bovenal een onderwerp
dat hij in zijn werk telkens kritisch benadert. Onze perceptie
wordt voortdurend beïnvloed door de beelden waarmee we zijn
omringd, ook onze perceptie van wie we zijn en tot welke
gemeenschap we behoren. Thomson koppelt een fascinatie voor
de politieke, ideologische en culturele 'lading' van representaties
aan vragen met betrekking tot identiteit en lokaliteit. Hij betrekt
daar ook de fysieke omgeving bij: het landschap, de architectuur,
die evenzeer dwingend bepalen hoe we de wereld beschouwen.
Voor <u>Borderline Picturesque</u> (2009) bracht hij lange tijd door
in het plaatsje Tromsø in Noorwegen. Binnen deze gemeenschap
trad een sterk verlangen naar een eigen identiteit op de
voorgrond, waar Thomson met zijn onderzoek op inspeelde:
hoe krijgen deze verlangens en mythes rond een eigen identiteit
vorm in verhalen, afbeeldingen en architecturale elementen?
Een lang proces van observeren op specifieke locaties gaat vaak
vooraf aan zijn werk, voordat het vaste vorm krijgt in zijn atelier.

Edward Clydesdale Thomson (1982, Dundee, UK) studeerde
architectuur in Glasgow en Kopenhagen, voordat hij zijn Master
in Fine Arts haalde aan het Piet Zwart Institute in Rotterdam.
In 2011 begon hij aan een *residency* op de Rijksakademie. In 2010
had hij een solotentoonstelling in Tromsø; daarvoor onder meer
in het Nederlands Architectuurinstituut in Rotterdam.

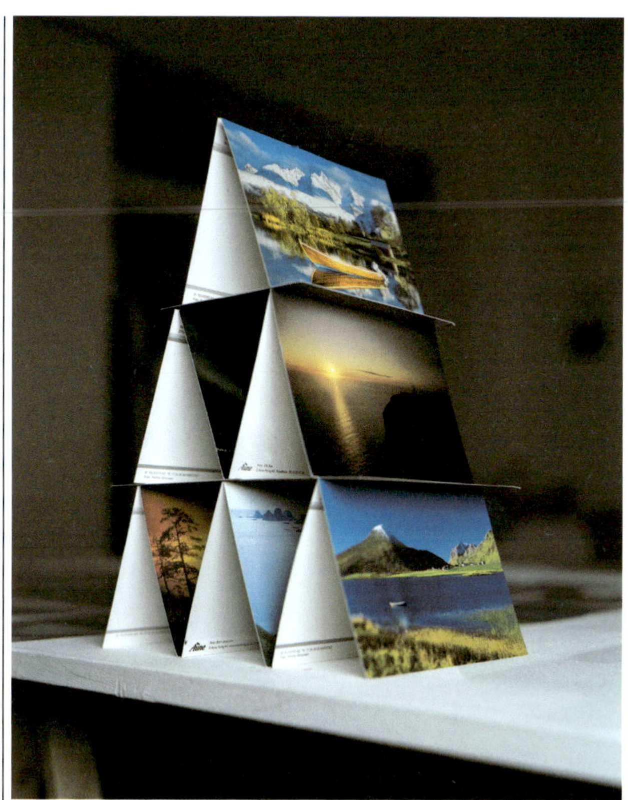

<u>Borderline Picturesque & the Recounting Prospect (part one)</u>,
2009, c-print en tape/c-print and one piece of fabric tape
150 x 120 cm

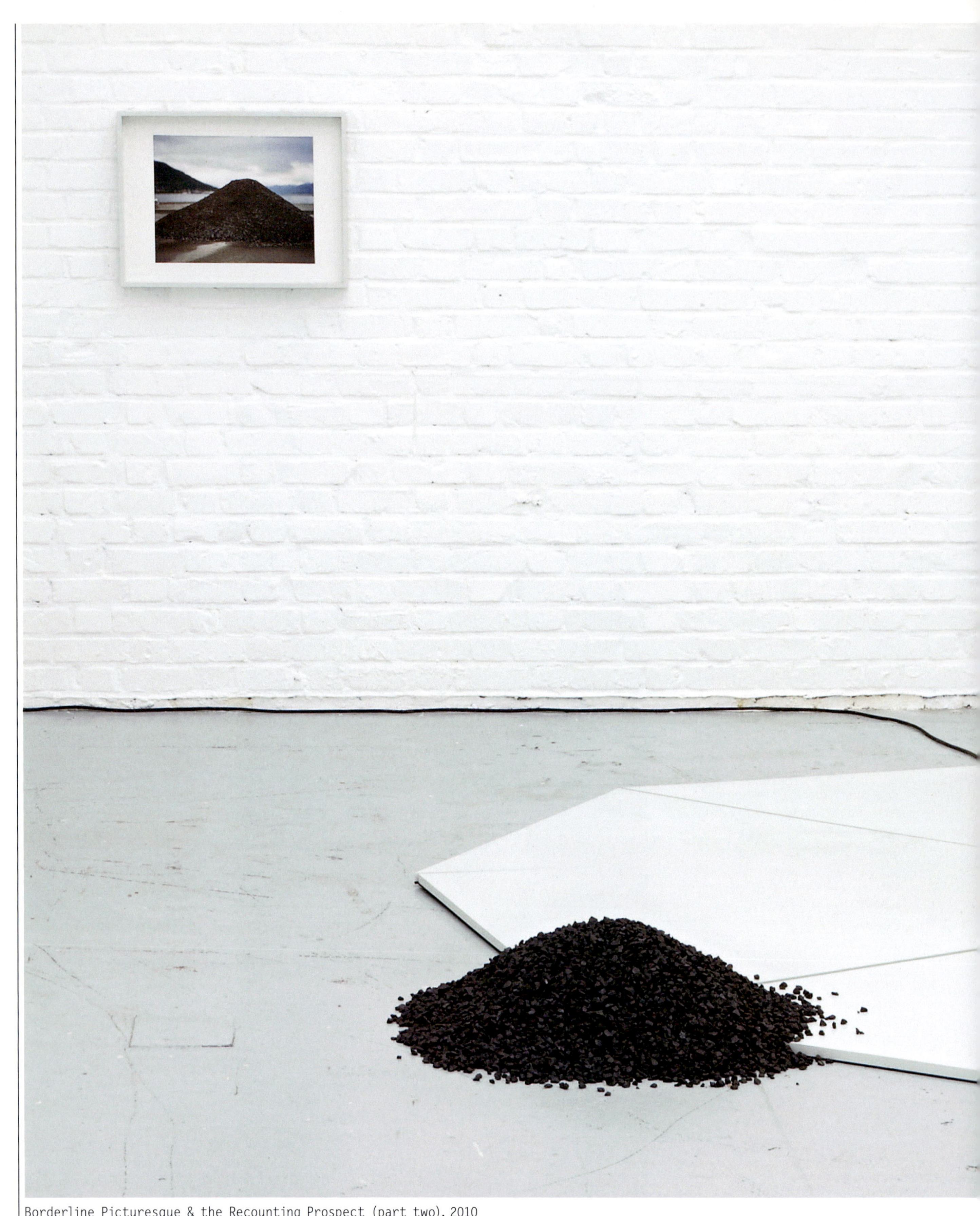

Borderline Picturesque & the Recounting Prospect (part two), 2010
installatie met ingelijste c-print, draaitafel met vinyl langspeelplaat op sokkel, achthoekig podium
en hoopje basaltsteentjes/framed c-print, vinyl record on stand octagonal stand and pile of basalt chips
c-print: 40 x 60 cm; podium/bandstand 250 x 250 cm; LP 8 min, 44 sec

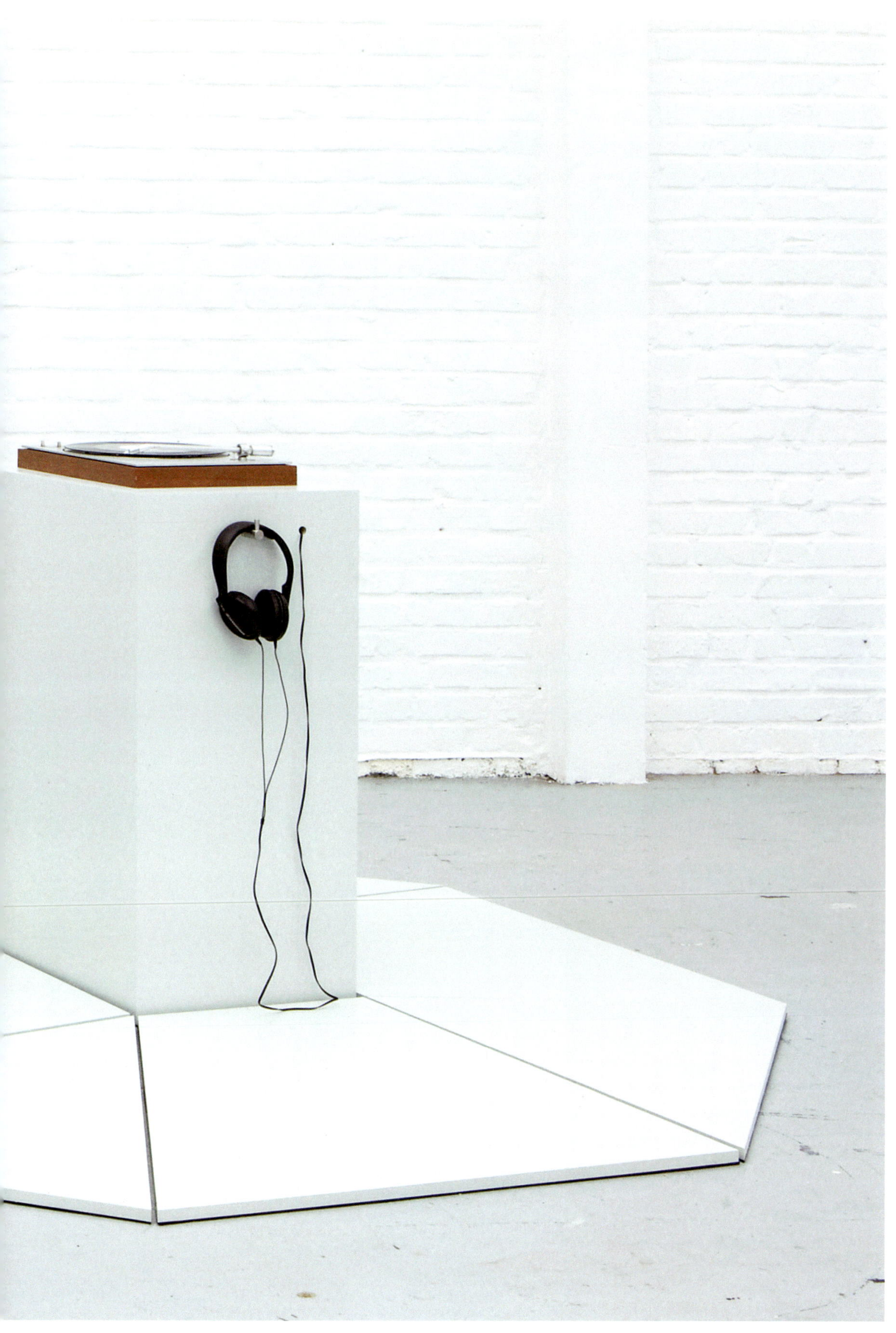

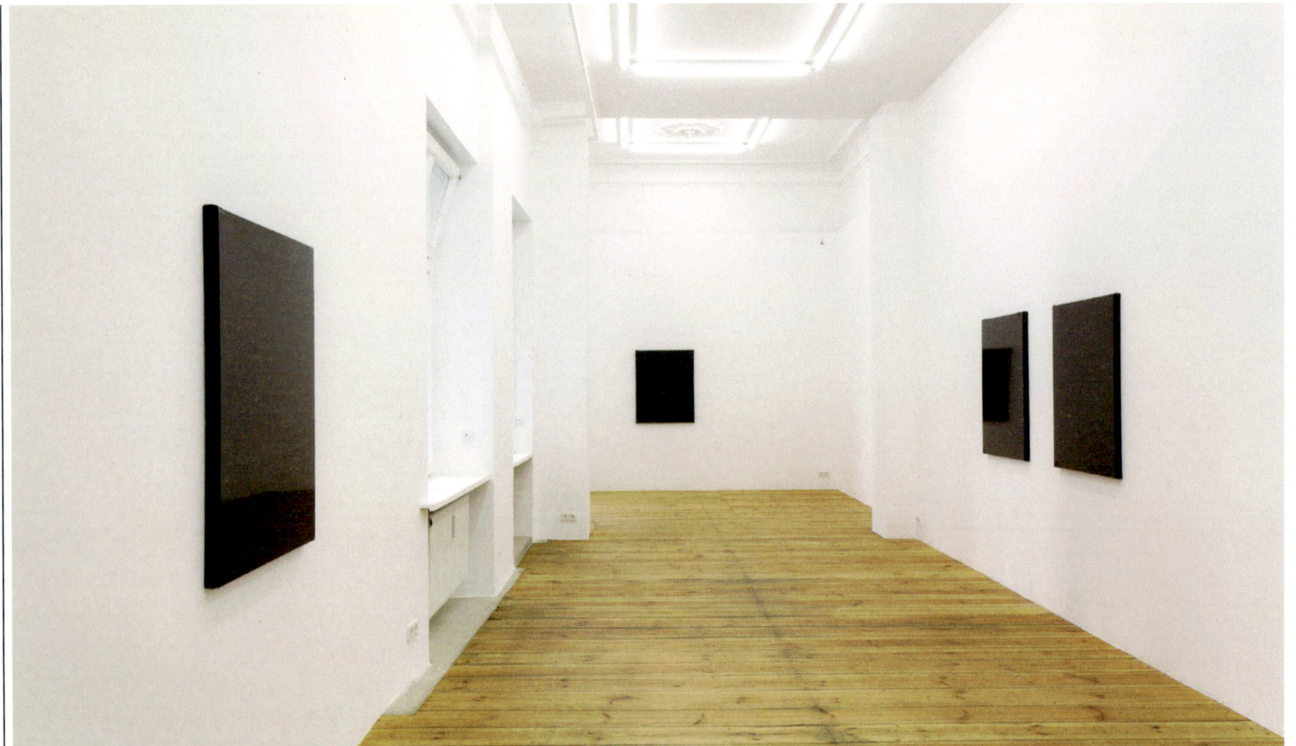

ARS NOVA E5305-B, 2009, spuitlak op in plastic verpakte prefabdoeken/
spray paint on shrink-wrapped pre-fabricated canvas, serie van 13 doeken/
series of 13 paintings, 100 x 80 x 4 cm (elk/each), Galerie Cinzia Friedlaender,
Berlijn/Berlin, 2009

ARS NOVA E5305-B #7, 2009, spuitlak op in plastic verpakte
prefabdoeken/spray paint on shrink-wrapped pre-fabricated
canvas, 100 x 80 x 4 cm

Vincent Vulsma

Are they paintings or objects? The shiny black canvasses in the ARS NOVA E5305-B series (2009) force the spectator to question the status of the art object. After the conceptual and minimalist art of the 1960s and 1970s, is it still important for art to assume a physical form? And is it really relevant who the maker is? Vincent Vulsma sees himself more as an 'artistic producer' than a 'material producer', as he describes it. The black paintings consist of basic prefab canvasses still wrapped in plastic, produced in cheap labour countries like China, which are subsequently sprayed black in an industrial process that makes the plastic curl up, after which a layer of white paint is applied. The plastic stretches itself tight again, so that the wrinkles and folds suggest a depth that is not actually there or at least does not manifest itself at the level of the material. The 'depth' in Vulsma's work is of a different order: it comes from his critical commentary about the art market and the insight he provides into the ways that value systems work. Art is a commodity – how do you deal with that as an artist? Not by continuing to make new things to feed that art market, in Vulsma's opinion, but by subtle interventions in the system itself.

Vincent Vulsma (1982, Zaandam, NL) studied at the Gerrit Rietveld Academie in Amsterdam; in 2006-2008 he was a resident at De Ateliers. His work was shown at the 6th Berlin Biennale (2010) and he has had solo exhibitions in Berlin (Galerie Cinzia Friedlaender, 2009) and in Amsterdam (Ellen de Bruijne Projects, 2010).

Zijn het schilderijen of objecten? De glimmende zwarte canvassen in de serie ARS NOVA E5305-B (2009) dwingen de toeschouwer tot vragen over de status van het kunstobject. Hoe belangrijk is het nog, na de conceptuele en minimalistische kunst van de jaren zestig en zeventig, dat kunst een fysieke vorm aanneemt? En hoe relevant is het eigenlijk wie de maker is? Vincent Vulsma ziet zichzelf meer als een 'artistic producer' dan als een 'material producer', zoals hij het zelf omschrijft. De zwarte canvassen bestaan uit basale prefabdoeken, het plastic er nog omheen, geproduceerd in lagelonenlanden als China, die vervolgens op industriële wijze zwart zijn gespoten, wat het plastic doet opkrullen, waarna een witte laag verf werd aangebracht. Het plastic trekt zichzelf weer strak, zodat de rimpels en vouwen een diepte suggereren die er niet is, die zich althans niet manifesteert op het niveau van het materiaal. De 'diepte' van Vulsma's werk is van een andere orde: de kritische kanttekeningen die hij plaatst bij de kunstmarkt, het inzicht dat hij biedt in de werking van waardensystemen. Kunst is handelswaar – hoe ga je daar als kunstenaar mee om? Niet door maar nieuwe dingen te blijven maken om die kunstmarkt te voeden, vindt Vulsma, maar door subtiele ingrepen te doen in het systeem zelf.

Vincent Vulsma (1982, Zaandam, NL) studeerde aan de Gerrit Rietveld Academie in Amsterdam; in 2006–2008 was hij *resident* op De Ateliers. Zijn werk was te zien op de 6de Berlin Biennale (2010) en hij had solotentoonstellingen in Berlijn (Galerie Cinzia Friedlaender, 2009) en in Amsterdam (Ellen de Bruijne Projects, 2010).

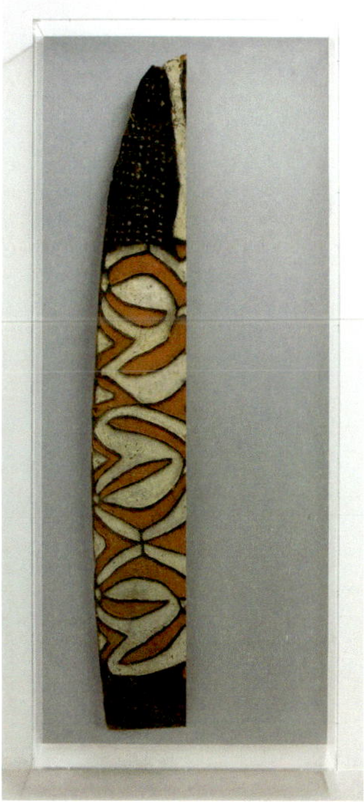

141°E, 2010
plexiglas vitrine met de helft van een hardhouten schild, met een reliëfdecoratie van zwart, rood en witte polychromie, afkomstig uit de omgeving Brazzarivier, in het oosten van het centrale Asmat-achterland, Zuidwest-Nieuw-Guinea, Papoea, Indonesië, datum onbekend/plexiglas display case containing one half of a hardwood shield; relief decoration, black, red and white polychromy, Brazza River region, East of Central Asmat Hinterland, Southwestern New Guinea, Papua, Indonesia, date unknown, 230 x 95 x 18 cm

ARS NOVA E5305-B #4, #5, 2009, spuitlak op in plastic verpakte prefabdoeken/
spray paint on shrink-wrapped pre-fabricated canvas, serie van 13 doeken/
series of 13 paintings, 100 x 80 x 4 cm (elk/each)

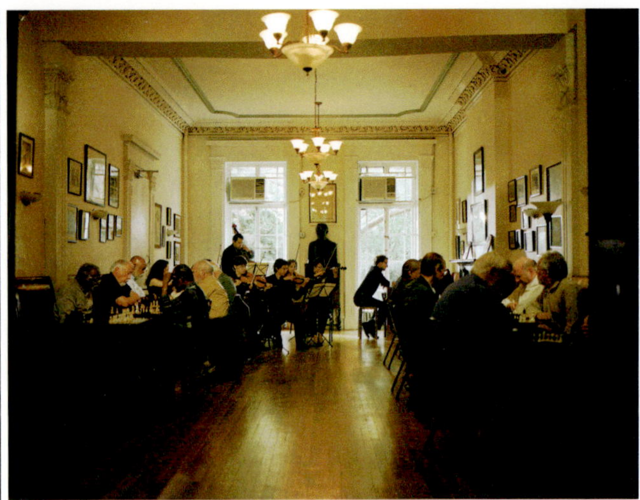

Nummer twaalf. Variations on a Theme
The king's Gambit Accepted/The Number of Stars in the Sky/
And Why a Piano can't Be Tuned/Or Waiting for an Earthquake,
Marshall Chess Club, Mt St Helens & San Andreas Fault USA,
2009, video, 40 min

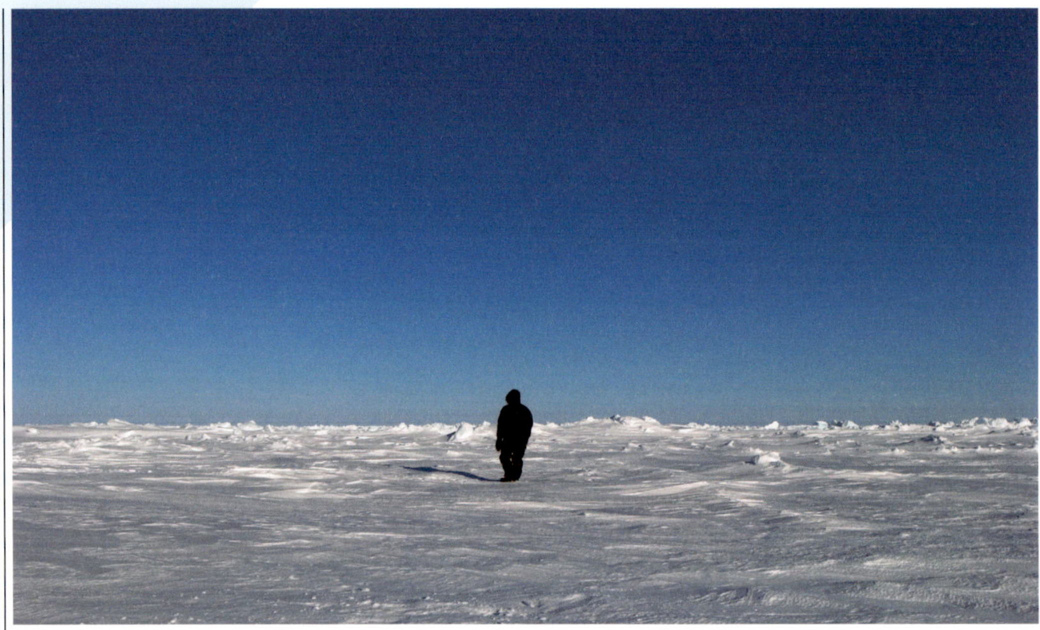

Nummer negen, The Day I Didn't Turn With the World, Geographic Northpole, 2007
time-lapse-fotografie omgezet naar HD-video/time-lapse photography converted to HD video,
8 min, 40 sec

| Long List

Guido van der Werve

Het is een machtig gezicht, de zware, schommelende ijsbreker die de kunstenaar op de hielen zit in <u>Nummer acht: Everything Is Going To Be Alright</u> (2007). Guido van der Werves daaropvolgende film, <u>Nummer negen: The Day I Didn't Turn With the World</u> (2007) — waarvoor hij zelf de soundtrack componeerde — is al even indrukwekkend in zijn evocatie van grote romantische thema's uit de kunstgeschiedenis: de mens, de kunstenaar, in al zijn eenzaamheid tegenover de grote, overweldigende natuur. Wat Van der Werve wil is, zoals hij dat noemt, een bepaalde 'atmosfeer' creëren waartoe elke toeschouwer zich op zijn of haar eigen wijze kan verhouden. Van der Werve vergelijkt zijn werkwijze met die van een componist, die zijn eigen gemoedstoestand gebruikt om tot een kern te komen, een krachtig idee, dat vervolgens wordt vertaald in een navolgbaar werk. In zijn meest recente film, <u>Nummer twaalf. Variations on a Theme: The King's Gambit Accepted/The Number of Stars in the Sky/And Why a Piano Can't Be Tuned/Or Waiting for an Earthquake</u> (2009), een drieluik gebaseerd op een klassieke opening van het schaakspel ('the king's gambit'), komen verschillende van zijn fascinaties samen: schaken, componeren en, opnieuw, de overweldigende natuur.

Guido van der Werve (1977, Papendrecht, NL) studeerde af aan de Gerrit Rietveld Academie en was in 2006 en 2007 *resident* aan de Rijksakademie. Hij won in 2007 de Volkskrant Beeldende Kunst Prijs, werd in 2004 al eens genomineerd voor de Prix de Rome, en heeft talloze solotentoonstellingen gehad in binnen- en buitenland. Zijn werk is opgenomen in de collecties van onder meer het Museum of Modern Art, New York, Museum Boijmans Van Beuningen, Rotterdam en De Hallen, Haarlem.

It is a powerful sight, the heavy, swaying icebreaker chasing the artist in <u>Nummer acht: Everything Is Going to Be Alright</u> (2007). Guido van der Werve's next film, <u>Nummer negen: The Day I Didn't Turn With the World</u> (2007) — for which he composed the soundtrack himself — is just as impressive in its evocation of grand romantic themes from the history of art: man, the artist, in all his solitude, facing the overwhelming greatness of nature. What Van der Werve wishes to create is, as he calls it, a certain 'atmosphere' that each viewer can relate to in his or her own way. Van der Werve compares his way of working with that of a composer, who abstracts his state of mind to achieve an essence, a powerful idea that is subsequently translated into a comprehensible work. In his most recent film, <u>Nummer twaalf. Variations on a Theme: The King's Gambit Accepted/The Number of Stars in the Sky/And Why a Piano Can't Be Tuned/Or Waiting for an Earthquake</u> (2009), a trilogy based on a chess opening ('the king's gambit'), various of his fascinations come together: chess, composing and again, overwhelming nature.

Guido van der Werve (1977, Papendrecht, NL) graduated from the Gerrit Rietveld Academie and was a resident at the Rijksakademie in 2006 and 2007. He won the Volkskrant Visual Art Prize in 2007, had an earlier nomination for the Prix de Rome in 2004, and has had countless solo exhibitions in the Netherlands and abroad. His work can be found in the collections of art museums such as the Museum of Modern Art in New York, Museum Boijmans Van Beuningen in Rotterdam and De Hallen in Haarlem.

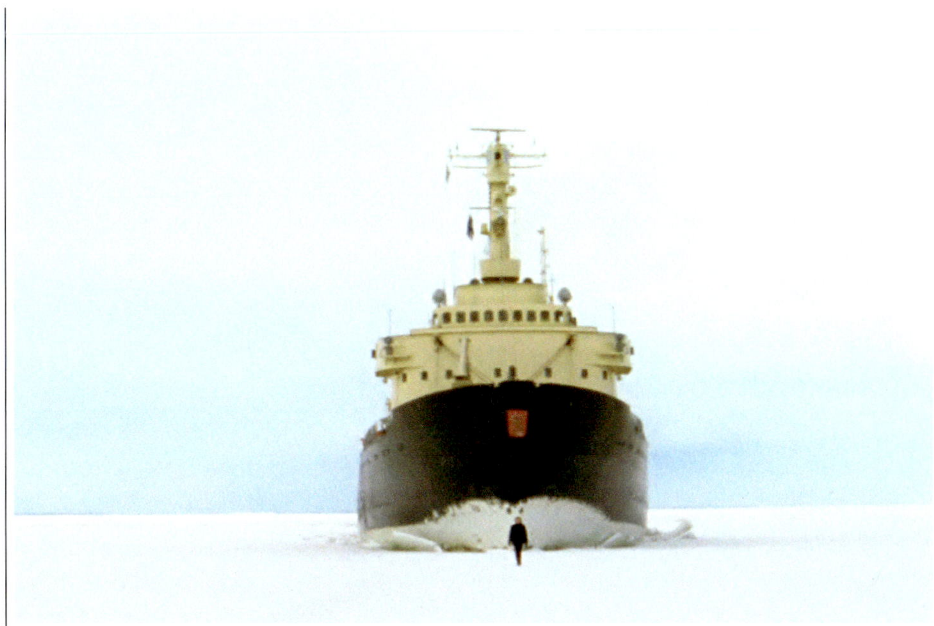

<u>Nummer acht, Everything Is Going To Be Alright, Golf of Bothnia FI</u>, 2007
16 mm-film omgezet naar HD-video/16 mm film converted to HD video,
10 min, 10 sec

Nummer acht, Everything Is Going To Be Alright, Golf of Bothnia FI, 2007
16 mm-film omgezet naar HD-video/16 mm film converted to HD video, 10 min, 10 sec

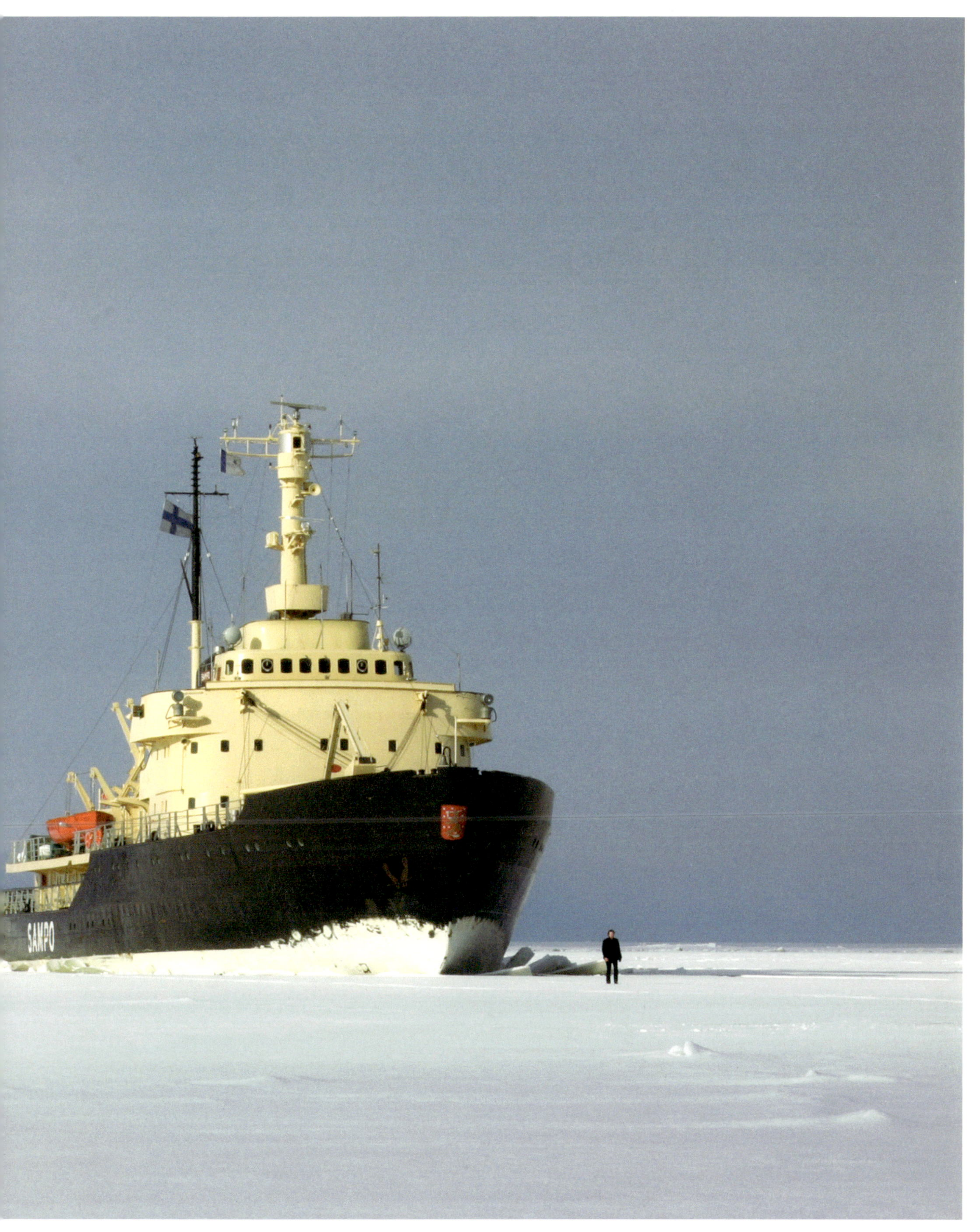

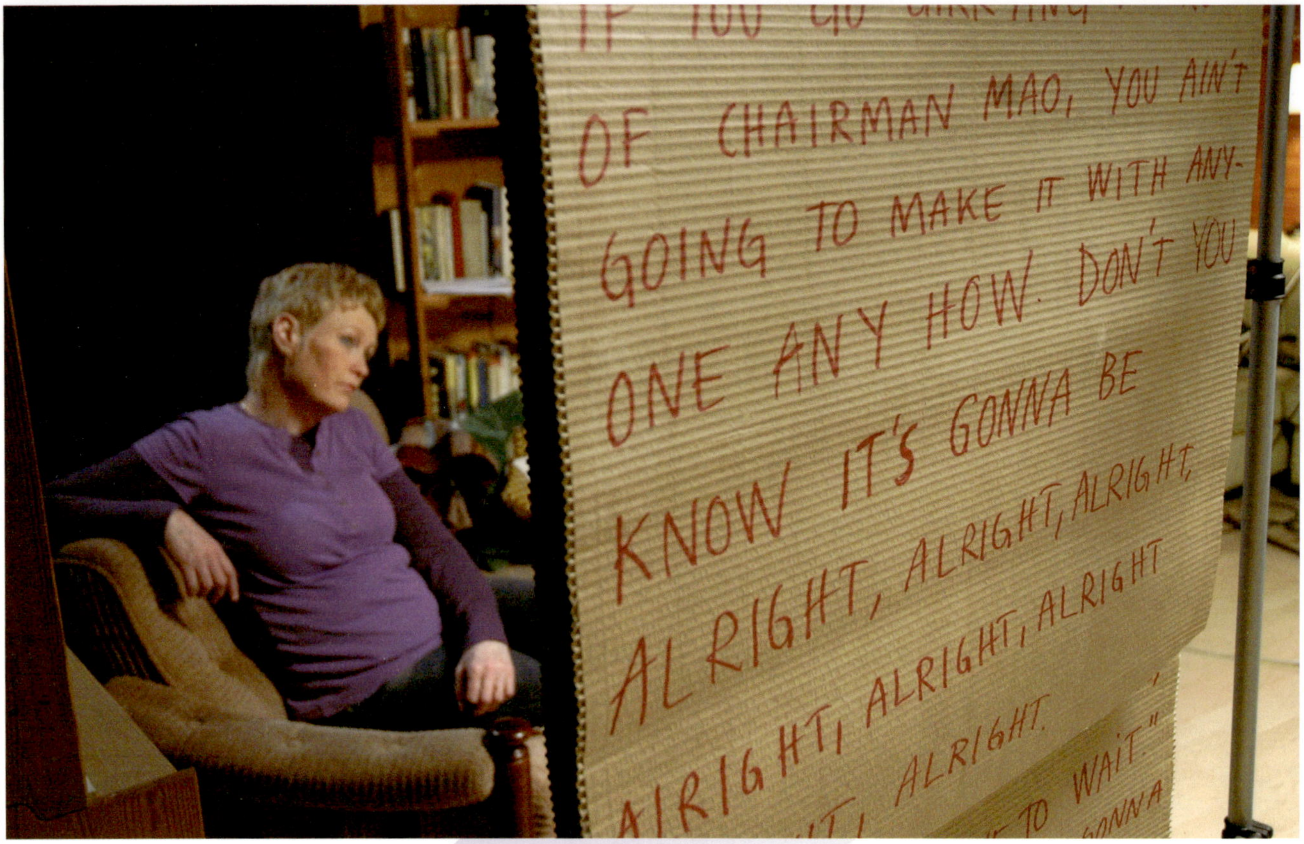

Everything Is Gonna Be, 2008, video, kleur, geluid/
video, colour, sound, 3 min, 35 sec

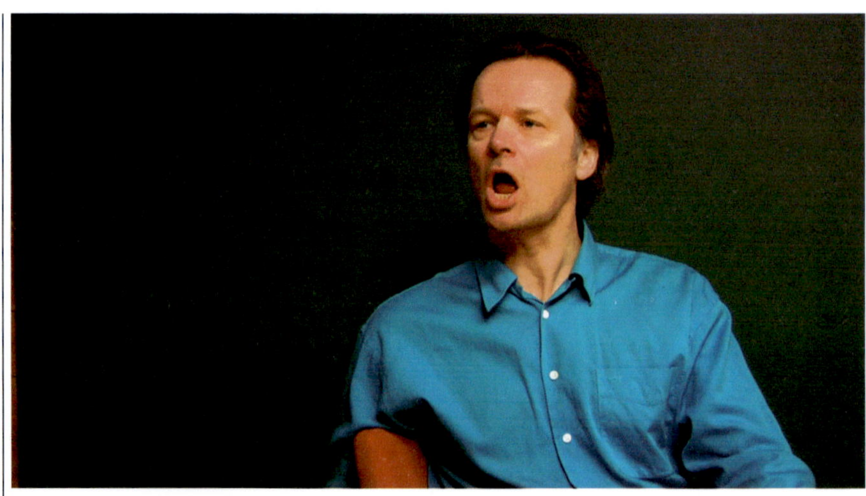

Everything Is Gonna Be, 2008, video, kleur, geluid/
video, colour, sound, 3 min, 35 sec

                          | Long List

'Shoum… shoum… lejdi o lav, pizat t pizat dju ju raund' – wie de video <u>Shoum</u> (2009) van Katarina Zdjelar voor het eerst ziet, moet bijna vanzelf lachen. Het deuntje dat klinkt, van de jaren-tachtighit *Shout* van Tears for Fears, is in bijna ieders geheugen gegrift (meeneuriën is onvermijdelijk), maar wordt op een vervreemdende manier vertolkt door de man die we zijn best zien doen om zich de woorden toe te eigenen. Het lachen van de toeschouwer heeft dus een schrille naklank. Niet iedereen kan het zich immers veroorloven 'to let it all out'… Niet iedereen beschikt over het geaccepteerde idioom en vocabulaire om zijn eigen identiteit tot uitdrukking te brengen.

Over dit soort censuur – opgelegd door anderen, maar ook subtiele vormen van zelfcensuur – draait het in het werk van Zdjelar. Over zelfverwerkelijking en zelfexpressie, en de vraag welke rollen je gedwongen wordt te spelen om je te handhaven in een cultuur die je niet zelf hebt gecreëerd. Dat geldt voor de Servische immigrant (zoals in de video <u>Act 2</u> (2010) waarin een voormalige landmeter wordt opgevoerd die zijn brood moet verdienen als figurant in films, waarvoor hij uitsluitend als de *bad guy* wordt gecast), maar misschien net zo goed voor de Noorse amateurzangers die – aarzelend, ongemakkelijk – met elkaar het liedje *Revolution* ten gehore brengen (in de video <u>Everything Is Gonna Be</u>, 2008).

Katarina Zdjelar (1979, Belgrado, RS) volgde haar opleiding in Belgrado en aan het Piet Zwart Institute in Rotterdam, en is op het moment *resident* aan de Rijksakademie in Amsterdam. Ze werd onder meer genomineerd voor de Volkskrant Beeldende Kunst Prijs (2007), had in 2010 een grote solotentoonstelling in TENT, Rotterdam, en heeft haar werk op talloze tentoonstellingen, symposia en screenings toegelicht en getoond.

Katarina Zdjelar

'Shoum… shoum… lejdi o lav, pizat t pizat dju ju raund' – when you see Katarina Zdjelar's video <u>Shoum</u> (2009) for the first time, it brings a smile to your face almost immediately. The tune you hear, Tears for Fears' 1980s' hit *Shout*, is indelibly engraved into almost everyone's memory (humming along seems unavoidable), but is interpreted in an alienating way by the man we see trying his hardest to capture the words. So the viewer's laughter leaves a shrill echo in its wake. After, all not everyone can afford 'to let it all out'… Not everyone has access to the accepted idiom and vocabulary to express their own identity.

This type of revision – imposed by others, but also subtle forms of self-censorship – is what Zdjelar's work touches upon. Her work also concerns questions of self-realization and self-expression, in relation to the social roles that an individual needs to perform to be able to participate in society. It applies to the Serbian immigrant (for instance in the video <u>Act 2</u> (2010) in which we see a former land surveyor who has to earn his living as an extra in films, where he is only ever cast as the *bad guy*), but applies perhaps just as much to the Norwegian amateur singers who hesitantly and awkwardly perform the song *Revolution* (in the video piece <u>Everything Is Gonna Be</u>, 2008).

Katarina Zdjelar (1979, Belgrade, RS) studied in Belgrade and at the Piet Zwart Institute in Rotterdam and is currently a resident at the Rijksakademie in Amsterdam. Her achievements include a nomination for the Volkskrant Visual Art Prize (2007) and a large solo exhibition in TENT., Rotterdam in 2010; she has shown and explained her work at countless exhibitions, symposia and screenings.

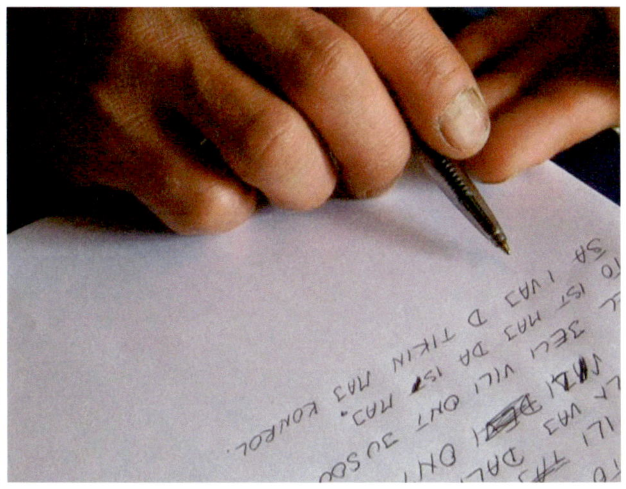
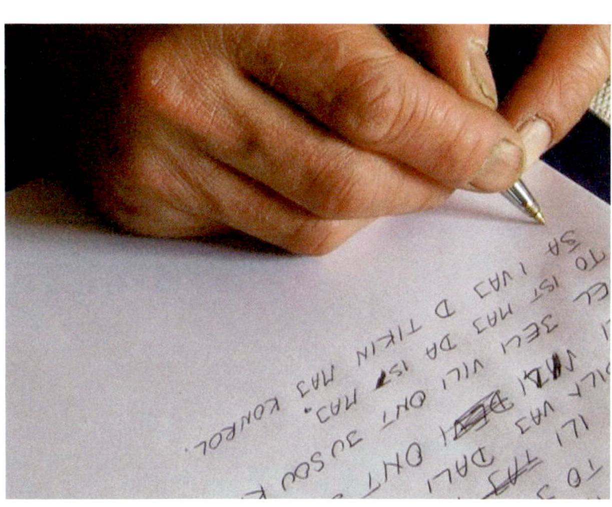

<u>Shoum</u>, 2009, video, kleur, geluid/
video, colour, sound, 6 min, 58 sec

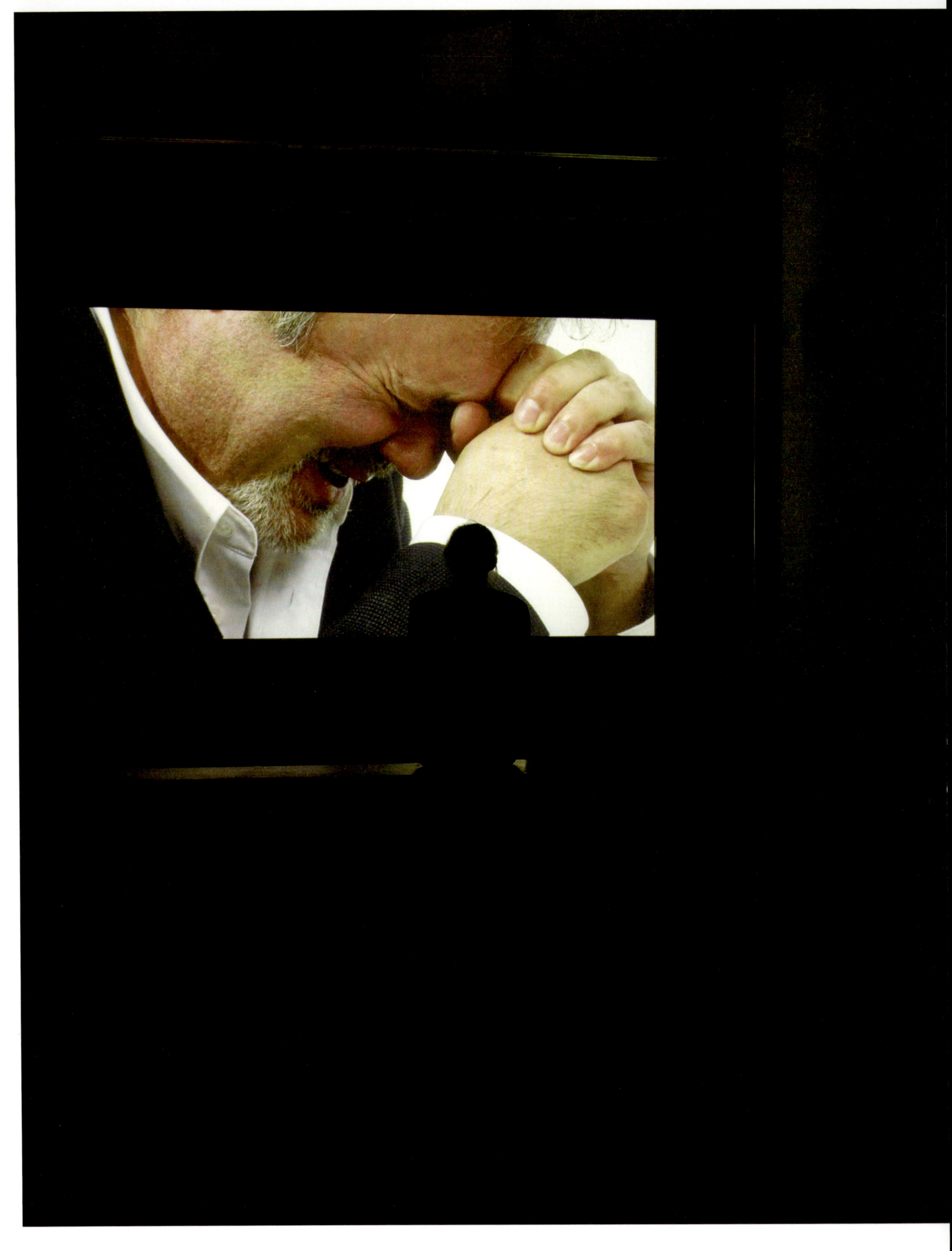

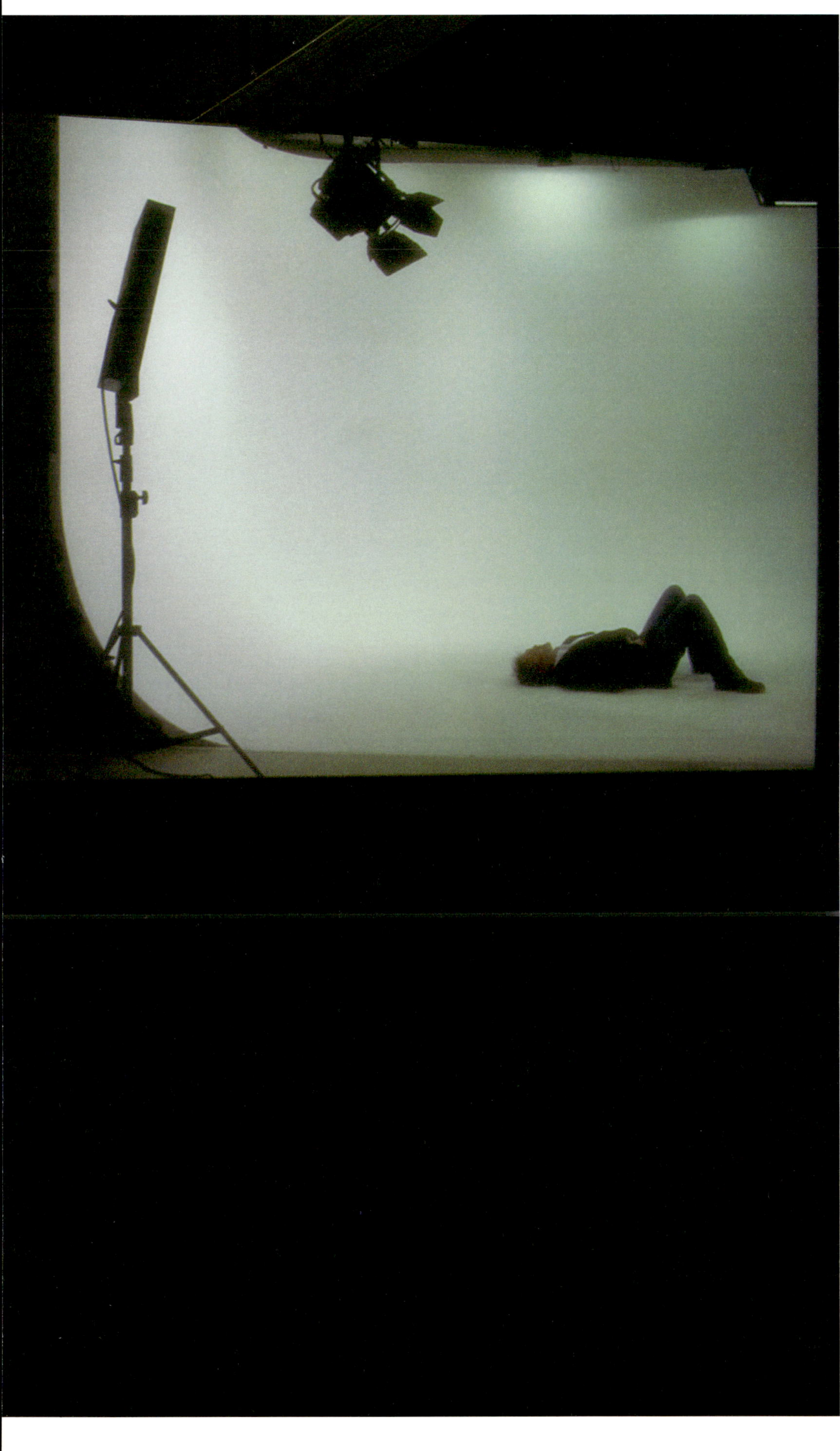

l: <u>Act I</u>, 2010, video,
kleur, geluid/video, colour,
sound, 24 min, 55 sec
r: <u>Act II</u>, 2010, video,
kleur, geluid/video, colour,
sound, 5 min, 21 sec

JURY-RAPPORT
LAAG NA LAAG (NA LAAG)

Nicoline Timmer

'De kunstenaar móét helemaal niets.' Adam Szymczyk zegt het zacht maar beslist. Zijn uitspraak volgt op een lange discussie waarin de jury voor het eerst duidelijke grenzen trekt, een eiland afbakent in de zee van potentiële winnaars, waarop de ene kunstenaar wél aan wal wordt getrokken – al is het soms op het nippertje – en de andere net niet.

Het eiland blijkt grillig van vorm. Niet iedereen van de jury (merendeels zélf kunstenaar) kan zichzelf direct terugvinden op de kaart van dit eiland; en niet ieder jurylid herkent zich ook in de strenge rol van grensbewaker. Maar met zijn laatste credo verwoordt Szymczyk een standpunt dat alle juryleden eigenlijk wel delen, alleen is hij de eerste die zulke sluimerende standpunten expliciet maakt. 'De kunstenaar moet niets.'

Niets moet, er zijn geen starre uitgangspunten of rigide maatstaven waarmee het werk van de bijna tweehonderd kunstenaars die meedingen naar de prijs gewogen wordt. Maar bepaalde verwachtingen heeft de jury natuurlijk wél. Is het mogelijk een profielschets van de potentiële winnaar op te stellen? Misschien. Zij of hij
- wekt nieuwsgierigheid
- is consistent (maar geen *one trick pony*)
- kan reflecteren op het eigen werk en op het gehanteerde medium
- weet zich te verhouden tot de wereld (hoe persoonlijk ook)
- vervalt niet in clichés
- is geen epigoon
- heeft een heel eigen manier van werken, maar ook besef van wat al is gedaan door andere kunstenaars
- is niet belerend
- dwingt de toeschouwer niet tot slechts één manier van kijken
- is gefocust en heeft een duidelijk fundament van waaruit het werk voortvloeit.

Deze verwachtingen worden door de juryleden gedurende de eerste twee selectierondes – tijdens drie lange dagen in november en een dag vol studiobezoeken in december – slechts tentatief geformuleerd, meer als terzijdes, op momenten waarop voorzichtig in woorden wordt afgetast waarom die kunstenaar wél door mag en waarom díe niet, waarom dát werk zo veel irritatie opwekt, en dat ene schilderij, die ene installatie of video 'iets interessants heeft', de aandacht vasthoudt.

Maar misschien dat de kunstenaar die keurig aan alle verwachtingen voldoet wel helemaal niet wint. Want het beslissingsproces dat de jury doormaakt en de vaak impliciete beoordelingscriteria die gehanteerd worden, zijn nu eenmaal niet te reduceren tot een simpele checklist van essentiële eigenschappen waar een potentiële Prix de Rome-winnaar aan moet voldoen. Het beslissingsproces 'is geen zuivere wiskunde', zoals verschillende malen wordt opgemerkt.

De jury creëert een eigen eiland dat bij elke stemronde iets verder inkrimpt en dat wordt bevolkt door precies die kunstenaars die ze beschouwt als beloftes – geen eendagsvliegen, maar bouwers aan de toekomst van de kunst, al zijn dat grote woorden. Woorden die nooit zonder enige terughoudendheid in de mond worden genomen door de jury, waar men een beetje voor terugdeinst zelfs. 'Ik ben er niet zeker van dat dit werk een significante bijdrage levert aan de kunstgeschiedenis', oordeelt een van de juryleden met een ironisch lachje na een geluidswerk dat nogal gemengde reacties oproept, 'maar ik geloof niet dat alle kunst voorbestemd is voor de eeuwigheid.'

De taak drukt zwaar op de juryleden; uitgangspunt van de Prix de Rome is immers dat de uitverkoren kunstenaars een weerspiegeling vormen van relevante ontwikkelingen binnen de kunst, en om dergelijke talenten er uit te kunnen pikken moet de jury de verantwoordelijkheid nemen om heersende trends te benoemen én daar een eigen standpunt over in te nemen. Dat gebeurt ook, maar vaker wordt dat standpunt indirect geformuleerd en niet als dwingende richtlijn opgelegd. Veel gedachten krijgen ook pas vorm in de discussie die men onderling voert. Al is het die eerste dagen vooral heel erg *stil* in de zolderkamer van de Rijksakademie, als er een stoet van mogelijke eilandbewoners aan de juryleden voorbijtrekt.

'Hertje, wolf, dooie duif.'
'Mensje op vlak, draadding op pootjes.'
'Grote big met aardbeien.'

Hoe onthoud je het werk van bijna tweehonderd kunstenaars dat in slechts drie dagen moet worden bekeken en beoordeeld? De korte, concrete beschrijvingen waarmee het werk in discussies vluchtig wordt samengevat, lijken op het eerste gezicht een vorm van experimentele poëzie, maar zijn in feite slechts tijdelijke labels om de werken (en hun makers) voor even vast te houden in gedachten, een soort verbale ankers in de beeldenstroom die de juryleden de eerste dagen dreigt te overspoelen. Betere labels zijn voorlopig niet voorhanden, want de kunstenaars die meedingen naar de Prix de Rome dienen hun werk anoniem in. Zelfs als op dag drie van de eerste juryronde in november hevig wordt gedebatteerd over een eerste selectie van tien kunstenaars die zullen worden uitgenodigd om hun werk in december zelf te presenteren en toe te lichten op de Rijksakademie, worden de kunstenaars, bij gebrek aan beter, door dergelijke vervreemdende lexicale dubbelgangers vertegenwoordigd – zoals 'Sneeuwwitje' en 'De ijsbreker', 'De berg' en 'De figurant'.

De Prix de Rome is een democratische prijs: iedere in Nederland wonende kunstenaar onder de 35 jaar mag (onder bepaalde praktische voorwaarden) meedoen – ongeacht naam of faam. Dat betekent dat er veel middelmatigheid te zien is op dag één, als er nog geen enkele schifting heeft plaatsgevonden. Maar deze onbevooroordeeldheid biedt tevens ruimte voor verrassingen, voor nieuwe ontdekkingen, voor werk dat nieuwsgierigheid opwekt en potentie heeft in plaats van dat het bestaande standpunten en kunstenaarsposities bevestigt.
Ook de samenstelling van de jury moet deze ruimte voor vernieuwing, variatie en verrassingen waarborgen. De Prix de Rome Beeldende Kunst is een tweejaarlijkse prijs, waarvoor telkens een geheel nieuwe jury aantreedt, met een wisselende voorzitter, die alles in goede banen leidt maar normaal gesproken zelf geen stemrecht heeft – in dit geval Hendrik Driessen, directeur van museum De Pont in Tilburg. Secretaris is de nieuwe directeur van de Rijksakademie, Els van Odijk. Kunstenaars vormen de meerderheid van de jury. Dit jaar zijn dat Sung Hwan Kim (1975, Korea) genomineerde voor de Prix de Rome 2007, Wendelien van Oldenborgh (1962, Nederland) en Silke Otto-Knapp (1970, Duitsland). Adam Szymczyk (1970, Polen), curator en directeur van de Kunsthalle in Bazel, werd al genoemd. Omdat een beoogd jurylid in november is verhinderd, stemt Driessen in de eerste ronde mee, zodat er bij stemming geen patstelling kan ontstaan. Ook de jury is dus 'gedoemd tot democratie', zoals jurylid nummer vijf, beeldend kunstenaar Pedro Cabrita Reis (1956, Portugal) – die zich in de tweede ronde bij het gezelschap voegt – de situatie treffend samenvat.

Want er wordt veelvuldig gestemd om tot een beslissing te komen. Het systeem van punten geven wordt echter losgelaten als blijkt dat het beslissingsproces daardoor verzandt in nietszeggende ranglijstjes. Vooral Van Oldenborgh verzet zich tegen 'de dictatuur van de getallen', en dringt aan op een fundamentele discussie over de motieven om tot een bepaalde keuze te komen. En dat leidt tot nieuwe inzichten, legt bloot dat de juryleden ieder met een heel eigen blik beoordelen, dat de kunstenaar-juryleden vooral letten op integriteit: zijn de keuzes die iemand maakt navolgbaar, is er niet te veel sprake van effectbejag, is er een goede balans tussen 'input en output', tussen de inzet van middelen en het uiteindelijke beeld? Driessen daarentegen is veel meer een duider, een beschouwer, iemand die interpreteert, verhalen zoekt, verbanden probeert te leggen. En Szymczyk concentreert zich, meer dan de anderen, op de positie die de kunstenaar ten opzichte van het heersende kunstdiscours inneemt, of – wat vaker voorkomt – helemaal *niet* inneemt. 'Dat iemand zulke schilderijen maakt, en nog wel in Holland! Dat begrijp ik niet.'

Tja, opvallend is het wel, dat al in de eerste stemronde bijna alle schilders (en daar zijn er nog altijd genoeg van) afvallen. Waarom is dat? 'Engeltjes, enge kinderen en exotische *dieren* – waarom toch al die dieren?' 'Een bourgeoisvariant op het surrealisme', meer is het

niet, vindt Szymczyk. Veel schilderijen zijn niet 'sophisticated' genoeg, net als veel fotografisch werk dat is ingediend: werk dat vooral 'pleasing to the eye' is, iets te veel Rineke Dijkstra *rip-offs*, of werk dat te veel leunt op goedkoop exotisme (mooie plaatjes van arme mensen in kleurrijke voddenhuizen), prima voor *LIFE magazine*, maar binnen de context van *contemporary art* voegt het weinig toe.

Toch dringt 'Delia', zoals ze dan nog wordt genoemd – of Petra Stavast, zoals ze blijkt te heten – door tot de long list. Met op het eerste gezicht vrij klassieke fotografie, gedegen en integer onderzoek naar begrippen als tijd en vergankelijkheid. Maar ze struikelt op de drempel van de short list, precies vanwege deze klassieke aanpak, de enigszins letterlijke wijze waarop ze haar onderwerpen vertaalt in beelden om zo dicht mogelijk bij het 'origineel' te komen. De jury vindt haar intenties helder, maar verlangt iets meer reflectie op de gecompliceerde relatie tussen representatie en presentatie. Want de status van het beeld, de reflectie op het medium, blijkt voor veel van de kunstenaars op de long list nu juist een van de 'main concerns' te zijn, zoals Van Oldenborgh na afloop van de tien werkpresentaties in december bijna per ongeluk concludeert.

Over de andere twee kunstenaars van de long list die al in een vroeg stadium afvallen wordt na afloop van de atelierbezoeken langer nagepraat. Want *niet* kiezen voor deze twee is bijna een soort statement van de jury; het gaat namelijk om kunstenaars die al behoorlijk veel aandacht kregen, geëxposeerd hebben in binnen- en buitenland, van wie werk is opgenomen in belangrijke collecties of te zien was tijdens relevante biënnales. Het zijn twee uitersten: 'De ijsbreker' en 'De Nigerdelta' – Guido van der Werve en Mark Boulos. De een werkt in 'splendid isolation' aan een substantieel oeuvre van verstilde, zowel romantisch als conceptueel geladen videowerken. De ander staat met zijn voeten in de modder van de wereldpolitiek, maakt provocerende, naar pamflettisme neigende films op marxistische grondslag. De eenling en de activist – twee tegenpolen binnen de moderne kunst.
En de jury kiest voor geen van beiden.

De directheid, ongepolijstheid, onverbloemdheid waarmee Boulos zijn werk de wereld in slingert, wordt zowel gewaardeerd als bekritiseerd. Duidelijk is dat zijn werk, net als dat van Van der Werve, wat men er verder ook van vindt, een niveau heeft dat misschien niet iedereen van de long list al heeft bereikt. Dat maakt ook dat deze twee trefzekerder op hun keuzes kunnen worden aangesproken. Boulos' directheid is misschien ál te direct, te weinig genuanceerd – wat een zeer bewuste keuze is, maar een keuze die de jury afwijst. Van der Werve wordt geprezen om de bijna perfecte schoonheid en treffendheid van zijn beelden, maar voor sommige juryleden is zijn werk op een bepaalde manier te egocentrisch, te veel gericht op de maker en te weinig op de wereld waarin het werk zich moet handhaven – al is er binnen de jury zeker geen consensus dat een kunstenaar zich expliciet dient te engageren met een sociaal-politieke realiteit.
De voorkeur gaat uit naar werk dat bescheidener is, minder zware middelen hoeft in te zetten. Misschien is dat ook de reden dat 'Sneeuwwitje' zo vanzelfsprekend boven aan ieders lijstje staat, elke stemronde opnieuw. Real Snow White is een werk van Pilvi Takala, die met onpretentieuze videowerken en situationele interventies de verborgen codes waarmee mensen zich tot elkaar verhouden blootlegt. En ook het werk van Priscila Fernandes heeft die 'lichte toets' die de jury zo aanspreekt, al gaan er gewichtiger theorieën achter schuil, over representatie, subjectiviteit en falende betekenissystemen, maar voorlopig blijven die aspecten door de jury onbesproken. Takala en Fernandes 'are in', zonder veel debat, en vormen zo de vaste kern van de selectie voor de short list.

Dan zijn er nog vijf kandidaten over, en maar twee lege plekken. De vraag rijst plotseling of er eigenlijk twee van oorsprong Nederlandse kunstenaars op de short list moeten staan. Nee, verplicht is dat niet. Maar misschien wel iets om over na te denken? Het leidt tot enige ongemakkelijkheid en voor het eerst ook wat wrijving tussen de juryleden: iedereen moet toch op een gelijkwaardige manier worden beoordeeld? Uiteindelijk, na enig wikken en wegen met dit Nieuwe, Opdringerige Gegeven in ieders achterhoofd, blijkt het eindoordeel van de jury precies gelijk te zijn aan het lijstje dat al op tafel lag vóórdat de kwestie überhaupt werd aangeroerd. Storm in een glas water dus.

Katarina Zdjelar, Gwenneth Boelens en Edward Clydesdale Thomson vallen af, al had de jury misschien het liefst vijf mensen genomineerd, want vooral Boelens lijkt met haar integere, persoonlijke en poëtische onderzoek naar de grondslag van 'the image', en de verhouding tussen abstracte representaties en de tastbaarheid van ervaringen, de sympathie van de jury te hebben. Maar haar werkwijze beperkt zich misschien nog te veel tot de relatief veilige ruimte van het atelier. Het werk van Thomson, die telkens hoog scoorde in de voorrondes, blijkt meer indruk te hebben gemaakt in de vorm van documentatiemateriaal dan als installatie; de kwaliteit van de afzonderlijke werken zou in een krachtiger compositie kunnen worden vertaald, waarmee iets extra's wordt overgebracht op de toeschouwer. Zdjelar behandelt op een prettig bescheiden manier grote onderwerpen als migratie en identiteit, en past binnen een stroming van sociaal-documentair werk dat zich engageert met de problematiek in postcommunistische landen. Maar de jury vindt dat haar werk nog wat meer eigenheid kan verwerven.

Ben Pointeker ('De berg') en Vincent Vulsma ('Black canvases') vullen de genomineerden van de short list aan, en krijgen net als Takala en Fernandes de kans om zich in een atelier op de Rijksakademie drieënhalve maand te concentreren op het maken van nieuw werk, waarop ze in mei, op de laatste jurydag, zullen worden beoordeeld. Voor zowel Pointeker als Vulsma geldt inderdaad dat de status van het beeld hun 'main concern' is, al zijn ze in hun benadering bijna onvergelijkbaar. De introverte videowerken van Pointeker, waarin hij streeft naar een beeld dat is losgezongen van de representatieve functie die het traditioneel gezien dient te vervullen, contrasteren met de besliste ingrepen die Vulsma doet in de ideologisch geladen handel in beelden waar de 'postindustriële' economie van westerse landen op drijft. Immersie versus afstand. Het beeld als fysieke aanwezigheid versus het beeld als object dat een ongrijpbaar waardensysteem vertegenwoordigt.

En toch is de keuze van de jury kenmerkend voor een bepaald type werk, of een bepaald type kunstenaar. Sung Hwan Kim vat het samen als 'werk dat de betekenistoekenning heel even opschort'. Silke Otto-Knapp als 'werk dat open is, me niet dwingt tot één zienswijze'. Het is werk dat simplistische oplossingen schuwt, dat dieper graaft, fragiel durft te zijn, en soms, op een zelfverzekerde manier, grappig en onhandig. Dat onderzoekt binnen welke systemen of structuren we betekenis toekennen, aan onszelf, aan elkaar, aan de middelen waarmee we met elkaar communiceren, zoals de beelden waardoor we worden omringd.

Geen van de vier genomineerden lijkt zich neer te leggen bij de dictatuur van beelden die onbestuurbaar zijn geworden en waarachter nog maar weinig realiteit schuilgaat; ieder zoekt naar manieren om de macht over het beeld weer enigszins terug te veroveren, of om die macht in elk geval aan de orde te stellen. Wat daarbij opvalt is de aandacht voor de *fysieke* aanwezigheid van beelden – het postmoderne stadium waarin druk werd gespecu-

leerd over de onwerkelijkheid, en daarmee onaantastbaarheid, van zowel het beeld als de realiteit, lijkt voorbij. Het beeld *is* de realiteit. Maar heeft die realiteit nog substantie, neemt ze ruimte in? Het virtuele schimmenspel zoals dat op sociale netwerksites wordt opgevoerd, smeekt misschien om een tastbare tegenhanger in de vorm van kunst die onderzoekt in hoeverre deze realiteit nog aanraakbaar is. Sneeuwwitje is een verklede kunstenaar. Schilderijen zijn stukjes canvas met plasticfolie eromheen, geproduceerd door zeer reële arbeiders in lagelonenlanden. Theorieën over het 'zelf' zijn terug te brengen tot krijtstrepen op een schoolbord. En een berg is een berg is een berg.

EPILOOG

Via nieuwe media (zoals smartphones, Twitter en Facebook) hebben we constant toegang tot informatie, nieuws, *events* en vrienden. Dat zijn we zo vanzelfsprekend gaan vinden dat we nog maar weinig vraagtekens plaatsen bij deze nieuwe vormen van nabijheid. De wereld lijkt almaar transparanter te worden (omdat we immers overal 'bij' kunnen) en ondoordringbaarder tegelijkertijd, alsof een onzichtbaar, virtueel, gestroomlijnd laagje ons ervan weerhoudt werkelijk direct contact te onderhouden met de wereld om ons heen. In wezen lopen we telkens een paar passen achter de werkelijkheid aan, beleven we de realiteit voortdurend met een kleine vertraging. Dat geldt voor grote, 'historische' gebeurtenissen (Osama bin Laden is pas echt dood als we een foto van zijn bloederige hoofd zien), maar net zo goed voor de dagelijkse dingen die we doen (een feestje heeft pas echt plaatsgehad wanneer er verslag van is gedaan op Facebook). Het hier en nu wordt dus voortdurend opgeschort, pas werkelijk ervaren als er een vorm voor is gevonden. De short-listkunstenaars lijken zich alle vier, op uiteenlopende wijze, te engageren met deze veranderde realiteitsbeleving, met de vraag wat 'nabijheid' in deze tijd nu eigenlijk precies inhoudt. Zo ook in hun nieuwste werk dat te zien is in SMART Project Space in Amsterdam.

Drie dagen na de drukbezochte opening van de Prix de Rome-expositie dwalen de juryleden op een dinsdagochtend nieuwsgierig door de labyrintische gangen van het voormalig Pathologisch Anatomisch Laboratorium waarin SMART Project Space gevestigd is. Ook het werk van de kunstenaars die de long list haalden maakt deel uit van de tentoonstelling, maar de aandacht gaat op deze laatste jurydag in mei vooral uit naar de presentaties van Fernandes, Pointeker, Takala en Vulsma. Hoe hebben 'hun' shortlisters het ervan afgebracht? Is het de kunstenaars gelukt om tijdens de intensieve, geconcentreerde werkperiode van drieënhalve maand hun werk een stap verder te brengen?
Ja en nee, is de voorlopige conclusie als de juryleden na een individuele kijkronde weer bij elkaar komen voor de lunch om hun eerste indrukken te bespreken. Er is lof voor wat de kunstenaars in zo'n korte tijd hebben bereikt, dat het hen is gelukt hun werkplannen te vertalen naar sterke proposities. Alleen hadden sommigen misschien baat gehad bij iets meer tijd, en heeft een enkeling iets te veel op safe gespeeld. Gelukkig is er 's middags de kans om de kunstenaars zelf te bevragen op hun keuzes, om zo nog beter zicht te krijgen op de ontwikkeling die ze hebben doorgemaakt in de afgelopen periode.
De prijs dient te gaan naar degene die de potentie heeft uit te groeien tot toonaangevend kunstenaar, die gearticuleerde keuzes kan maken binnen zijn of haar eigen werk. Het vermogen overeind te blijven in kritische vraaggesprekken is geen vereiste, maar kunnen communiceren over je werk is wel belangrijk – al leent niet elk werk zich daar even goed voor. Ben Pointekers video (Splitter) is een

compositie van nauwkeurig geconstrueerde beelden die zich
bijvoorbeeld lastig laat vertalen in verklaringen of interpretaties.
Wat ook lastig is, nu de laatste fase van het juryproces is
aangebroken (en er moet worden ingezoomd op de afzonderlijke
kwaliteiten van elk van de vier jonge kunstenaars), is dat ze in
eerste instantie vooral heel erg *verschillend* lijken. 'Like comparing
bananas with cars', verzucht een van de juryleden.
Maar in relatie tot een actuele problematiek – namelijk hoe kan in
een kritische beeldtaal worden onderzocht hoe we ons verhouden
tot een meerlagige werkelijkheid – is het toch mogelijk om
verbanden te zien en de werken onderling te vergelijken.
Op verschillende niveaus speelt in de tentoongestelde werken de
vraag naar 'nabijheid', naar dichterbij komen een rol. Bij Takala's
installatie Broad Sense (bestaande uit een video en negentien
bedrukte T-shirts) is het vooral *thematisch* een issue: hoe toe-
gankelijk is de macht, hoe doordringbaar is een instituut als het
Europees Parlement dat met zijn regelgeving ons leven op talloze
manieren beïnvloedt? Fernandes onderzoekt in haar video
Product of Play door middel van dwingende esthetische keuzes
hoezeer onze opvatting van wat normaal is (en wat zich dus vaak aan
onze waarneming onttrekt) wordt gestuurd door impliciete voor-
aannames. Vulsma richt zich in zijn installatie Foreign Exchange
(bestaande uit geweven digitale reproducties van foto's van
stukken textiel uit voormalig Belgisch Congo) op de *economische*
processen waarin (kunst)werken en hun reproducties een
toegevoegde of toegeëigende waarde verwerven. In Splitter
van Ben Pointeker wordt het ontglippend hier en nu uitgedrukt
in rusteloze poëticale beelden die de kijker dwingen de blik te
richten op het beeld zelf, dat zo een zelfstandige en bijna voelbare
aanwezigheid verwerft.

Welk werk overtuigt de jury het meest? Fernandes zet met
Product of Play een heldere lijn in haar werk voort, maar wat
men mist is de eigenheid en speelsheid waarmee ze haar onderwerpen doorgaans behandelt. De druk om met een 'afgerond werk'
te komen is misschien te groot geweest, maar op basis van eerder
werk ziet de jury genoeg ruimte voor 'further development'.
Het werk van Pointeker wekt zowel sympathie als enige frictie op.
Er is veel waardering voor de precisie waarmee hij te werk gaat,
voor de intensiteit waarmee Pointeker zich concentreert op het
medium waarin hij werkt, maar, zo wordt gesignaleerd, er dreigt ook
het gevaar van ondoordringbaarheid – alsof zijn werk van de kijker
een overgave verlangt waartoe niet iedereen vanzelfsprekend
bereid is.
De discussie spitst zich toe op de twee overgebleven kandidaten.
De afweging tussen Vulsma en Takala is ingewikkeld, omdat ze
uitersten zijn: in de wijze waarop ze zich positioneren ten aanzien
van de processen die ze onderzoeken, maar ook wat betreft de
status van het uiteindelijke 'werk' dat ze presenteren. Vulsma heeft
verreweg de meest indrukwekkende presentatie, vindt de jury, en
ook oefenen zijn geweven doeken een 'ongelooflijke aantrekkings-
kracht uit'; 'they are quite tremendous' wordt daar nog aan
toegevoegd. Minder indrukwekkend vindt men de T-shirts die
Takala onderdeel laat zijn van haar installatie, maar haar video is
in al zijn onpretentieusheid een sterk werk.

Pilvi Takala wordt, na een soepel verlopende laatste beslissings-
ronde, de uiteindelijke winnaar; vooral omdat haar werk zo 'timely'
is, zoals een van de juryleden opmerkt. Ze lijkt de taal van nu heel
goed te beheersen, de taal zoals die door een 'perfect user' van
sociale media zou worden gebezigd. Haar werk is *low-key*, onder-
zoekend, zonder 'big statements' te willen maken. De koppigheid
waarmee ze, heel direct en 'dapper', doordringt tot werelden die
zich schuilhouden achter opgepoetste façades, is verfrissend.
Ze neemt actief een heel eigen positie in, wat de jury overtuigender

vindt dan de distantie die Vulsma tot zijn thematiek en tot het hier
en nu bewaart. De importantie van Takala's werk is niet afhankelijk
van de grootsheid of indrukwekkendheid van de onderwerpen die
ze behandelt en leunt ook niet op gelijksoortig werk van andere
kunstenaars. Takala is autonoom én deel van de werelden die ze
onderzoekt op hun (on)aantastbaarheid. Ze laat ons dichterbij
komen, zonder af te dwingen wat we moeten denken.

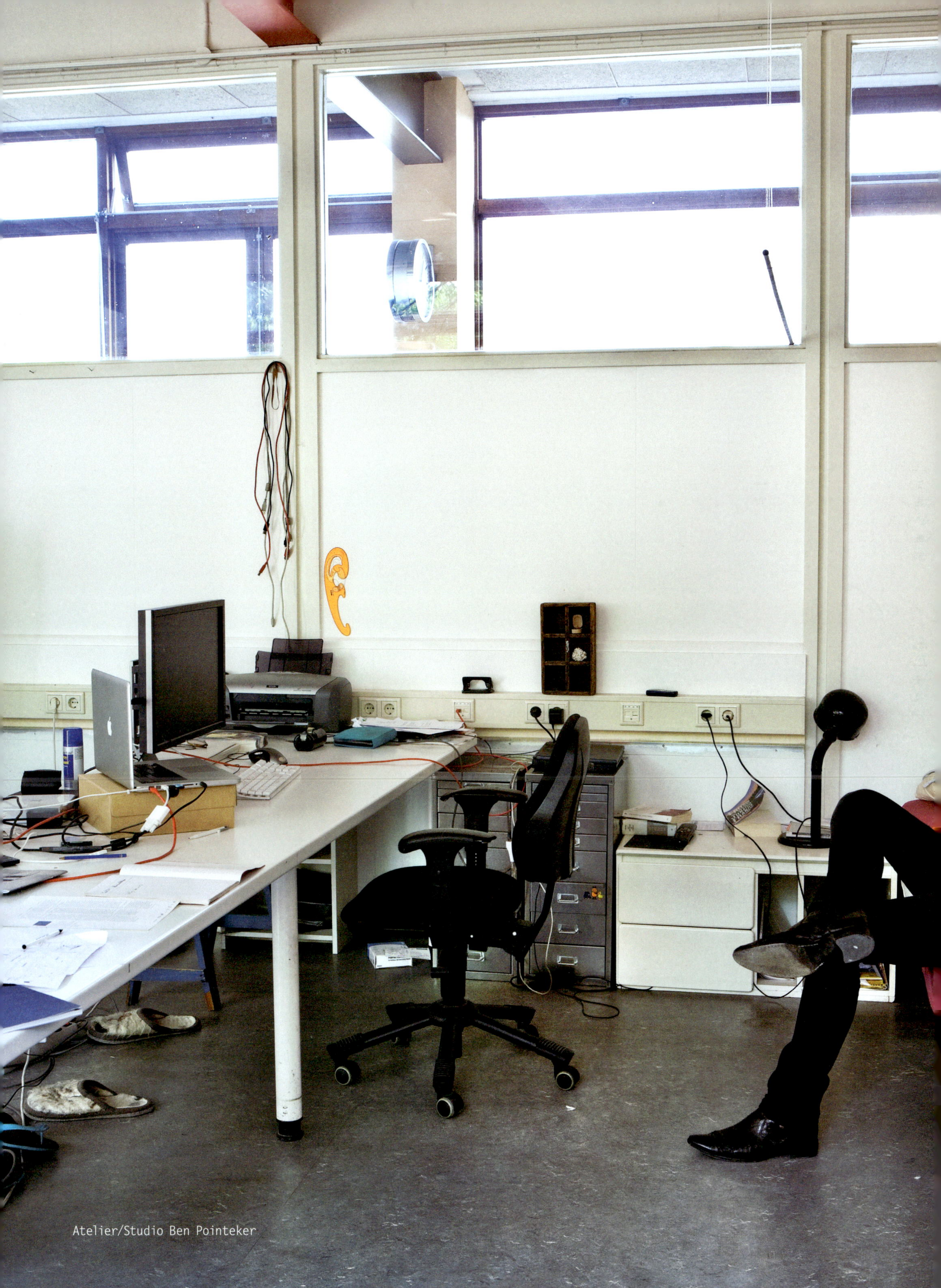

Atelier/Studio Ben Pointeker

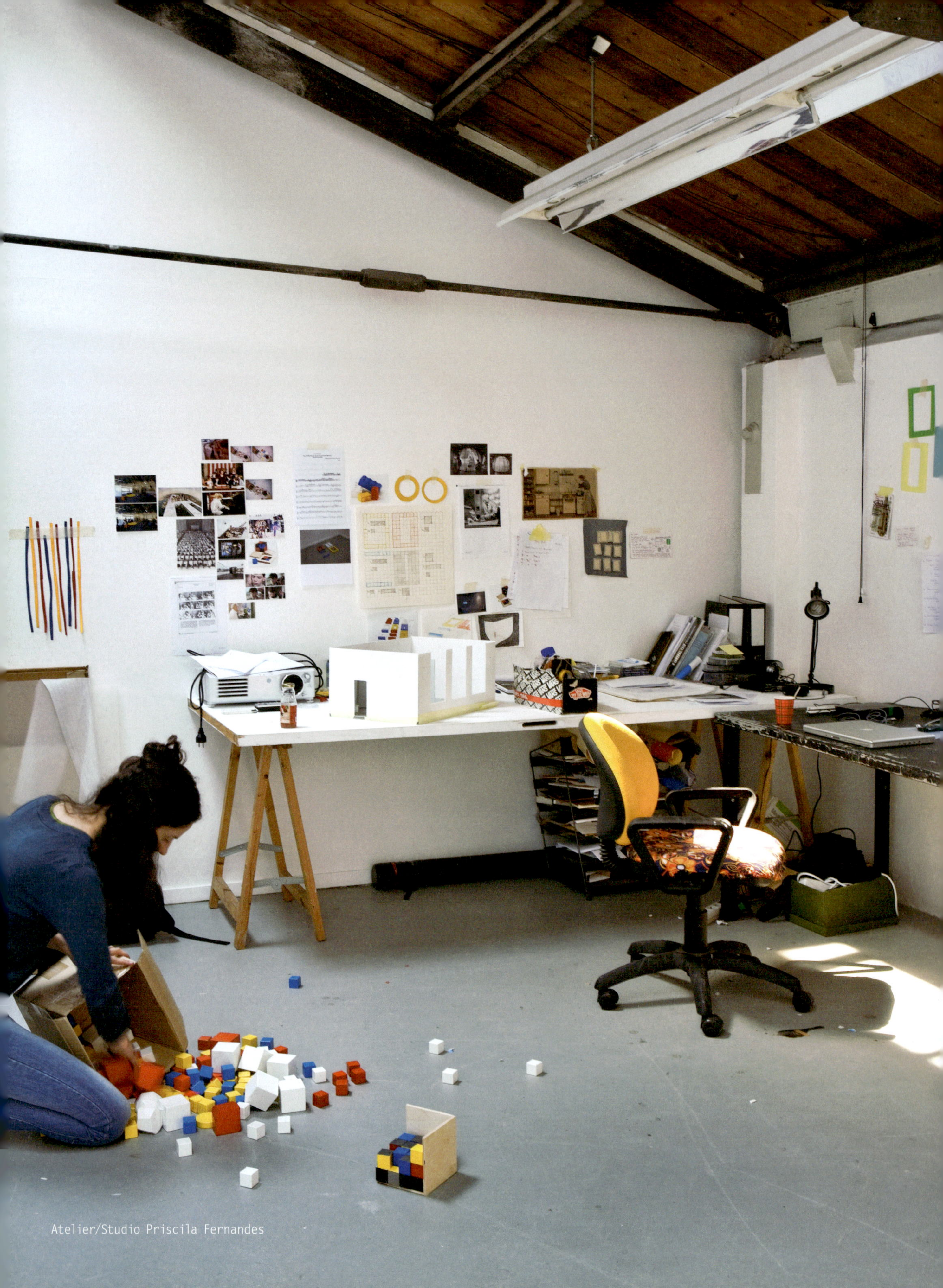

Atelier/Studio Priscila Fernandes

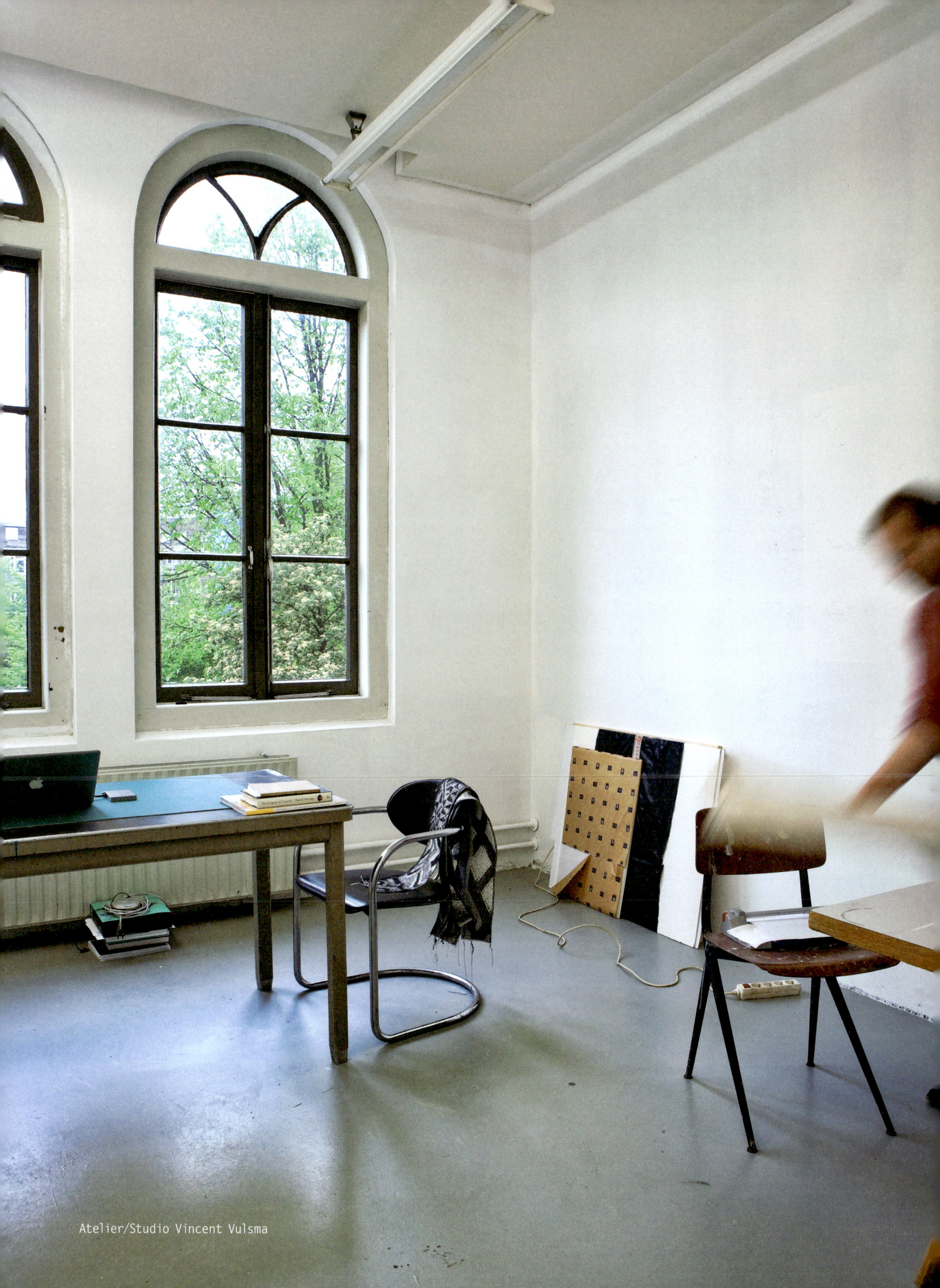

Atelier/Studio Vincent Vulsma

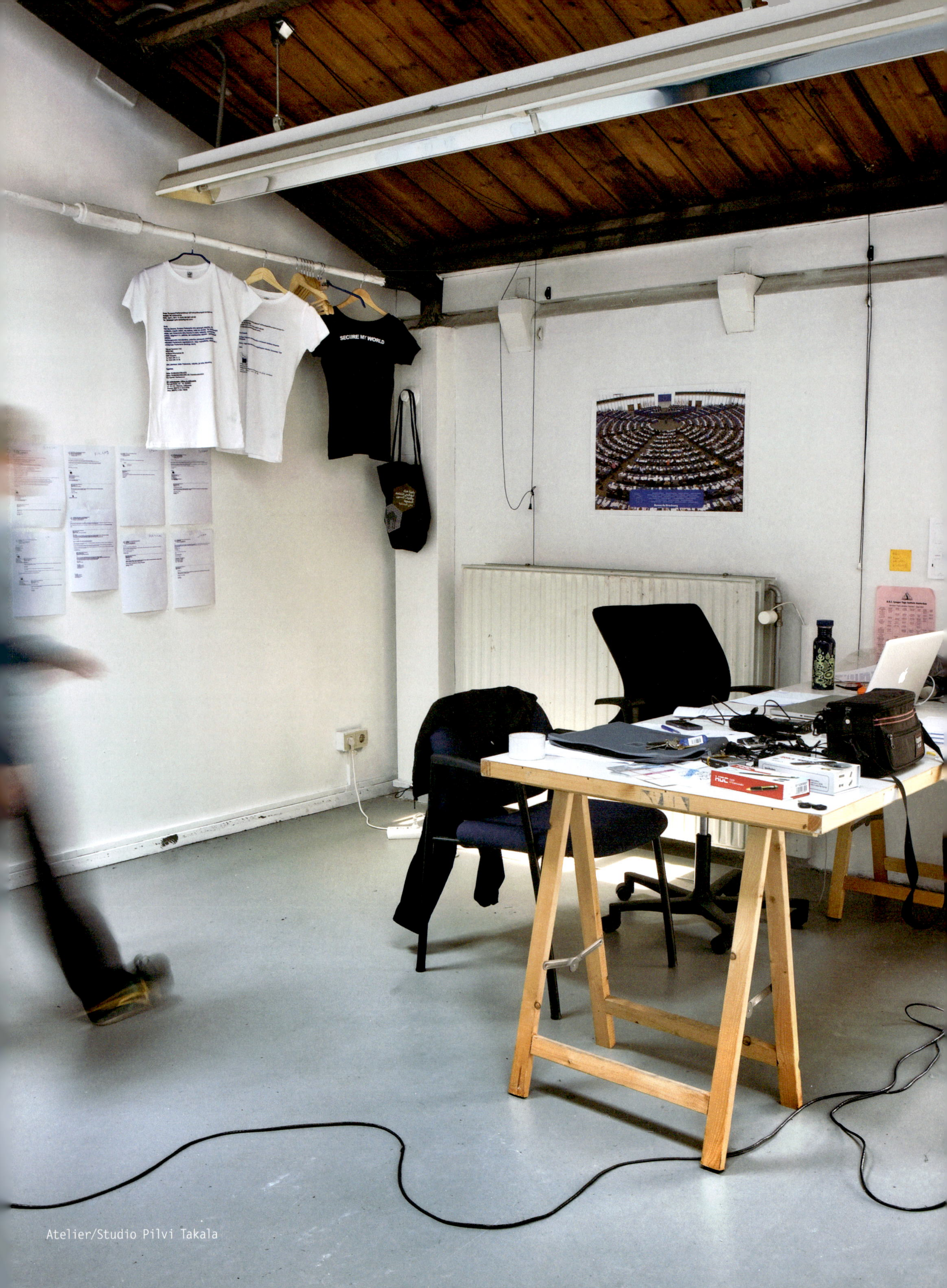

Atelier/Studio Pilvi Takala

JURY REPORT
LAYER AFTER LAYER (AFTER LAYER)

Nicoline Timmer

'The artist has no obligations whatsoever.' Adam Szymczyk speaks softly but decisively. His remark comes after a long discussion during which the jury sets clear boundaries for the first time and delineates an island in the sea of potential winners where one artist is pulled ashore – although sometimes by the narrowest of margins – and another only just misses out.

The shape of the island turns out to be changeable. Not everyone on the jury (for the most part artists themselves) recognizes him or herself completely in the map of this island; and not every jury member can identify with the strict role of border patrol. But with his latest aphorism, Szymczyk puts a viewpoint into words that the entire jury actually shares, but he is the first to talk explicitly about such latent opinions. 'The artist has no obligations.'

So there are no strict obligations; rigid criteria are not used when evaluating the work of the almost 200 artists competing for the prize. But the jury has certain *expectations*, of course. Is it possible to draw up a profile of the potential winner? Perhaps.
He or she:
- arouses curiosity
- is consistent (but not a *one trick pony*)
- can reflect on his or her own work and on the medium employed
- knows how to relate to the world (however personally that may be)
- does not lapse into clichés
- is not an epigone
- has an entirely individual way of working, but is also aware of what has already been done by other artists
- is not pedantic
- does not force the spectator into a single way of observing
- is focused and has a clear foundation from which the work arises

These expectations were only tentatively formulated by the jury in the course of the first two selection rounds – during three long days in November and a day full of studio visits in December – more as an aside, at moments when the jury was carefully searching for the words to explain why one artist made it through and the other didn't, why this particular work caused so much irritation and that one painting or installation or video 'had something interesting about it' and held the attention.

But perhaps the artist who neatly satisfies all the expectations will not turn out to be the winner after all. Because the decision process the jury goes through and the often implicit assessment criteria employed can't just be reduced to a simple check-list of essential characteristics that a potential Prix de Rome winner has to match. The decision process 'is not pure mathematics', as the jury members remarked more than once.

But the jury does create its own island that shrinks with each voting round and is populated by precisely those artists they consider promising – no nine-day wonders, but people building on the future of art, although those are big words. Words never used by the jury without a certain amount of reticence, words they shied away from a little, in fact. 'I'm not convinced this work makes a significant contribution to art history,' decides one of the jury members with an ironic laugh after a work of sound art that evokes somewhat mixed reactions, 'but I don't believe that all art is destined for eternity.'

It's a heavy task for the jury; after all, the Prix de Rome's founding principle is that the artists chosen should provide a reflection of relevant developments in art and to pick out talents like this, the jury has to take the responsibility for naming current trends and also taking its own stance. That does happen, too, but more often than not, the stance is indirectly formulated and not imposed as compulsory directive. Furthermore, many ideas only really take shape during the discussions between jury members. However, for the first few days it is mainly extremely *quiet* in the attic room at the Rijksakademie, when a procession of possible island dwellers files past the jury.

'Deer, wolf, dead pigeon.'
'Figure on plane, wire thing on legs.'
'Large pig with strawberries.'

How can you possibly remember the work of almost 200 artists that has to be seen and evaluated in only a few days? The short, concrete descriptions used to quickly summarize the work in question during discussions resemble a form of experimental poetry at first, but are in fact merely temporary labels to keep the works (and their makers) in mind for a short while, like verbal anchors in the stream of images that threatens to swamp the jury in the first days. Better labels are not available for now, because the artists competing for the Prix de Rome submit their work anonymously. Even on day three of the first jury round in November, when the debate is raging about a first selection of ten artists who will be invited to present and elucidate their work personally at the Rijksakademie in December, the artists are represented, for the want of anything better, by alienating lexical aliases – such as 'Snow White', 'The icebreaker', 'The mountain' and 'The extra'.

The Prix de Rome is a democratic prize: every artist under 35 living in the Netherlands may take part (under certain practical conditions) – regardless of name or fame. That means that there is a lot of mediocrity to be seen on day one, before any sifting whatsoever has taken place. But this impartiality also provides room for surprises, for new discoveries, for work that arouses curiosity and has potential instead of confirming existing stances and artist's positions.
The composition of the jury is also designed to guarantee room for innovation, variety and surprises. The Prix de Rome Visual Art is a biennial prize, for which an entirely new jury takes office every time with a revolving chairperson who normally has no personal vote – in this case Hendrik Driessen, director of museum De Pont in Tilburg. The secretary is the new director of the Rijksakademie, Els van Odijk. Artists are in the majority in the jury. This year they are: Sung Hwan Kim (b. 1975, Korea) nominated for the Prix de Rome 2007, Wendelien van Oldenborgh (b. 1962, the Netherlands) and Silke Otto-Knapp (b. 1970, Germany). Adam Szymczyk (b. 1970, Poland), curator and director of the Kunsthalle in Basel, has already been mentioned. Because an intended jury member could not attend in November, Driessen joined in with the voting in the first round, to preclude the possibility of a stalemate. So the jury is also 'doomed to democracy', as jury member number five, visual artist Pedro Cabrita Reis (b. 1956, Portugal) – who joined the group in the second round – aptly summed up the situation.

Because a lot of voting takes place before a decision is reached. However, the system for allocating points is abandoned if it appears to lead to the decision process getting bogged down in irrelevant lists. Van Oldenborgh in particular opposes 'the dicta-torship of numbers', and insists on a fundamental discussion about the motives for making a specific choice. And that leads to new insights and exposes the fact that the members of the jury each bring their very own outlook to the judging, that the artist jury members pay particular attention to integrity: are the choices someone makes imitable, is there not too much emphasis on effect, is there a good balance between 'input and output', between the deployment of materials and the finished result? In contrast, Driessen is much more an explainer, an observer, someone who interprets, looks for stories and tries to make connections. And Szymczyk concentrates, more than the others, on the position the artist takes in relation to the prevailing discourse on art or – more commonly – does *not* take at all. 'That someone makes paintings like this … and in Holland of all places!'

Well, it is certainly striking that in the first round of voting almost all the painters (and there are still plenty of them) are dropped. Why is that? 'Cherubs, scary children and exotic *animals* – why all these animals, for goodness sake?' 'A bourgeois variation on surrealism', that's all it is, according to Szymczyk. Many paintings are not 'sophisticated' enough, like much of the photographic work submitted: work that is primarily 'pleasing to the eye', a few too many Rineke Dijkstra *rip-offs*, or work that leans too heavily on cheap exoticism (pretty pictures of poor people in colourful houses made from scrap). Fine for *LIFE magazine*, but within the context of contemporary art, it doesn't add much.

And yet 'Delia', as she was called then – or Petra Stavast, as she turns out to be called – makes it through to the long list. With what at first appears to be rather classic photography and reliable and thorough research into concepts such as time and transience. But she stumbles on the threshold of the short list, precisely because of this classic approach and the rather literal way she translates her subjects into images in order to get as close as possible to the 'original'. The jury considers her intentions clear, but would like to see a little more reflection on the complicated relationship between representation and presentation. The status of the image, reflection on the medium, seems in fact to be one of the 'main concerns' for many of the artists on the long list, as Van Oldenborgh almost accidentally concludes after seeing the ten presentations of work in December.

After the studio visits, discussions continued longer about the other two artists who were dropped from the long list at an early stage. And that was because *not* selecting these two could almost be considered a statement by the jury; for it concerned artists that have already had a great deal of attention, who have exhibited in the Netherlands and abroad and whose work is included in important collections or could be seen during relevant biennales. These two are poles apart: 'The icebreaker' and 'The Niger Delta' – Guido van der Werve and Mark Boulos. One works in 'splendid isolation' on a substantial oeuvre of tranquil, romantic and conceptually charged video works. The other stands with his feet in the mud of world politics and makes provocative almost pamphlet-like films with a Marxist undertone. The loner and the activist – two opposites within modern art. And the jury doesn't select either of them.

The directness, rawness and bluntness with which Boulos hurtles his work into the world are both appreciated and criticized. It is clear that his work, like Van der Werve's, whatever else you might think of it, is at a level that perhaps not everyone on the long list has reached yet. It also means that these two can be called to account more directly about their choices. Boulos's directness is perhaps too direct, not subtle enough – which is a conscious decision but one that this jury rejects. Van der Werve is compli-mented on the almost perfect beauty and pertinence of his images, but for some jury members his work is in some ways too egocentric, focused too much on the maker and not enough on the world in which the work has to hold its own – although there is certainly no consensus within the jury that an artist should explicitly engage with a sociopolitical reality.
The preference is for work that is more modest and does not have to deploy such heavy means. Perhaps that is also the reason that 'Snow White' keeps appearing on top of everyone's list as a matter of course in every voting round. Real Snow White is a work by Pilvi Takala, who exposes the hidden codes with which people relate to each other with unpretentious video works and situational inter-ventions. And Priscila Fernandes's work also has that 'light touch' that appeals so much to the jury, although it conceals more serious themes about representation, subjectivity and failing systems of meaning, but for now these aspects are not discussed by the jury. Takala are Fernandes are 'in', without much debate, and form the essence of the selection for the short list.

And then there are five candidates left and only two empty slots. The question arises suddenly whether half of the artists on the short list need to be originally from the Netherlands. No, it's not obligatory. But perhaps something to think about, nonetheless? It leads to a certain amount of discomfort and for the first time, some friction between the members of the jury: everyone should be judged on equal terms, surely? At last, after some weighing up of the pros and cons with this New, Obtrusive Fact at the back of everyone's mind, the jury's final judgement turns out to be exactly the same as the list already on the table before the question was even touched upon. Storm in a teacup then.

Katarina Zdjelar, Gwenneth Boelens and Edward Clydesdale Thomson are dropped, although the jury would perhaps have preferred to nominate five people; Boelens in particular seems to have gained the sympathy of the jury with her honest, personal and poetic investigation into the founding principles of the image and the relationship between abstract representations and the tangibility of experiences. But her way of working is perhaps limited to too large an extent to the relative safety of the studio. Thomson's work, which scored well each time in the preliminary rounds, seems to have made more of an impression as documentation material than as installation; the quality of the individual works could have been translated into a more powerful composition to convey something extra to the spectator. Zdjelar handles large subjects such as migration and identity in a pleasantly unassuming way, and fits within a trend of social-democratic work that engages with the problems in post-communist countries. But the jury considers that her work could acquire more individuality.

Ben Pointeker ('The mountain') and Vincent Vulsma ('Black canvases') complete the nominations for the short list and together with Takala en Fernandes, are given the chance to concentrate on making new work in a studio at the Rijksakademie for three-and-a-half months, on which they will be judged in May, on the last jury day. For both Pointeker and Vulsma, the status of the image is indeed their 'main concern', although they are almost impossible to compare in terms of their approach. Pointeker's introverted video works, in which he strives to achieve an image that has broken free of the representative function it is traditionally supposed to fulfil, contrast with Vulsma's decisive interventions in the ideologically charged trade in images on which the 'post-industrial' economy of Western countries rests. Immersion versus distance. The image as physical presence versus the image as object representing an intangible values system.

And yet the jury's choice is characteristic of a certain type of work or a certain type of artist. Sung Hwan Kim summarizes it as 'work that defers the assignment of meaning for a while'. Silke Otto-Knapp describes it as 'work that is open, that doesn't force me into a single way of observing'. It is work that shuns simplistic solutions, that digs deeper, dares to be fragile and sometimes, in a self-confident way, funny and awkward. Work that investigates within which systems or structures we assign meaning: to ourselves, to each other, to our means of communication such as the images that surround us.
None of the four nominated artists seems to submit to the dictatorship of images that have become unmanageable and behind which very little reality is concealed; each of them is looking for ways to regain power over the image to some extent, or at any rate to raise the question of power. What stands out here is the attention paid to the *physical* presence of images: the postmodern phase in which there is a flurry of speculation about the lack of reality and therefore the inviolable nature of both the image and reality seems to have come to an end. The image *is* the reality.
But does this reality still have substance, does it take up space? The virtual shadow dance, as seen on social networks, is perhaps crying out for a tangible counterpart in the form of art that investigates to what extent this reality can still be touched. Snow White is an artist in costume. Paintings are pieces of canvas wrapped in plastic foil produced by very real workers in cheap labour countries. Theories about the 'self' can be reduced to chalk marks on a blackboard. And a mountain is a mountain is a mountain.

Through new media (such as smartphones, Twitter and Facebook) we have constant access to information, news, events and friends. We've come to accept this as so normal that we hardly question these new forms of proximity. The world seems to be getting more and more transparent (after all, we can 'reach' everything) and at the same time more impenetrable, as if an invisible, virtual, streamlined layer prevents us from maintaining true direct contact with our surroundings. We lag a few steps behind the facts every time; we continually experience reality with a slight delay. This is true of important 'historical' events (Osama bin Laden isn't really dead until we see a photo of his blood-stained head), but is just as true for the everyday things we do (a party only really took place if it's reported on Facebook). So the present is constantly being put on hold and only really experienced when a suitable form has been found. All four of the short-listed artists appear to engage with this changed experience of reality, in diverse ways, and they address the question of what 'closeness' actually means in this day and age. And their newest work, which can be seen in SMART Project Space in Amsterdam, is no exception.

On a Tuesday morning, three days after the well-attended opening of the Prix de Rome exhibition, the members of the jury roam curiously through the labyrinthine corridors of the former Anatomical Pathology Laboratory where SMART Project Space is housed. The work of the artists who made the long list is also included in the exhibition, but on this last jury day in May, attention is largely focused on the presentations by Fernandes, Pointeker, Takala and Vulsma. How have 'their' short-listers done? Have the artists managed to take their work a step further during the intensive, concentrated working period of three and a half months? Yes and no, is the provisional conclusion as the members of the jury come together again for lunch to discuss their first impressions. There is praise for what the artists have achieved in such a short time, for the fact that they have managed to translate their work plans into strong propositions. However, some of them could have done with a little more time and one or two have played it a bit too safe. Fortunately there is a chance in the afternoon to ask the artists themselves about their choices, to get an even better idea of the development they have undergone during the last few months. The prize deserves to go to the person with the potential to grow into a prominent artist, someone who can make articulate choices in his or her own work. The ability to hold your own during critical interviews is not required but being able to communicate about your work is certainly important, although not every work is suitable for this. For instance, Ben Pointeker's video `(Splitter)` is a composition of precisely constructed images that are difficult to translate into explanations or interpretations. Something else that is difficult, now that the last phase of the jury process has begun (and it's time to zoom in on the individual qualities of each of the four young artists), is that at first sight they seem, above all, extremely *different*. 'It's like comparing bananas with cars,' says one of the jury members with a sigh.
But in terms of current problems – how a critical visual language can be used to investigate how we relate to a multilayered reality – it is still possible to see connections and to compare the works. The question of 'proximity', of getting closer, plays a role at various levels in the exhibited works. In Takala's installation `Broad Sense` (consisting of a video and 19 printed T-shirts) it is mainly a *thematic* issue: how accessible is power, how penetrable is an institution such as the European Parliament that influences our lives in countless ways with its regulations? In her video `Product of Play`, Fernandes makes use of compelling aesthetic choices to investigate the extent to which our concept of normality (and therefore what we often

just don't see) is driven by implicit assumptions. In his installation Foreign Exchange (consisting of woven digital reproductions of photos of pieces of textile from former Belgian Congo), Vulsma focuses on the *economic* processes within which works (of art) and their reproductions acquire added or appropriated value. In Ben Pointeker's Splitter, the present moment that is slipping away is expressed in restless poetic images that force the viewer to cast their gaze on the image itself, which acquires an independent and almost tangible presence as a result.

Which work convinces the jury most? With Product of Play, Fernandes continues a clear line in her work, but what the jury feels to be missing is the individuality and playfulness with which she usually treats her subjects. The pressure to produce a 'complete work' has perhaps been too great, but on the basis of earlier work, the jury sees sufficient room for 'further development'. Pointeker's work generates both a favourable response and a certain amount of friction. There is much appreciation for his precision and his intense concentration on the medium in which he works, but it is pointed out that there is also a danger of impenetrability — as if his work requires a level of dedication that not every viewer is prepared to demonstrate as a matter of course. The discussion now concentrates on the two remaining candidates. The deliberation between Vulsma and Takala is complex, because they represent extremes: in the stance they take in relation to the processes they are investigating, but also in terms of the status of the final 'work' they are presenting. Vulsma's presentation is easily the most impressive, in the jury's opinion, and his woven canvasses also exert an 'unbelievable force of attraction'; the comment 'they are quite tremendous' is added. The T-shirts Takala has included in her installation are considered less impressive, but her video is a strong work in all its unpretentiousness.

After a smoothly conducted final deciding round, Pilvi Takala is ultimately pronounced the winner, mainly because her work is so *timely*, as one of the jury members remarks. She seems to have a very good grasp of the language of the present moment, the language that would be employed by a 'perfect user' of social media. Her work is low-key, investigative, without the need for big statements. The dogged way she penetrates worlds hidden behind fancy façades, very directly and 'bravely', is refreshing. She takes a very active and individual stance, which the jury considers more convincing than the detachment Vulsma preserves from his theme and the present moment. The importance of Takala's work does not depend on the grandeur or the impressive nature of the subjects she deals with nor does it depend on similar work by other artists. Takala is an autonomous artist *and* part of the worlds whose vulnerability and invulnerability she investigates. She lets us get closer, without telling us what to think.

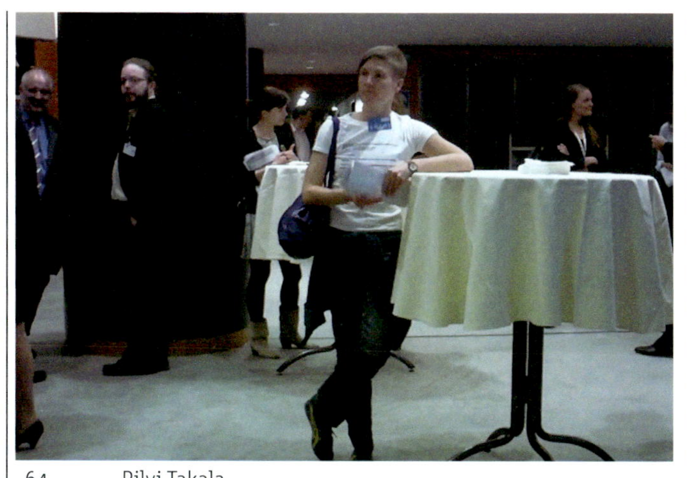

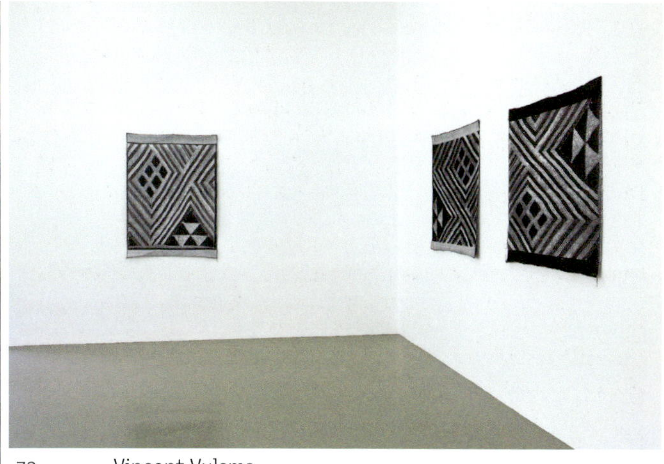

SHORT LIST

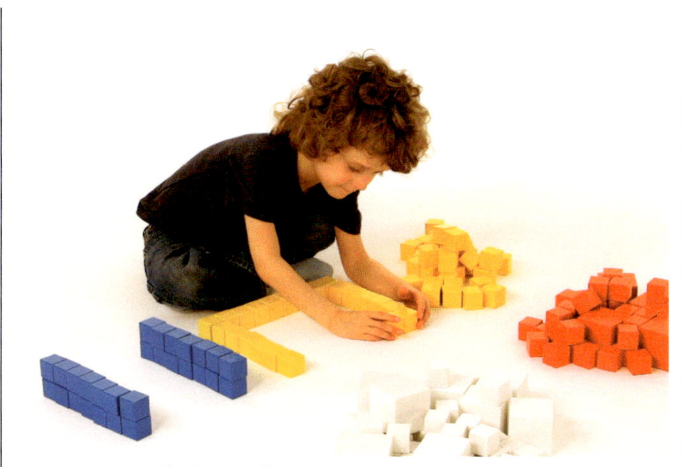

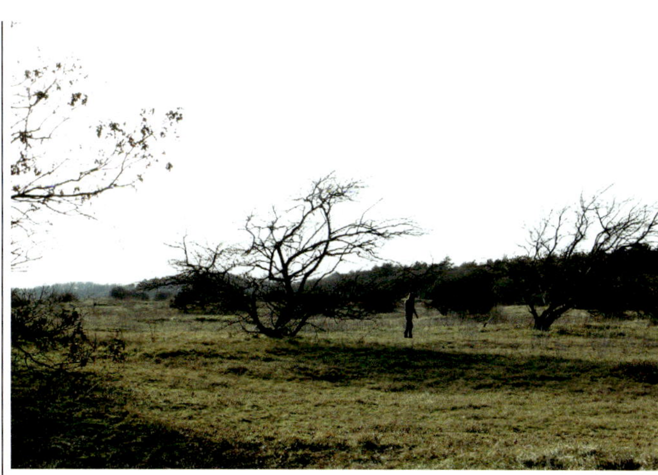

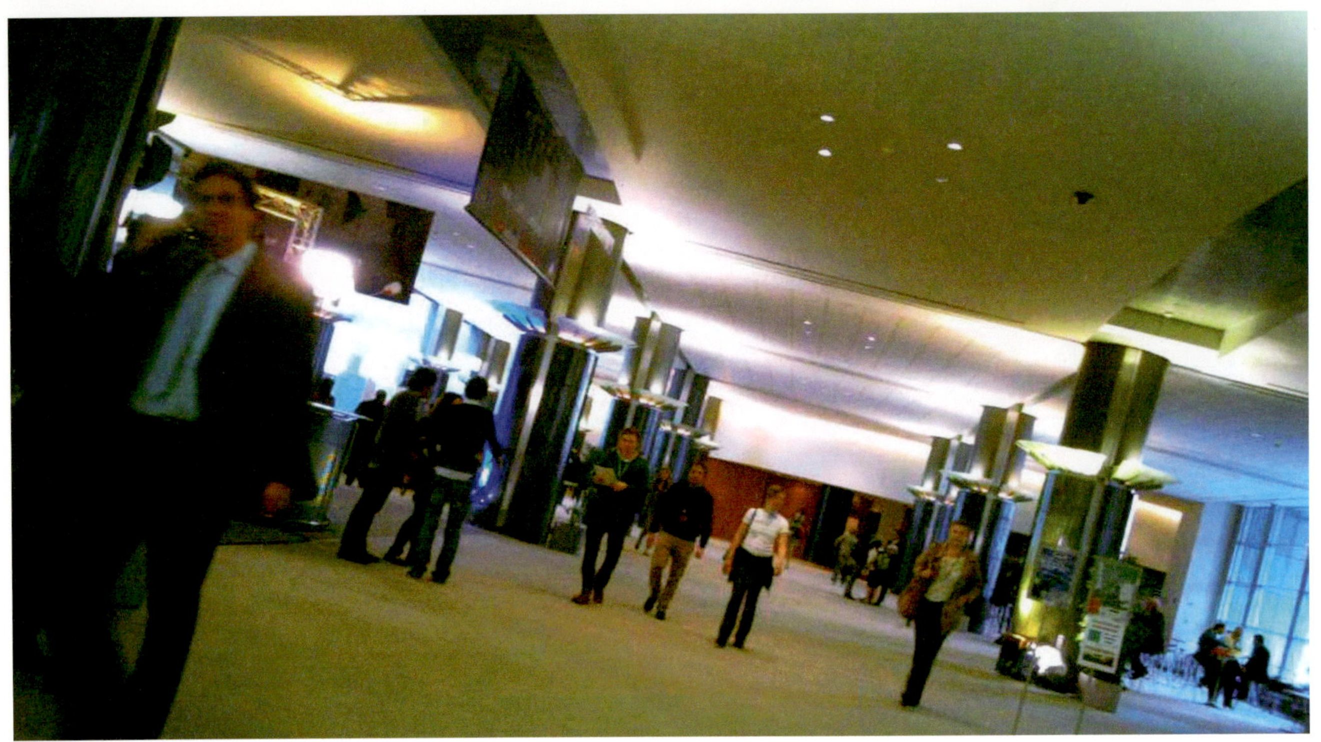

Pilvi Takala, <u>Broad Sense</u>, 2011, video still

Pilvi Takala

1e prijs/1st prize

Haar atelier is behangen met A4'tjes. Research. Maar de uitgeprinte documentatie is slechts decoratie, bedoeld voor de cameraploeg die haar de volgende ochtend drie uur lang komt interviewen. Haar ideeën, schetsen en voorlopig materiaal voor nieuw werk huizen uitsluitend in haar laptop. 'De tijden zijn veranderd. Veel kunstenaars werken, zoals ik, op hun laptop', zegt ze. 'Ik reis veel, ik heb geen zin om stapels papier met me mee te slepen.' Maar het publiek ziet nou eenmaal liever een rommelig atelier, de kunstenaar bevroren in een klassieke werkpose, creatieve chaos.

Pilvi Takala is echter geen klassieke kunstenaar, die zich afzondert en moeizaam moet zoeken naar nieuwe inspiratie. 'I'm all the time eyes wide open', legt ze uit. Haast terloops stuit ze op nieuwe onderwerpen, eigenlijk zonder vooropgezet plan. Tijdens een bezoek aan Parijs besloot ze eindelijk eens naar Disneyland te gaan, een plek die haar al langer fascineerde en nu naast de deur lag. Het resulteerde in de video `Real Snow White` (2009), waarin ze verkleed in een Sneeuwwitje-kostuum het pretpark tracht binnen te komen. De toegang wordt haar geweigerd, omdat de strenge Disney-regels voorschrijven dat er maar één 'echte' Sneeuwwitje is, in dienst van Disney, en de aanwezigheid van de verklede kunstenaar zou deze illusie van echtheid maar verstoren.

De video is, misschien onbedoeld, een interessante (en geestige) testcase voor de ideeën die Baudrillard ooit formuleerde in zijn beroemde essay over *simulacra*, beelden die zijn losgezongen van referenties aan de werkelijkheid. De onwerkelijke sprookjeswereld van Disneyland diende volgens de Franse filosoof als een plek die moest garanderen dat de wereld buiten de poorten van het pretpark wel degelijk 'echt' was – we hebben Sneeuwwitje nodig als tegenhanger, om te bewijzen dat wij als bezoekers echt bestaan. Terwijl de echte wereld bevolkt door authentieke individuen volgens hem nu juist fictiever is dan we durven erkennen.

In de eenentwintigste eeuw, ruim 25 jaar na het verschijnen van Baudrillards essay, geloven we allang niet meer in dit strikte onderscheid tussen werkelijkheid en fictie. In Takala's werk is dit onderscheid in ieder geval niet langer relevant. Ze infiltreert in werelden die vanwege hun gecodeerdheid, hun opgelegde regels en betekenissen, onwerkelijk aandoen, zoals in de video `Players` (2010), waarin de levensstijl van zes professionele pokerspelers in Bangkok wordt gevisualiseerd, of in `The Trainee` (2008), dat de dwingende bedrijfscultuur van een *marketing company* blootlegt. Zijn deze werelden, deze microculturen, echt of onecht? Het onderscheid is onbelangrijk geworden, want dit is nou eenmaal hoe mensen hun leven leiden: zich voegend naar geconstrueerde regels en systemen, waaraan ze een bepaalde eigenwaarde en identiteit ontlenen.

The walls of her studio are covered with sheets of A4 paper. Research. But the printed documentation is only for show; it is intended for the camera crew coming to interview her for three hours the following morning. Her ideas, sketches and draft material for new work are housed exclusively in her laptop. 'Times have changed. Like me, many artists work on their laptop,' she says. 'I travel a lot, I don't feel like carting piles of paper with me everywhere I go.' But the public would rather see an untidy studio with the artist frozen in a classic work pose; creative chaos.

Pilvi Takala is not a classic artist who withdraws into isolation to search with some difficulty for new inspiration. 'I'm all the time eyes wide open,' she explains. She chances upon new subjects almost in passing, without any preconceived plan. During a visit to Paris she decided to finally go to Disneyland, a place that had fascinated her for some time and was now nearby. It resulted in the video `Real Snow White` (2009), where she tries to gain access to the amusement park dressed in a Snow White costume. She was refused entrance, because the strict Disney rules stipulate that there is only one 'real' Snow White, who works for Disney, and the presence of this artist in costume would only disturb this illusion of reality.

The video is, perhaps unintentionally, an interesting (and amusing) test case for the ideas Baudrillard once formulated in his famous essay about *simulacra*, images that have broken free from references to reality. According to the French philosopher, the unreal fairy-tale world of Disneyland was to serve as a place that would ensure that the world outside the gates of the amusement park really was 'real' – we need Snow White as a contrast, to prove that we visitors actually exist. While, according to him, the real world populated by authentic individuals is, in fact, more fictitious than we dare to recognize.

In the twenty-first century, more than 25 years after Baudrillard's essay was published, we don't believe in this strict division between reality and fiction anymore. In Takala's work, at any rate, the distinction is no longer relevant. She infiltrates worlds that appear unreal due to their coded nature and the rules and meanings they impose, for instance in the video `Players` (2010), where the lifestyle of six professional poker players in Bangkok is visualized, or in `The Trainee` (2008), which exposes the compelling company culture of a marketing firm. Are these worlds, these micro cultures, real or unreal? The distinction has become irrelevant, because this just happens to be how people lead their lives – conforming to constructed rules and systems that give them a certain sense of self-worth and a feeling of identity.

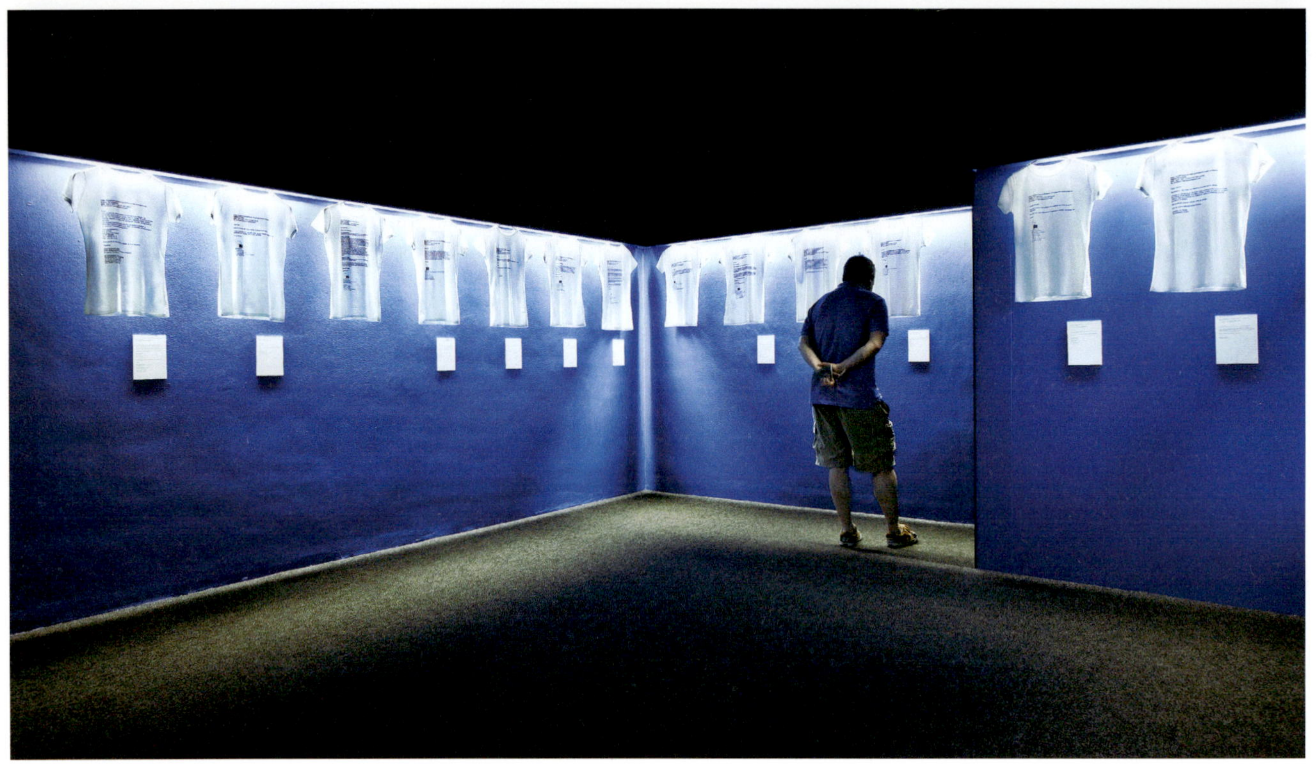

Pilvi Takala, <u>Broad Sense</u>, 2011, installatie met 19 t-shirts en video/
installation with 19 T-shirts and video, 8 min, 30 sec

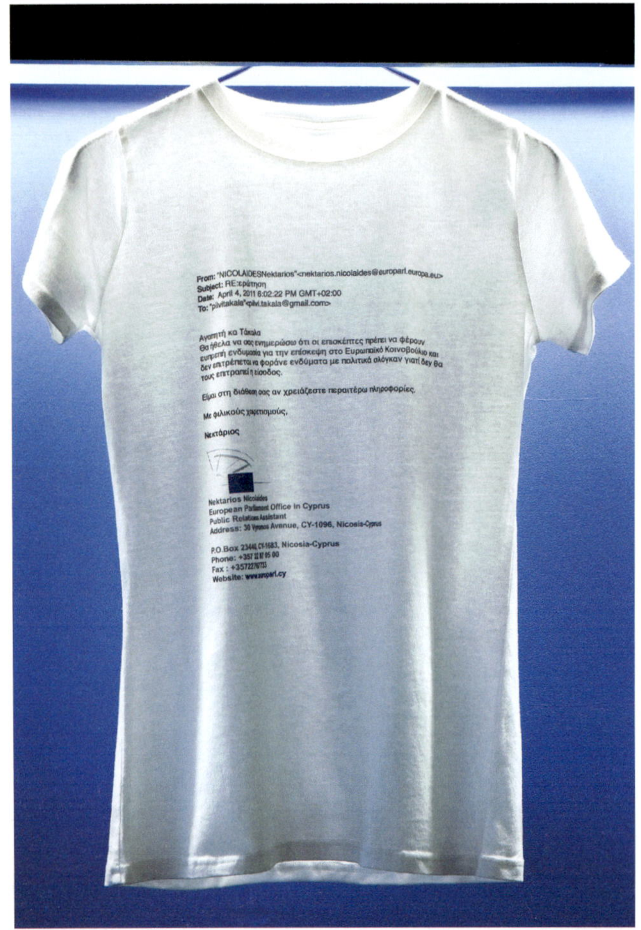

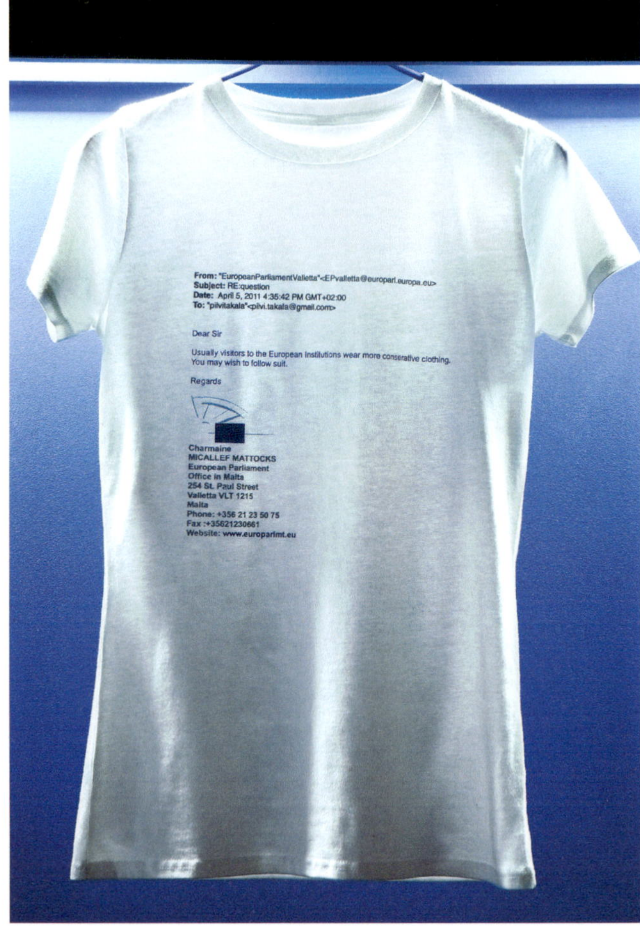

Takala betreedt de grijze gebieden die door dit soort regels nog niet volledig zijn ingekleurd, waar nog ruimte is voor het absurde en voor twijfel. In haar nieuwste werk <u>Broad Sense</u> (2011) probeert ze zich toegang te verschaffen tot het schijnbaar overgereguleerde bolwerk van het Europese Parlement. 'There are many funny things about it', volgens Takala. Als een soort privé-detective heeft ze materiaal verzameld dat haar inzicht biedt in de werking van deze moloch, en zo de kwetsbaarheden ervan in het vizier gekregen. Het uiteindelijke werk lijkt bijna secundair aan de strategieën die ze bedenkt om binnen te komen en een vorm van conflict of discussie op te zoeken. Als er maar *iets* verschuift of verandert — een reactie wordt uitgelokt die de bestaande kaders even doet wankelen. De situatie die ontstaat moet niet al van tevoren vastliggen of volledig doordacht zijn. 'Direct', 'casual', 'lightweight' zijn termen waarmee ze haar eigen werk typeert. Geen dure filmcrews gebruiken, niet leunen op zware theorieën, 'just seeing what happens'. Met minimale middelen toont Takala ons zo een aantal fundamentele aspecten van onze samenleving, geeft ze een inkijkje in hoe we met elkaar omgaan en de systemen waarin we ons vrijwillig opsluiten. Overmorgen gaat ze naar Brussel, zegt ze. De *spy cameras* liggen al klaar.

Takala enters the kind of grey areas that have not yet been completely coloured in because of these types of rules, areas where there is still room for absurdity and doubt. In her latest work <u>Broad Sense</u> (2011) she tries to gain entrance to the apparently over-regulated bastion of the European Parliament. 'There are many funny things about it,' according to Takala. Like a private detective, she has gathered material that gives her insight into the workings of this Moloch, and so has acquired an understanding of its vulnerabilities. The ultimate work seems almost secondary to the strategies she invents to get inside and to seek out a form of conflict or discussion. If the slightest thing shifts or changes, a reaction is provoked that shakes up the existing framework for a moment. The resulting situation must not be determined in advance or completely thought-out. 'Direct', 'casual' and 'lightweight' are terms she uses to characterize her work.

No expensive film crews and no relying on heavyweight theories — 'just seeing what happens'. In this way, with minimal means, Takala shows us some fundamental aspects of our society, gives us a glimpse into how we associate with each other and the systems we voluntarily shut ourselves into. The day after tomorrow, she is going to Brussels, she says. She has her spy cameras ready.

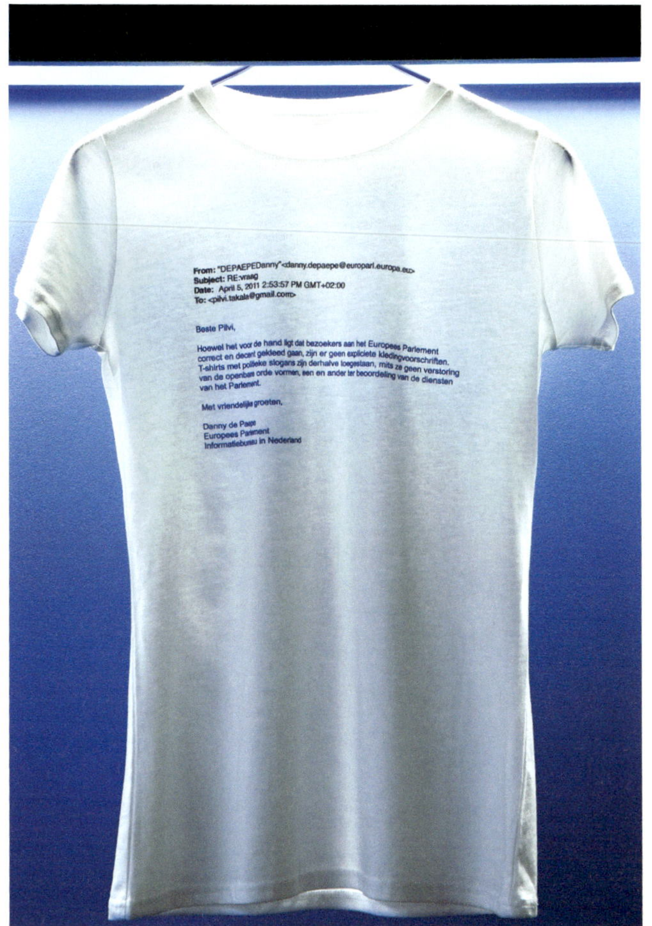

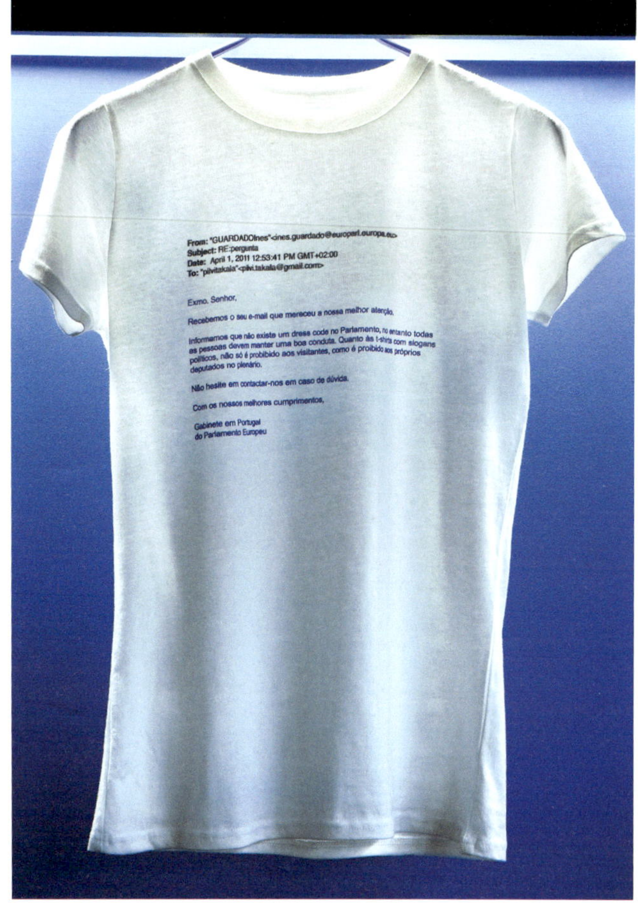

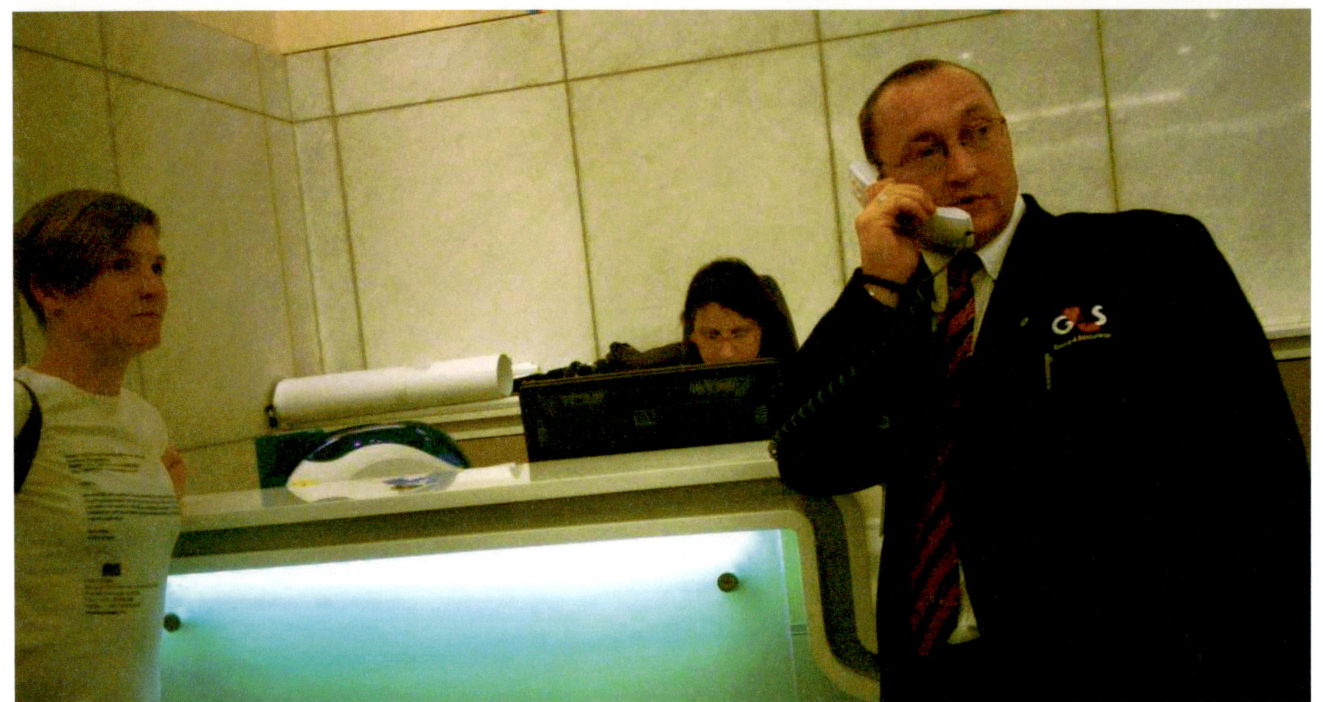

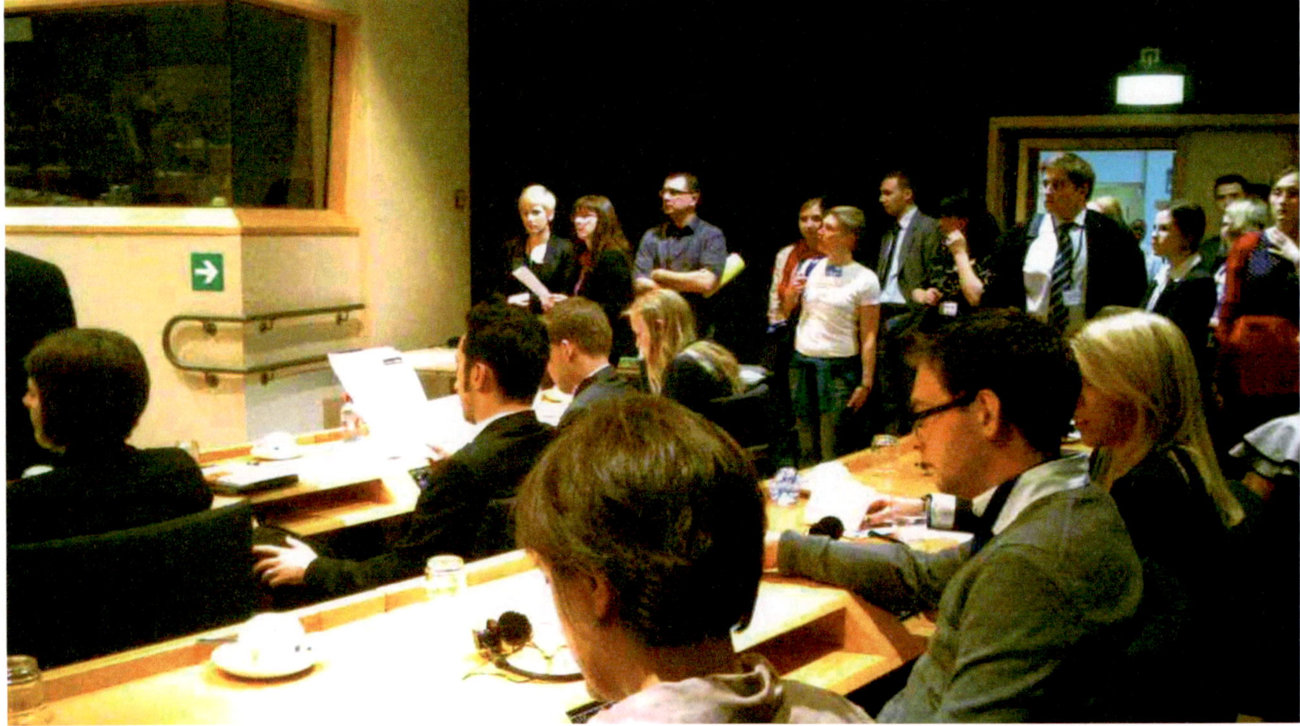

Pilvi Takala, <u>Broad Sense</u>, 2011, video stills

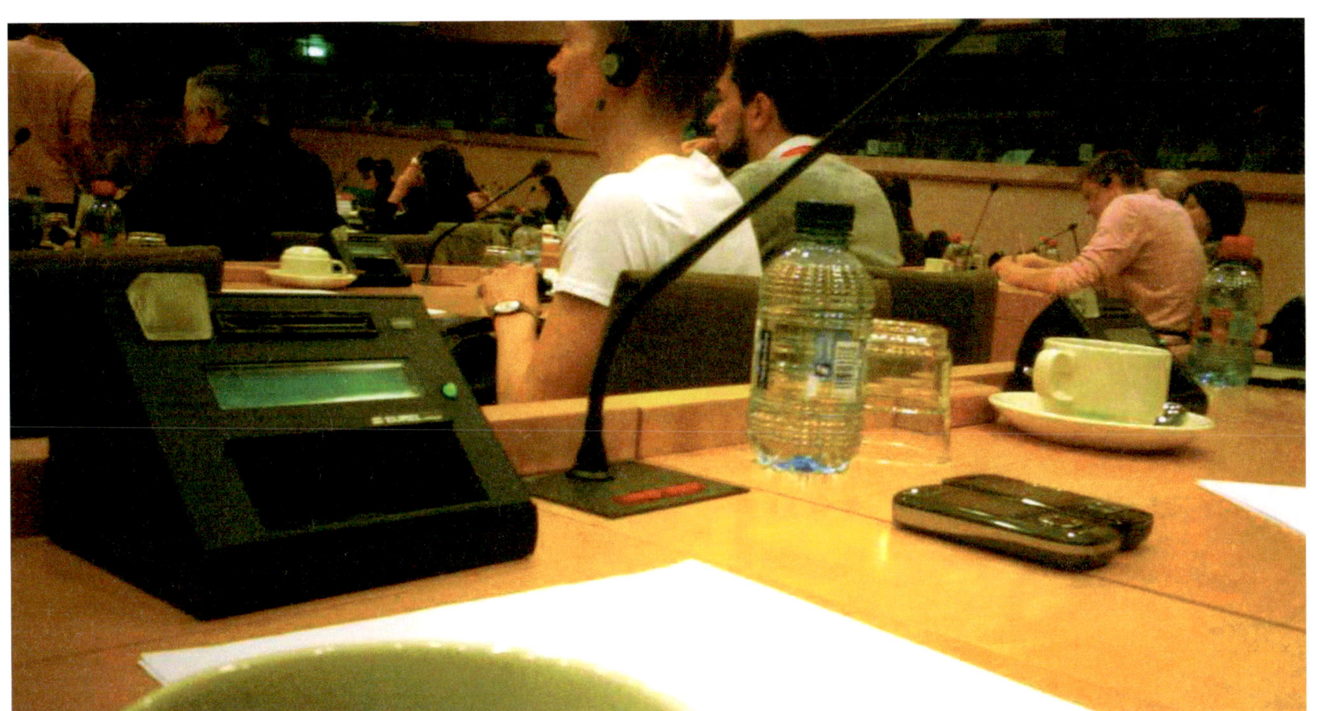

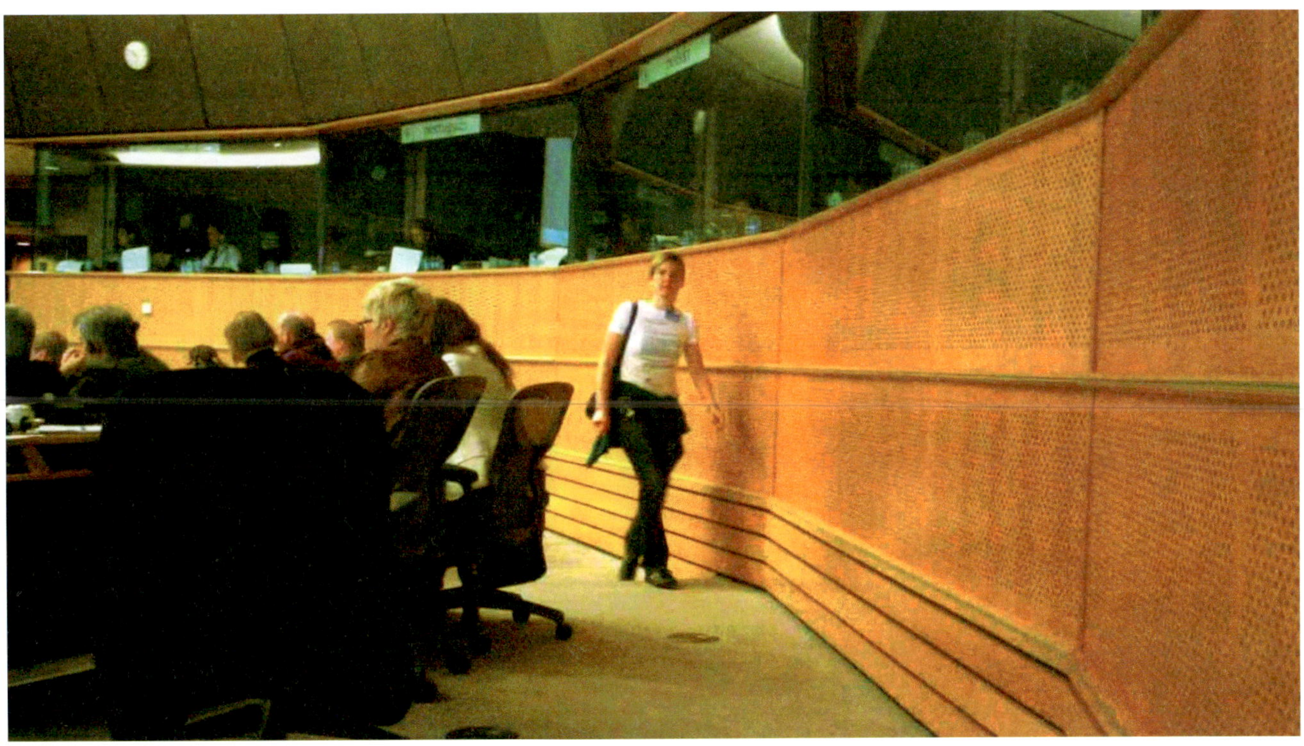

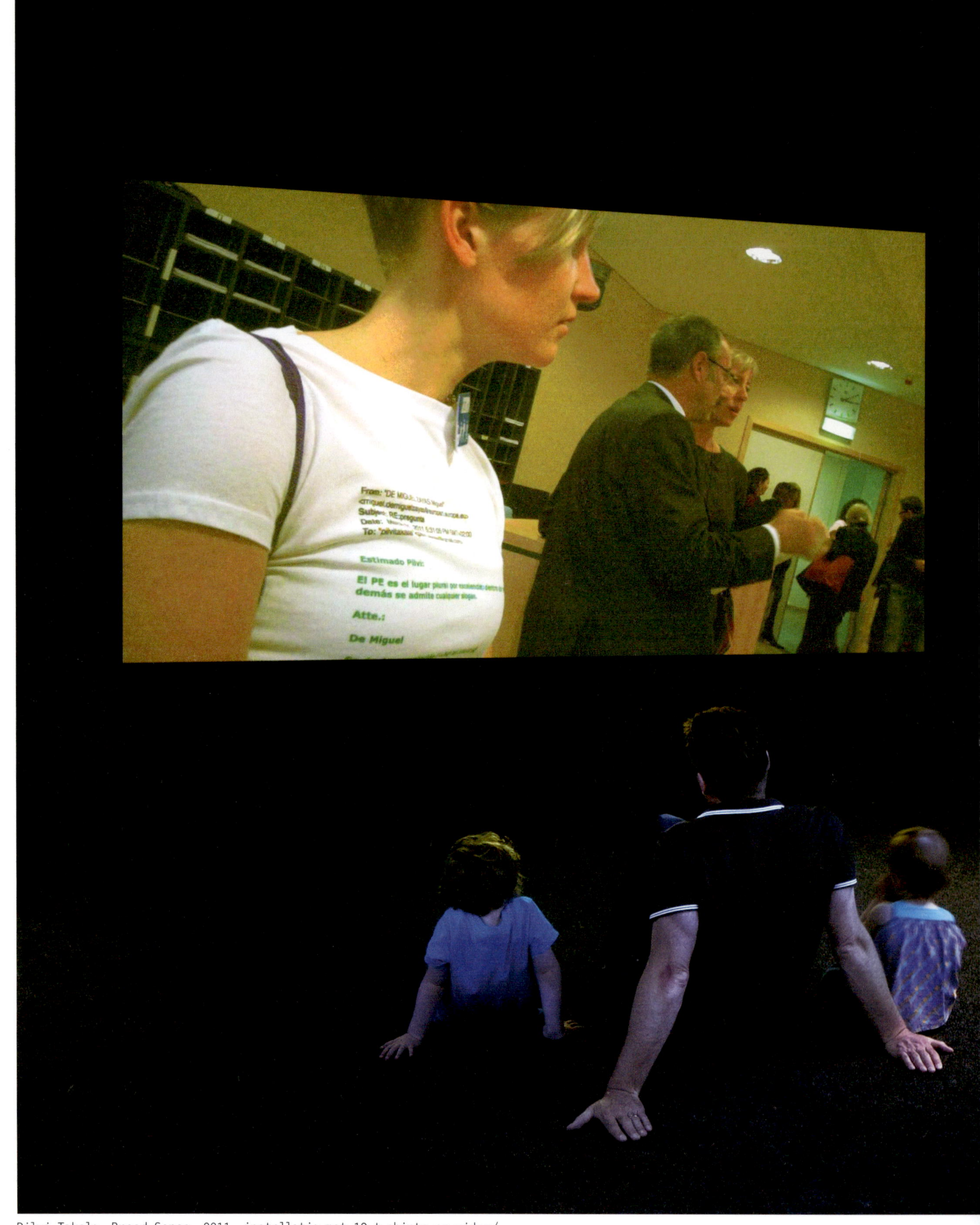

Pilvi Takala, <u>Broad Sense</u>, 2011, installatie met 19 t-shirts en video/
installation with 19 T-shirts and video, 8 min, 30 sec

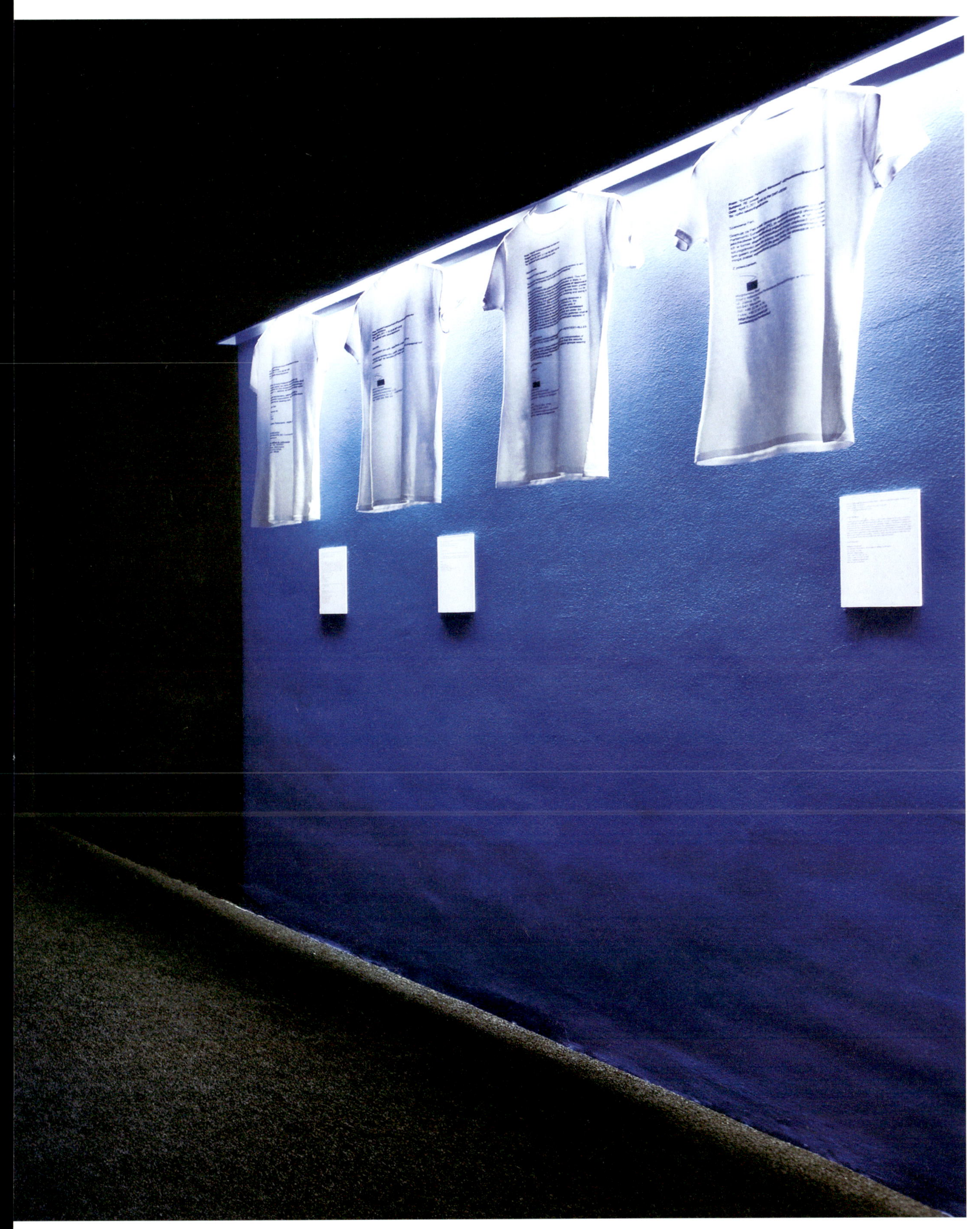

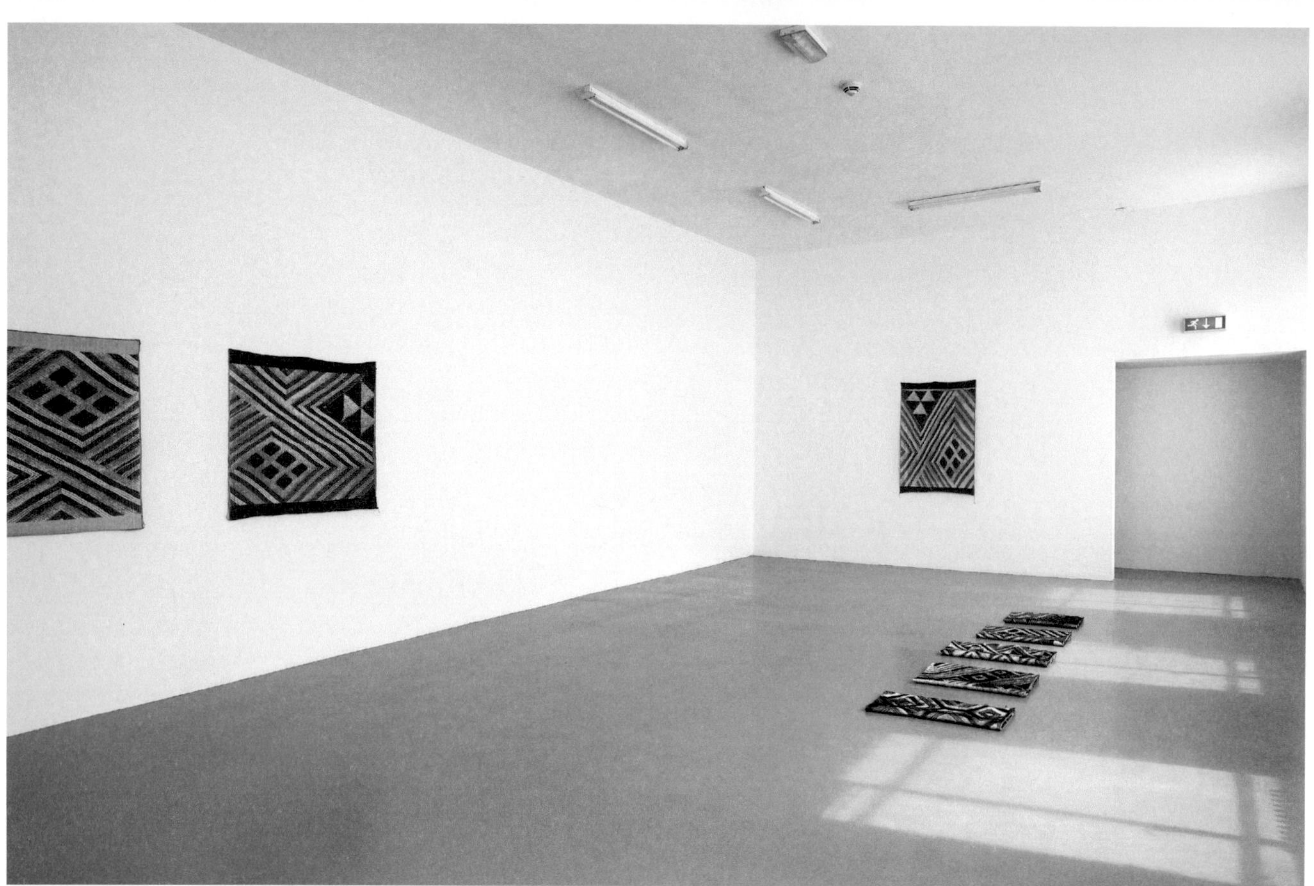

Vincent Vulsma, <u>Foreign Exchange</u> 2011
installatie/installation

Vincent Vulsma

2de prijs/2nd prize

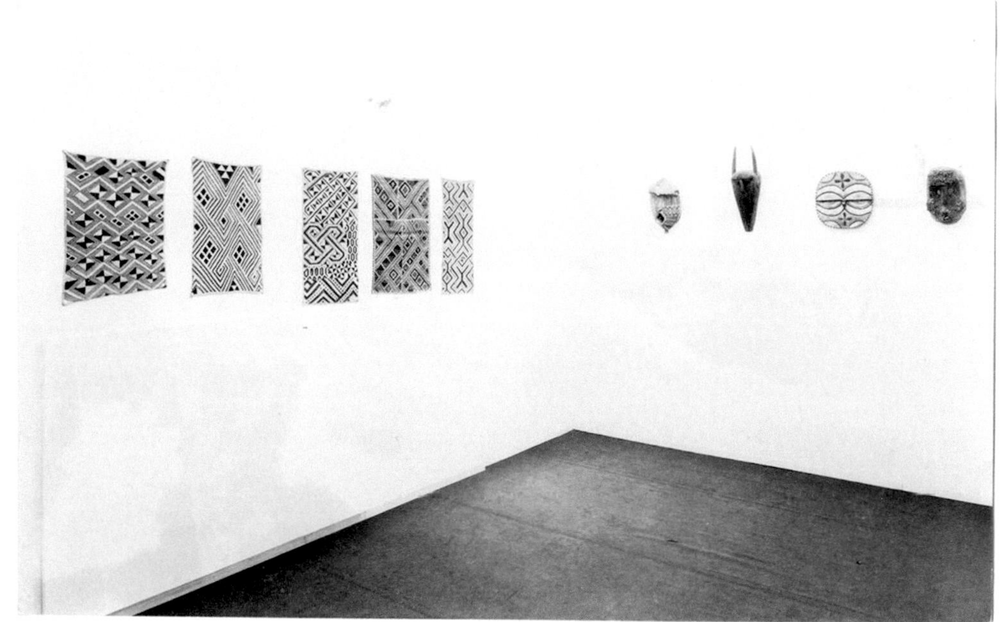

tentoonstelling/exhibition 'African Negro Art', Museum of Modern Art, New York,
18 maart – 9 mei 1935/March 18 – May 9, 1935
installatie/installation, foto/photograph: Soichi Sunami (S1016)

Pratend over zijn werk blijkt Vincent Vulsma een scherpe analist van zijn eigen werkterrein. Als kunstenaar maakt hij natuurlijk zelf deel uit van de kunstwereld, maar hij beschouwt het domein van de kunst, en de processen waaraan dit domein onderhevig is, ook als een studieobject, waar hij enige kritische distantie toe bewaart. Niet om vervolgens een eenvoudig oordeel te leveren, een kernachtig, eenduidig statement te maken, maar om meer inzicht te verwerven in de economische processen waar hij zich als kunstenaar nu eenmaal toe te verhouden heeft. 'Ik vind het in het algemeen, als kunstenaar, problematisch om nieuwe dingen, nieuwe vondsten, de kunstwereld binnen te halen.' Materiaal, ook dat van de kunstenaar, vertelt hij, heeft altijd een geschiedenis die nauw verweven is met economische productie-processen. Vulsma doet grondig onderzoek naar de herkomst van het materiaal waarmee hij werkt.

Goedkope doeken, zoals te verkrijgen in speciaalzaken voor kunstenaars (neem een standaarddoek als E5305-B, 100 x 100 cm, € 16,50 of E5305-B, 100 x 120 cm, € 23,50), zijn bijvoorbeeld minder neutrale of blanco 'grondstoffen' voor schilderwerken dan menigeen zich realiseert. Dergelijke doeken worden geproduceerd in lagelonenlanden; in cellofaan verpakt worden ze in grote hoeveelheden verscheept naar het rijke Westen. Vulsma koos ervoor, in zijn werk ARS NOVA E5305-B (2009), deze objecten in zekere zin opnieuw te verpakken, er een nieuwe laag aan toe te voegen, in plaats van de doeken te strippen van hun economische voorgeschiedenis. Zo weet hij de verschillende waardesystemen waarbinnen dergelijke objecten functioneren bloot te leggen. En al doen zijn met zwarte (en witte) verf behandelde objecten het goed aan de muur van een galerie, ze verlangen van de toeschouwer eerder een ethisch dan esthetisch oordeel. 'Ik vind het interessant om materiaal te gebruiken dat al een hele hoop lagen in zich heeft; alles is uiteindelijk onderhevig aan een kapitalistisch proces van waardeopstapeling', legt hij uit.

Listening to Vincent Vulsma talk about his work, it is clear that he is a sharp analyst of his own field. As an artist, he is naturally part of the art world himself, but he considers the domain, and the processes it is subject to, as an object of study from which he preserves a certain critical distance. Not so that he can provide a simple judgement or make a firm and unambiguous statement, but in order to acquire more insight into the economic processes he has to relate to as an artist. 'Generally speaking, as an artist I find it problematic to bring new things, new finds into the art world.' Any kind of material, including that used by the artist, always has a history that is closely linked to economic production processes, he relates.

Vulsma carries out thorough research into the origins of the material he works with. For instance cheap canvasses of the type found at artists' materials shops (say, a standard E5305-B canvas, 100 x 100 cm, € 16,50 or E5305-B, 100 x 120 cm, € 23,50), are less neutral or blank 'raw materials' for paintings than many people realize. These types of canvasses are produced in cheap labour countries, packaged in cellophane and shipped in large quantities to the rich West. For his work ARS NOVA E5305-B (2009), Vulsma chose to repackage these objects to some extent and to add a new layer instead of stripping the canvasses of their previous economic history. This is how he exposes the various value systems within which objects like this function. And although his black (and white) painted objects are perfectly at home on the walls of a gallery, they actually aspire to elicit an ethical rather than an aesthetic judgement from the viewer.

'I find it interesting to use material that already contains a considerable number of layers; everything is ultimately subject to a capitalist process of value accumulation,' he explains. His latest work Foreign Exchange (2011) also focuses on this amassing of value. Or actually primarily on what is called 'primitive accumulation' (the term was coined by the 'laissez faire'

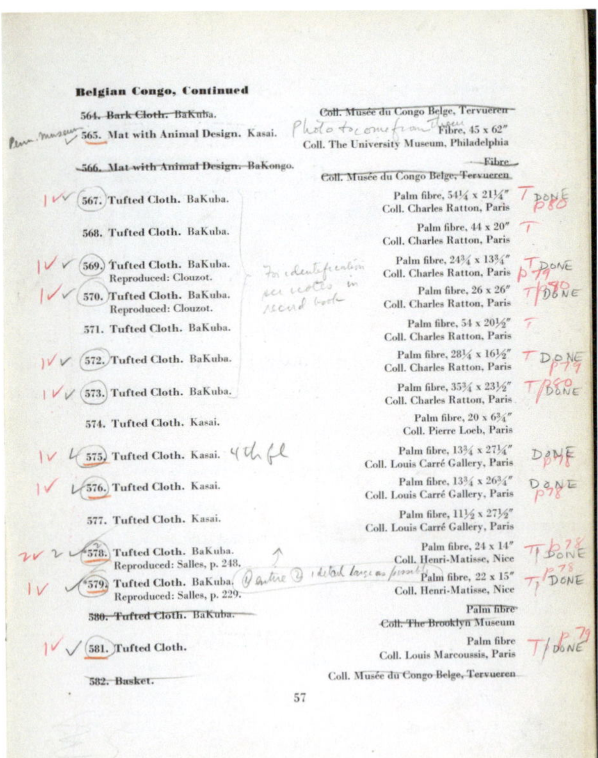

Belgian Congo, Continued

564. Bark Cloth. BaKuba. — Coll. Musée du Congo Belge, Tervueren

565. Mat with Animal Design. Kasai. — Fibre, 45 x 62" — Coll. The University Museum, Philadelphia

566. Mat with Animal Design. BaKongo. — Fibre — Coll. Musée du Congo Belge, Tervueren

567. Tufted Cloth. BaKuba. — Palm fibre, 54¼ x 21¼" — Coll. Charles Ratton, Paris

568. Tufted Cloth. BaKuba. — Palm fibre, 44 x 20" — Coll. Charles Ratton, Paris

569. Tufted Cloth. BaKuba. Reproduced: Clouzot. — Palm fibre, 24¾ x 13¾" — Coll. Charles Ratton, Paris

570. Tufted Cloth. BaKuba. Reproduced: Clouzot. — Palm fibre, 26 x 26" — Coll. Charles Ratton, Paris

571. Tufted Cloth. BaKuba. — Palm fibre, 54 x 20½" — Coll. Charles Ratton, Paris

572. Tufted Cloth. BaKuba. — Palm fibre, 28¼ x 16½" — Coll. Charles Ratton, Paris

573. Tufted Cloth. BaKuba. — Palm fibre, 35¾ x 23½" — Coll. Charles Ratton, Paris

574. Tufted Cloth. Kasai. — Palm fibre, 20 x 6¾" — Coll. Pierre Loeb, Paris

575. Tufted Cloth. Kasai. — Palm fibre, 13¾ x 27¼" — Coll. Louis Carré Gallery, Paris

576. Tufted Cloth. Kasai. — Palm fibre, 13¾ x 26¾" — Coll. Louis Carré Gallery, Paris

577. Tufted Cloth. Kasai. — Palm fibre, 11½ x 27½" — Coll. Louis Carré Gallery, Paris

578. Tufted Cloth. BaKuba. Reproduced: Salles, p. 248. — Palm fibre, 24 x 14" — Coll. Henri-Matisse, Nice

579. Tufted Cloth. BaKuba. Reproduced: Salles, p. 229. — Palm fibre, 22 x 15" — Coll. Henri-Matisse, Nice

580. Tufted Cloth. BaKuba. — Palm fibre — Coll. The Brooklyn Museum

581. Tufted Cloth. — Palm fibre — Coll. Louis Marcoussis, Paris

582. Basket. — Coll. Musée du Congo Belge, Tervueren

57

African Negro Art
catalogus, eigen exemplaar van Walker Evans/
catalogue personal copy of Walker Evans,
The Metropolitan Museum of Art, New York,
The Walker Evans Archive

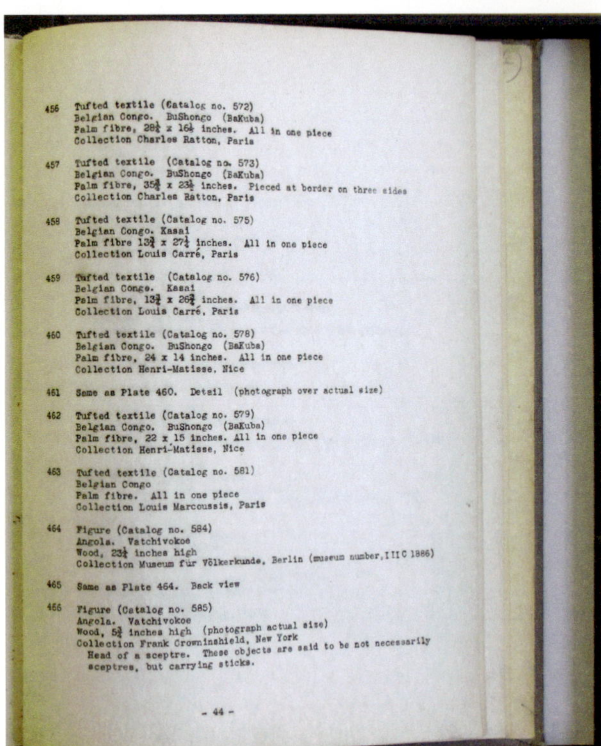

456 Tufted textile (Catalog no. 572)
Belgian Congo. BuShongo (BaKuba)
Palm fibre, 28½ x 16½ inches. All in one piece
Collection Charles Ratton, Paris

457 Tufted textile (Catalog no. 573)
Belgian Congo. BuShongo (BaKuba)
Palm fibre, 35½ x 23½ inches. Pieced at border on three sides
Collection Charles Ratton, Paris

458 Tufted textile (Catalog no. 575)
Belgian Congo. Kasai
Palm fibre 13¾ x 27½ inches. All in one piece
Collection Louis Carré, Paris

459 Tufted textile (Catalog no. 576)
Belgian Congo. Kasai
Palm fibre, 13½ x 26¾ inches. All in one piece
Collection Louis Carré, Paris

460 Tufted textile (Catalog no. 578)
Belgian Congo. BuShongo (BaKuba)
Palm fibre, 24 x 14 inches. All in one piece
Collection Henri-Matisse, Nice

461 Same as Plate 460. Detail (photograph over actual size)

462 Tufted textile (Catalog no. 579)
Belgian Congo. BuShongo (BaKuba)
Palm fibre, 22 x 15 inches. All in one piece
Collection Henri-Matisse, Nice

463 Tufted textile (Catalog no. 581)
Belgian Congo
Palm fibre. All in one piece
Collection Louis Marcoussis, Paris

464 Figure (Catalog no. 584)
Angola. Vatchivokoe
Wood, 23¼ inches high
Collection Museum für Völkerkunde, Berlin (museum number, III C 1886)

465 Same as Plate 464. Back view

466 Figure (Catalog no. 585)
Angola. Vatchivokoe
Wood, 5¾ inches high (photograph actual size)
Collection Frank Crowninshield, New York
Head of a sceptre. These objects are said to be not necessarily
sceptres, but carrying sticks.

- 44 -

African Negro Art
lijst van foto's door/list of photographs by Walker Evans
[Index p. 44] Museum of Modern Art Library,
New York [N7380.N4 1935 Index]

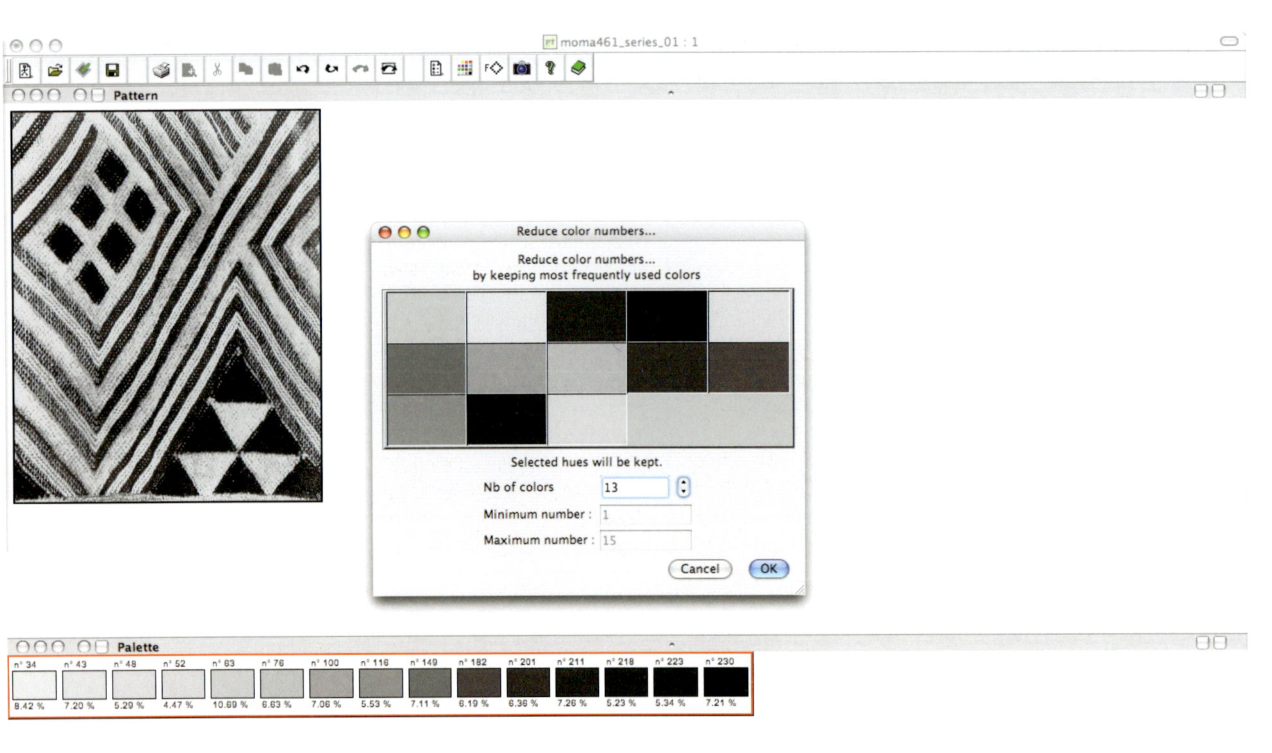

Ook in zijn nieuwste werk Foreign Exchange (2011) richt hij
zich op deze accumulatie van waarde. Of eigenlijk vooral op wat
wel 'primitieve accumulatie' wordt genoemd (de term werd
gemunt door de laissez-faire-econoom Adam Smith en later
verder uitgewerkt door Marx), die betrekking heeft op het
fundament van een kapitalistische economie. Het staat in feite
voor het 'beginkapitaal' waarmee het hele systeem in gang
wordt gezet, vaak verworven via plunderingen, roof, onteigening,
zoals ten tijde van de kolonialisering.
Vulsma heeft zich in zijn meest recente onderzoek vooral
gericht op stukken textiel die in 1935 onderdeel uitmaakten van
de tentoonstelling 'African Negro Art' in het MoMA. Verschillende
aspecten maakten het aantrekkelijk om hierop te focussen.
Zo waren de weefsels afkomstig uit de privé-collectie van Henri
Matisse, waarmee een link wordt gelegd tussen 'primitive art' en
de avant-gardekunst van begin twintigste eeuw. Daarbij werden
de objecten in de MoMA-expositie (ook het Kuba-textiel dat
Vulsma's aandacht heeft) gedocumenteerd door Walker Evans,
die later zou uitgroeien tot een van de beroemdste fotografen
van Amerika. Deze reproducties van Evans hebben sindsdien een
status verworven die nauwelijks onderdoet voor die van de
objecten zelf. Vulsma heeft deze reproducties weten te traceren,
zelf digitale documentatie verzameld van Evans' portfolio's.
Wat gaat hij daar vervolgens mee doen?
'Ik wil deze processen van toe-eigening en waardeopstapeling
niet zozeer illustreren, als wel een object maken dat het onderzoek
dat ik heb verricht in zich draagt.' Wat hij interessant vindt zijn
de verschillende contextuele verschuivingen en vertaalslagen
die de stukken textiel hebben ondergaan: van functioneel object
naar esthetisch object, en vervolgens geabstraheerd naar
fotografische afbeelding en later digitale informatie, pixels.
De vorm die hij heeft gekozen sluit aan bij deze laatste fase:
de gedigitaliseerde afbeeldingen wil hij laten weven op een
computergestuurde Jacquard-weefmachine. (Historisch gezien
speelde de techniek van deze weefmachine een belangrijke rol
in de ontwikkeling van de computer.) In wezen maakt hij dus een
reproductie van een reproductie van een reproductie, die
tegelijkertijd weer even tastbaar (of onaantastbaar) is als het
origineel. Onherroepelijk zal Vulsma's eigen werk eveneens een
waardevermeerdering ondergaan (én zelf weer gereproduceerd
worden). Alsof je getuige bent van de oneindige aanwas van
aardlagen, waarvan je de dwarsdoorsnede kunt bestuderen, maar
zonder het proces te stoppen — al is deze conclusie misschien te
defaitistisch.

Vincent Vulsma, Tufted Textile WE 461 (MoMA cat. No. 578),
2011, detail

economist Adam Smith and later
further developed by Marx) and
relates to the foundations of a
capitalist economy. In fact, it
represents the 'start capital' with
which the entire system is set in
motion and is often acquired
through plundering, theft or
dispossession, as happened
during colonial times.
In his most recent investigation,
Vulsma has concentrated mainly
on textile pieces that were part
of the 'African Negro Art' exhibition at MoMA in 1935. Various
aspects make this an attractive
subject to focus on. For instance,
the fabrics originated from Henri
Matisse's private collection,
thereby establishing a link
between 'primitive art' and early
twentieth-century avant-garde
art. Additionally, the objects in
the MoMA exhibition (including
the Kuba textiles Vulsma is
interested in) were documented
by Walker Evans, who later
became one of the most famous
photographers in America. These
Evans reproductions have since
acquired a status that almost
measures up to the standing
enjoyed by the objects themselves. Vulsma has managed to
trace the reproductions and has
even collected digital documentation from Evans' portfolios.
What are his subsequent plans for
this material?
'I don't really want to illustrate
these processes of appropriation
and value accumulation; I would
rather make an object that
carries my investigation within
it.' What interests him are the
different contextual shifts and
translations that the textiles
have undergone: from functional
object to aesthetic object,
subsequently abstracted to
photographic image and later
digital information: pixels. The
form he has chosen matches this
last phase: he would like to have
the digitalized images woven on a
computer-driven Jacquard loom.

(Historically speaking, the
technology of this weaving
machine played an important role
in the development of the
computer.) So in essence he is
making a reproduction of a
reproduction of a reproduction
that is simultaneously just as
tangible (or intangible) as the
original. Irrevocably, Vulsma's own
work will undergo a similar
increase in value (and be reproduced itself in turn). It is as if you
are witness to the endless growth
in the layers of the earth, whose
cross section can be studied, but
without stopping the process —
although this conclusion is
perhaps too defeatist.

Walker Evans, <u>Tufted Textile</u> (Detail), Belgian Congo, 1935
gelatine zilverdruk/Gelatin silver print 24.5 x 19.4 cm,
oriëntatie onbekend/orientation unknown, Walker Evans Archive,
The Metropolitan Museum of Art, New York, Gift of Samuel and
Marilyn Stern (1992.5085)

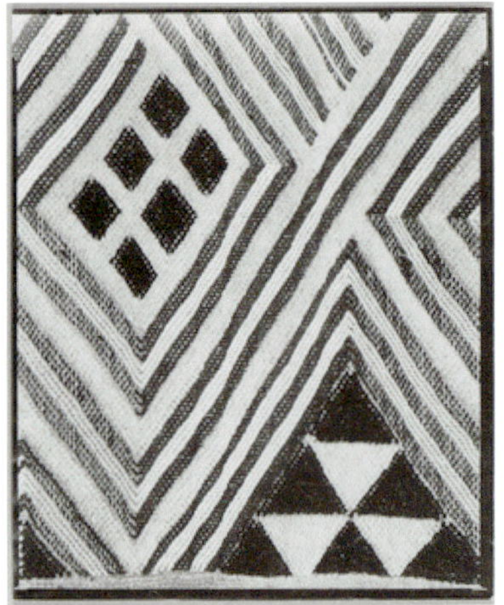

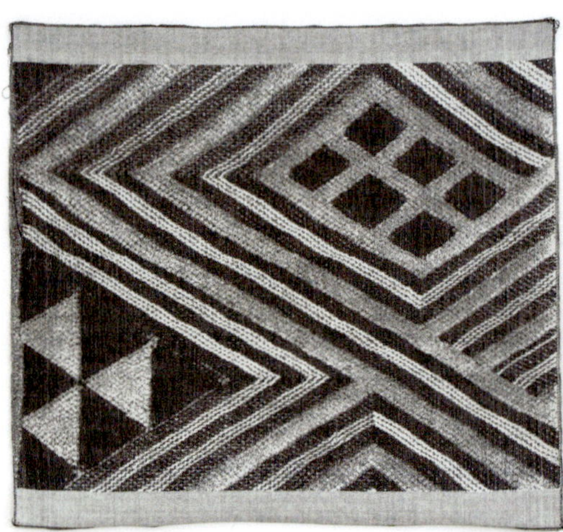

<u>L.1999.7.450</u>, 95 x 108 cm

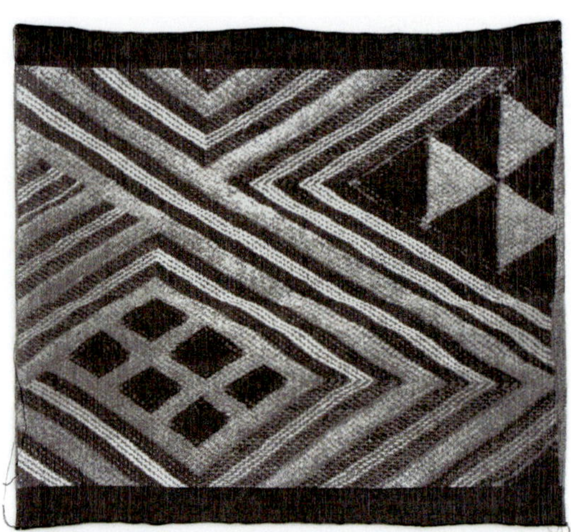

<u>1978.412.2281</u>, 95 x 108 cm

Vincent Vulsma, <u>Tufted Textile WE 461 (MoMA cat. No. 578)</u>, 2011
jacquard geweven zwarte katoen en ruwe witte rayon raffia/
jacquard fabric, black cotton yarn and raw white rayon raffia fibre
variabele afmetingen/variable dimensions

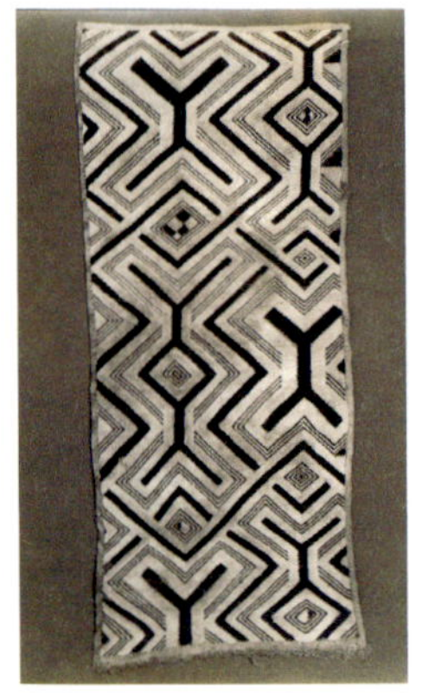

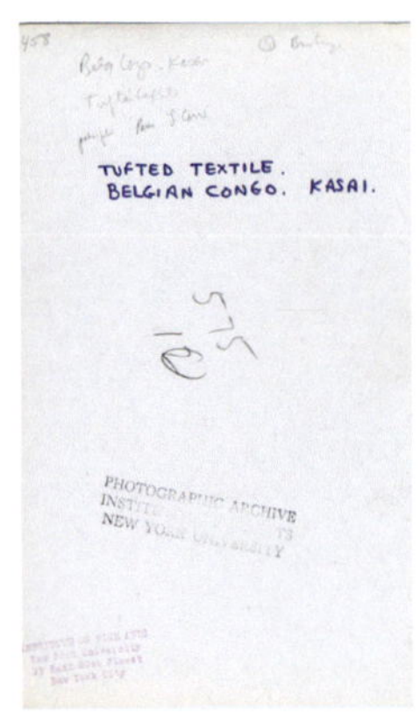

Walker Evans, <u>Tufted Textile</u>, 1935. WE 458 (MoMA cat. no. 575)
gelatinezilverdruk/gelatin silver print, 13.8 x 23.7 cm
The Metropolitan Museum of Art, New York, loan from NYU,
Institute of Fine Arts, New York (L.1999.7.448)

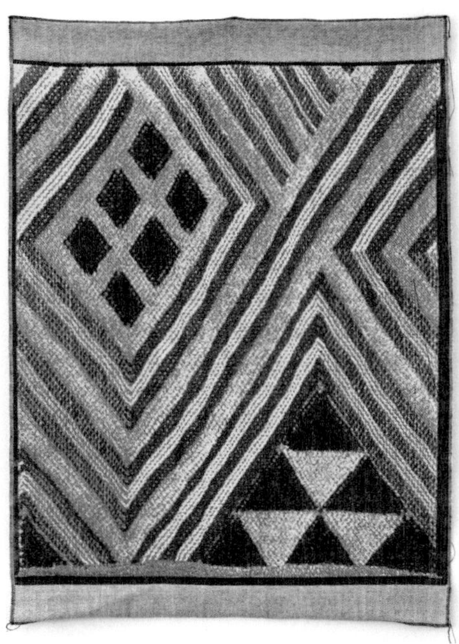

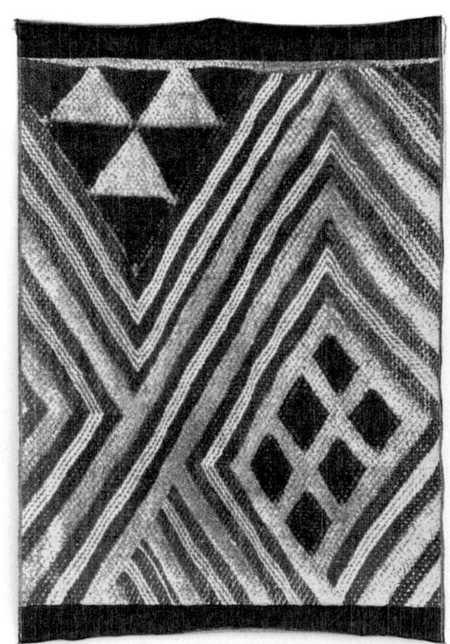

1992.5085, 118 x 85 cm

2454-1936, 118 x 85 cm

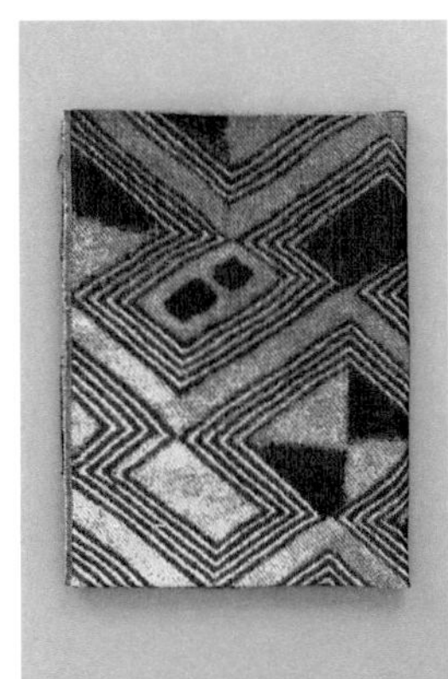

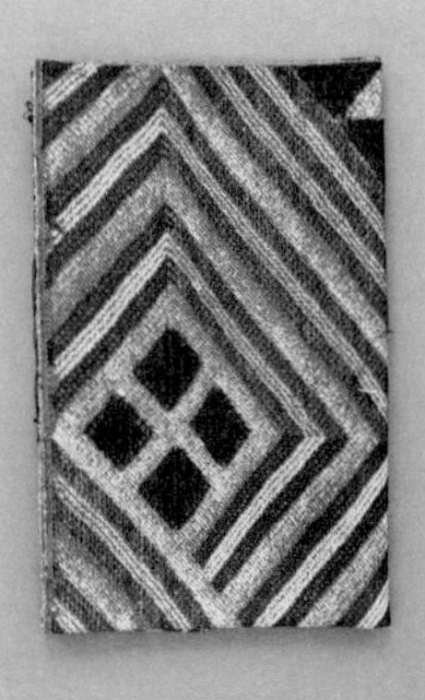

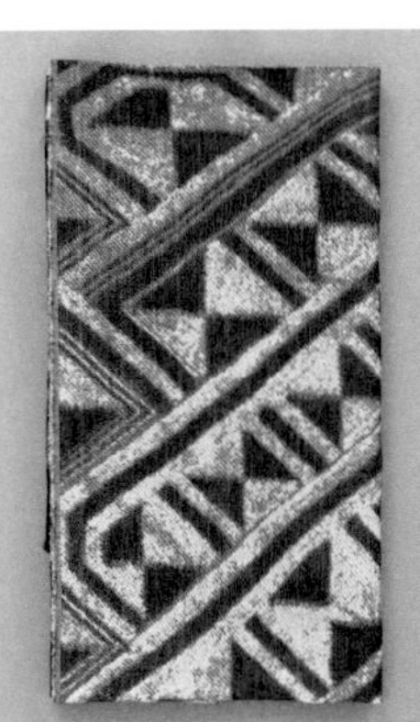

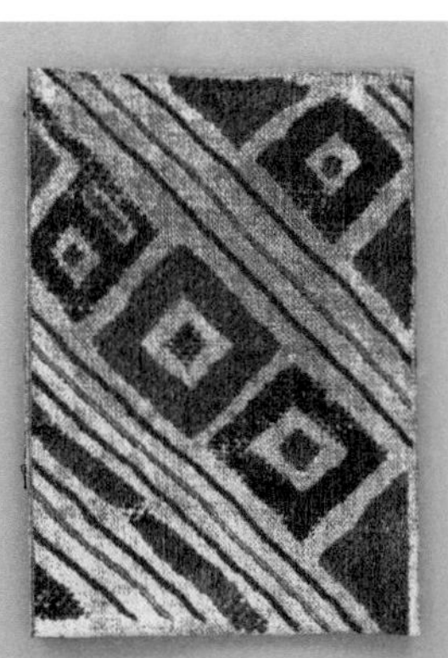

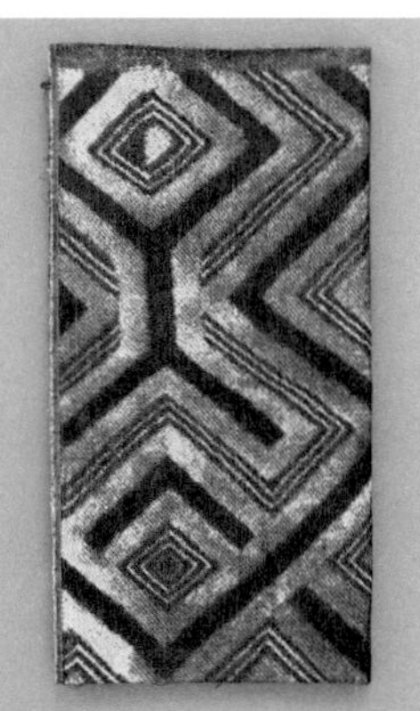

MoMA cat. no. 579 (WE 462)
38 x 56 cm

MoMA cat. no. 578 (WE 460)
36 x 61 cm

MoMA cat. no. 576 (WE 459)
35 x 68 cm

MoMA cat. no. 581 (WE 463)
44 x 64 cm

MoMA cat. no. 575 (WE 458)
35 x 69 cm

Vincent Vulsma, Tufted Cloths (S1016), 2011
jacquard geweven zwarte katoen en ruwe witte rayon raffia/
jacquard fabric, black cotton yarn and raw white rayon raffia fibre
variabele afmetingen/variable dimensions

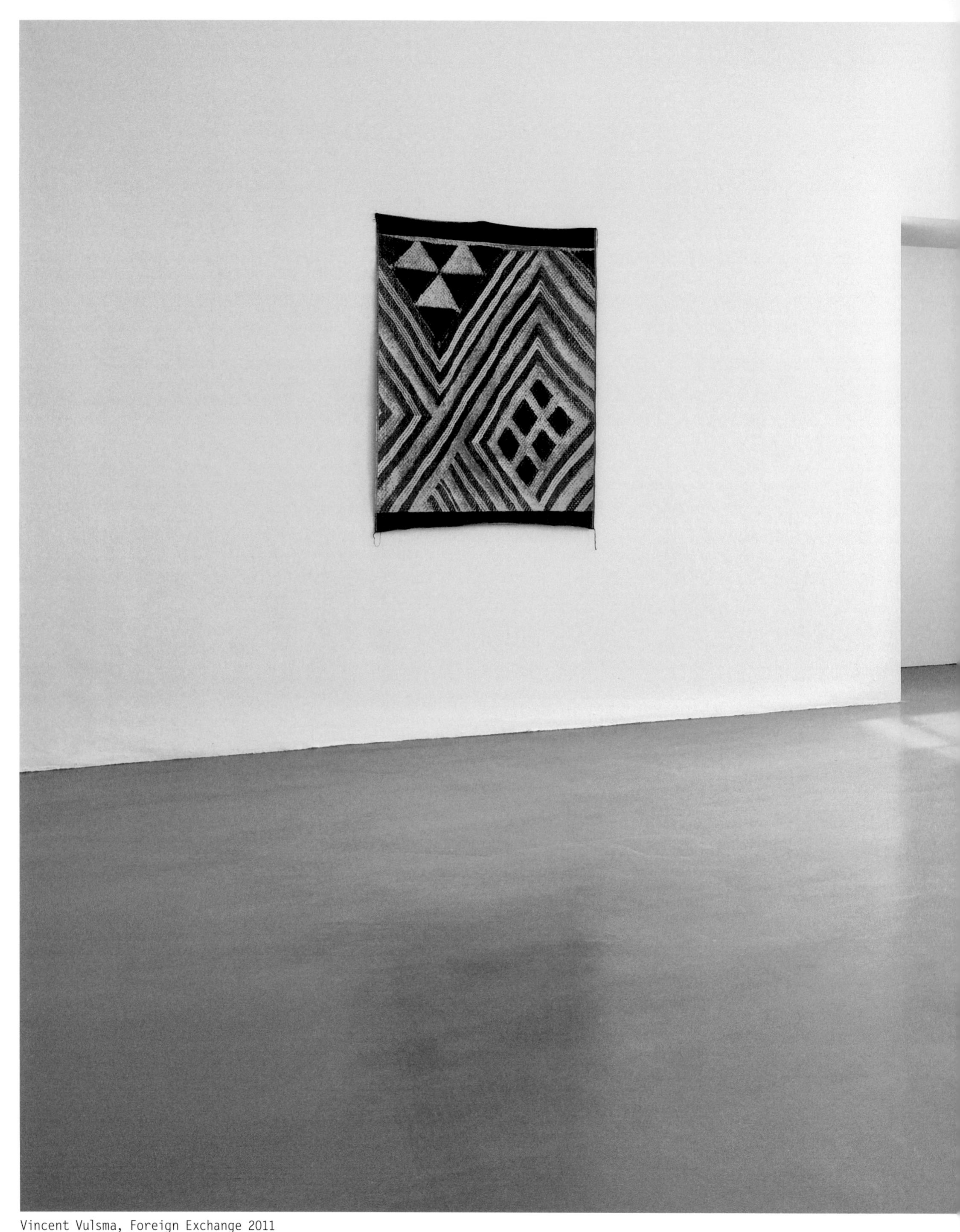

Vincent Vulsma, <u>Foreign Exchange</u> 2011
installatie/installation

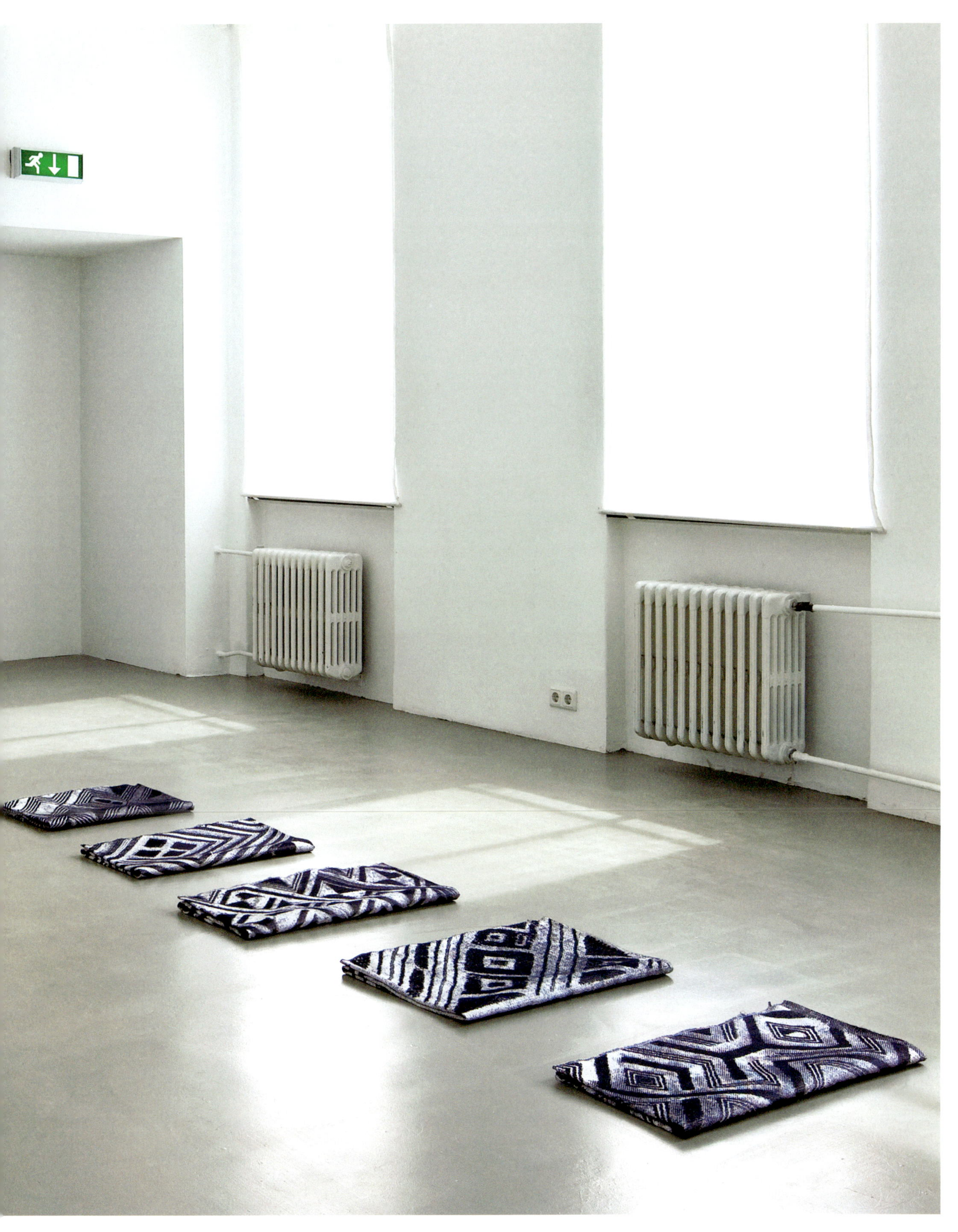

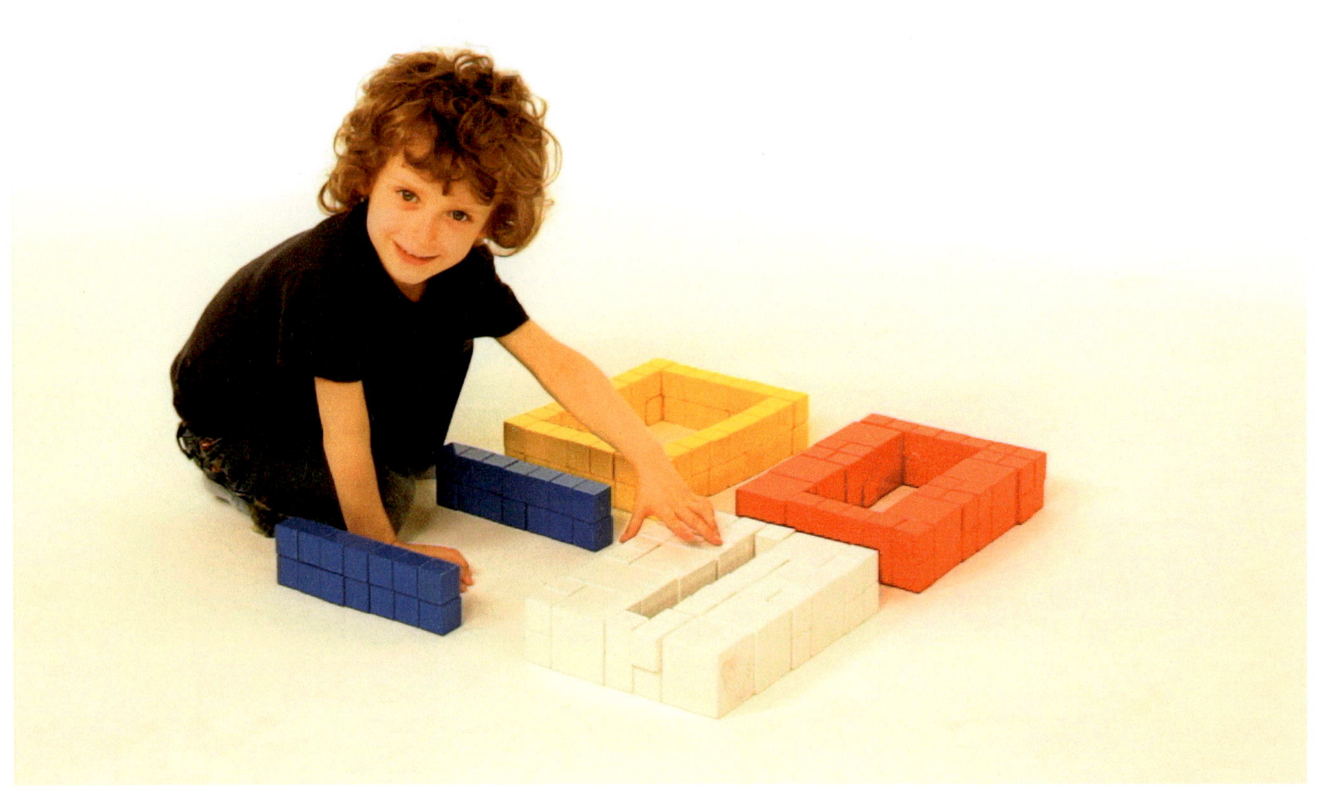

Priscila Fernandes

basisprijs/basic prize

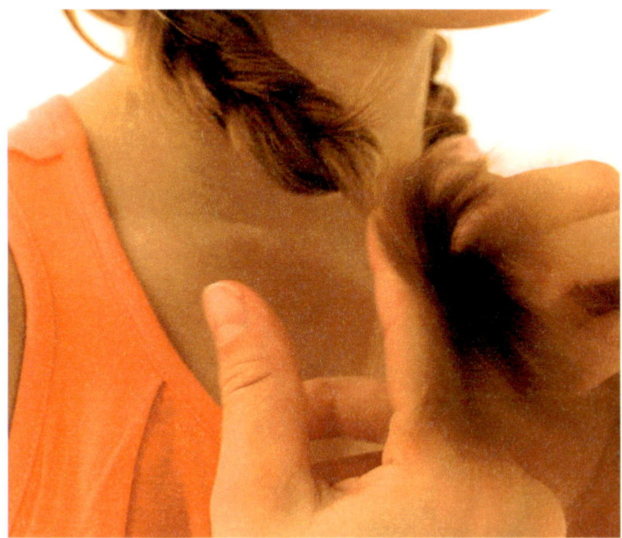

Priscila Fernandes, Product of Play, 2011
HD video projectie, kleur, geluid/HD video projection,
colour, sound, 4 min. 3 sec. (loop). Gerealiseerd met
steun van/Produced with the kind support of Fonds BKVB,
Prix de Rome, Rijksakademie van beeldende kunsten

In een klein, donker zolderkamertje, een paar verdiepingen en kronkelgangen verwijderd van haar atelier op de Rijksakademie, laat Priscila Fernandes de eerste *edit* van haar nieuwste video zien. 'Dit gaat over iets compleet anders dan mijn vorige werk', zegt ze stellig, 'maar het maakt wel grotendeels gebruik van dezelfde beeldtaal.' Dat is precies wat zo herkenbaar is aan haar werk: de formele aspecten ervan, haar visuele handschrift — strakke vormen en heldere kleuren, vaak geënt op het modernistische kleurenwiel. In de video-installatie That which is above that which is (2010) heeft ze deze fascinatie voor een modernistisch kleurenschema gerelateerd aan Huis Sonneveld in Rotterdam, dat geldt als een voorbeeld van functionalistische architectuur, het Nieuwe Bouwen ('licht, lucht, ruimte'). Fernandes zoomt in op het interieur: de primaire kleuren die domineren in het huis lijken in haar video nog helderder van toon, illumineren een besloten leefruimte waar gedrag (zoals het pellen van een bijna fluorescerende citroen) aan impliciete regels voldoet. Er heerst een bijna wellustige orde en symmetrie, die wordt gekanaliseerd door middel van een helder gedefinieerde esthetiek.

Deze overgave aan systematiek, regels, orde keert telkens terug in Fernandes' werk, of het nu in de vorm is van video's, tekeningen, performances of van geluidsinstallaties. In Breakfast Manifesto (2006) wordt zelfs het eten van een boterham een ritueel dat op basis van een wiskundige formule ten uitvoer wordt gebracht. 'Ik hoop dat ik in het verleden toch ook wel *messy* works heb gemaakt', zegt ze bijna geschrokken als we praten over deze heldere lijn in haar werk. Slordigheid, chaos en ruis lijken echter voortdurend te worden weggefilterd. Maar misschien dat deze elementen daardoor wel inherenter onderdeel uitmaken van haar werkwijze dan je op het eerste gezicht zou vermoeden, als drijvende krachten die voortdurend bezworen moeten worden. Ze heeft een fascinatie voor de wijze waarop de mens zijn leefwereld stileert door middel van representatieve systemen, zoals archieven, atlassen, (kleuren)codes en andere abstracties.

In a small dark attic room, a few floors and corridors away from her studio at the Rijksakademie, Priscila Fernandes shows me the first edit of her latest video. 'This is about something entirely different from my previous work,' she says firmly, 'but it does make use of the same visual imagery to a large extent.' That is precisely what is so recognizable about her work: its formal aspects, her visual signature — uncluttered forms and bright colours, often grafted onto the modernist colour wheel. In the video installation That which is above that which is (2010), she related this fascination for a modernist colour scheme to Huis Sonneveld in Rotterdam, which can be seen as an example of functionalist Nieuwe Bouwen architecture ('light, air, space'). Fernandes zooms in on the interior: in her video, the primary colours that are predominate in the house appear even brighter and illuminate a closed living space where behaviour (such as peeling a nearly fluorescent lemon) is subject to implicit rules. There is an air of almost sensual order and symmetry, channelled by means of a clearly defined aesthetic.

This dedication to structure, rules and order can be seen time and again in Fernandes's work, whether in the form of videos, drawings, performances or sound installations. In Breakfast Manifesto (2006), even eating a sandwich becomes a ritual that is performed on the basis of a mathematical formula. 'I hope I have also made "messy" works in the past,' she says, almost shocked, while we talk about this clear line in her work. However, sloppiness, chaos and noise seem to be unremittingly filtered out. But perhaps that is why these elements constitute a more inherent component of her method of working than you might suspect at first sight; like driving forces that continuously have to be averted.
She is fascinated by the way in which humans stylize their environment by means of representative systems such as archives, atlases, codes of all sorts including colour codes and other abstractions. They are not so much means used to expose an objective structure, but rather instruments to express specific notions or ideologically charged views on the individual,

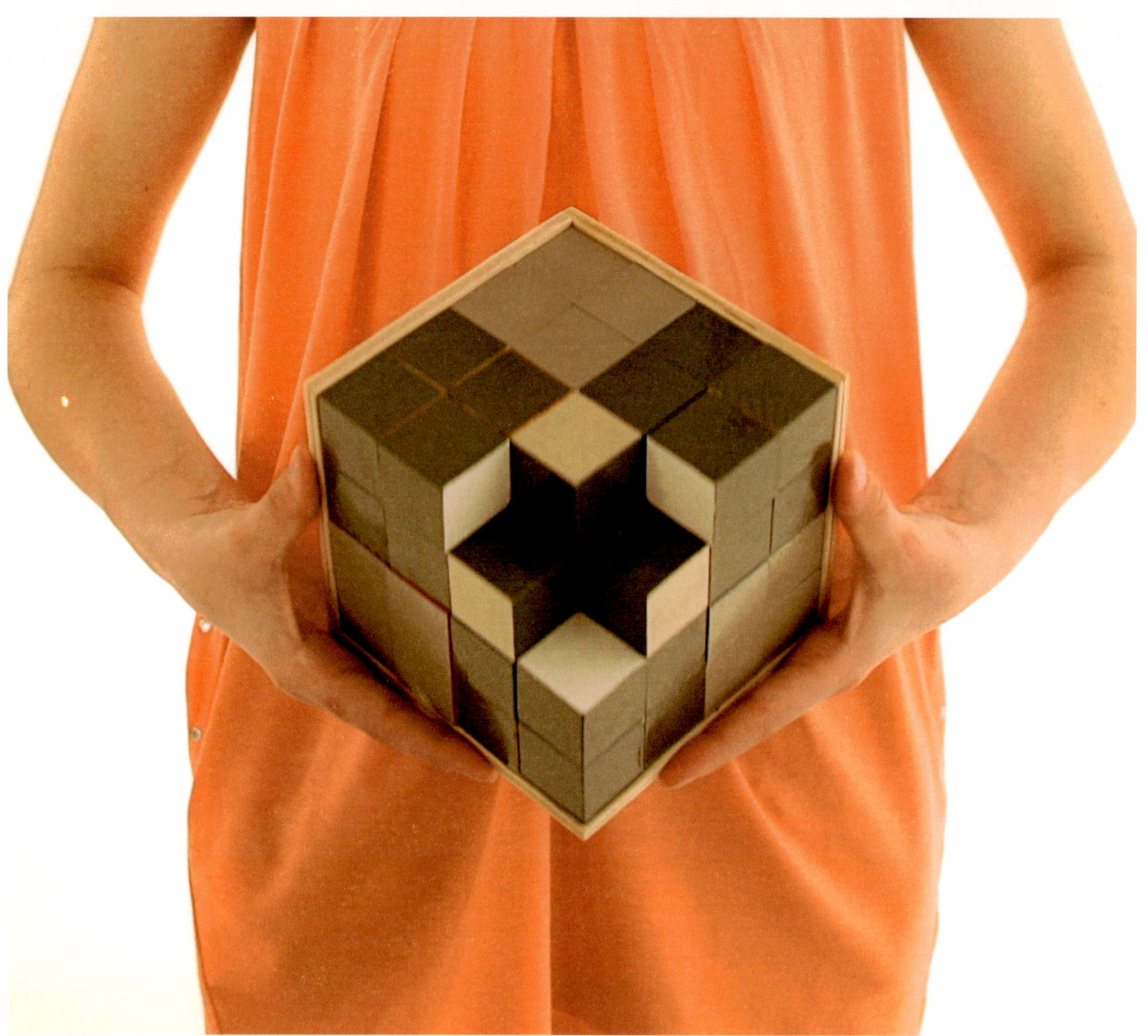

Priscila Fernandes, <u>Product of Play</u>, 2011

Het zijn niet zozeer middelen waarmee een objectieve ordening wordt blootgelegd, maar veeleer instrumenten om uitdrukking te geven aan specifieke opvattingen, ideologisch geladen visies op bijvoorbeeld het individu. In de video <u>In Search of the Self</u> (2009) wordt een amalgaam van heersende theorieën over 'het zelf' gevat in krijttekeningen op een schoolbord; de beslistheid waarmee deze theorieën vorm krijgen in kleurige diagrammen doet ons bijna vergeten dat er in feite een onzinnig of onnavolgbaar betoog wordt gehouden. We laten ons blijkbaar maar al te graag meevoeren door een vormentaal die herkenbaar en schijnbaar functioneel is. Fernandes voert dergelijke talen vaak tot in het absurde door, tot het punt waarop er een zekere ongemakkelijkheid intreedt bij de toeschouwer, een weifeling: wat hiervan te geloven, hoe moet ik me hiertoe verhouden, wat ontsnapt er aan mijn aandacht?

Deze ambiguïteit wil Fernandes ook in haar nieuwste werk proberen te behouden. Geïnspireerd door het onderzoek dat de Amerikaanse psycholoog Arnold Gesell in de jaren twintig en dertig aan Yale University uitvoerde naar 'normaal' gedrag van kinderen, heeft ze bepaalde situaties geënsceneerd (en gefilmd) waarin een spel wordt opgevoerd dat in hoge mate vormelijk aandoet. De onderliggende regels of codes blijven echter impliciet. 'Interessant is dat Gesell het idee had dat de camera op een objectieve manier gedrag, en zelfs iemands individualiteit, kon vastleggen', zegt ze. Het was een tijd waarin werd geëxperimenteerd met nieuwe technieken, om gedrag op een geïsoleerde, abstraherende wijze te observeren.

Dit soort veronderstelde relaties tussen vorm (gedrag) en inhoud (individualiteit), tussen objectiviteit (het registrerend oog van de camera) en subjectiviteit (doelbewuste montage), interesseren haar meer dan een eventueel oordeel over het wel of niet ethisch verantwoord zijn van dergelijk onderzoek waarin kinderen zijn verworden tot klinisch studieobject. 'Ik ben geïnteresseerd in hoe het individu wordt gevormd of vormgegeven, de symbolen en codes die we daarvoor aanwenden.' Dat ze haar blik zou richten op het kind, onze 'future adults', was daarom eigenlijk haast onvermijdelijk.

for instance. In the video <u>In Search of the Self</u> (2009), an amalgamation of prevailing theories about 'the self' are captured in chalk drawings on a blackboard; the determination with which these theories are given form in colourful diagrams almost makes us forget that, in fact, a nonsensical or impossible to follow argument is being expounded. Apparently we are only too pleased to be swept along by a language of form that is recognizable and seemingly functional. Fernandes often pushes these types of languages to absurd lengths, to the point where the viewer experiences a certain awkwardness or hesitation: How much of this should I believe, what position should I take here, what is escaping my attention?

Fernandes would like to preserve this ambiguity in her latest work as well. Drawing inspiration from the research carried out by the American psychologist Arnold Gesell at Yale University in the 1920s and 1930s into the 'normal' behaviour of children, she has staged (and filmed) certain situations where a game is presented that appears formal to a large degree. The underlying rules or codes remain implicit, however. 'An interesting point is that Gesell believed that the camera could record behaviour and even someone's individuality objectively,' she says. It was a time when experiments were being carried out with new techniques, in order to observe behaviour in an isolated, abstract way.

These types of presumed relationships between form (behaviour) and content (individuality), between objectivity (the recording eye of the camera) and subjectivity (conscious montage), interest her more than any judgement about the ethical responsibility or otherwise of research like this where children have been reduced to clinical objects of study. 'I am interested in how the individual is formed or created and the symbols or codes we incorporate in the process.' As a result, casting her gaze on children, our 'future adults', was perhaps almost unavoidable.

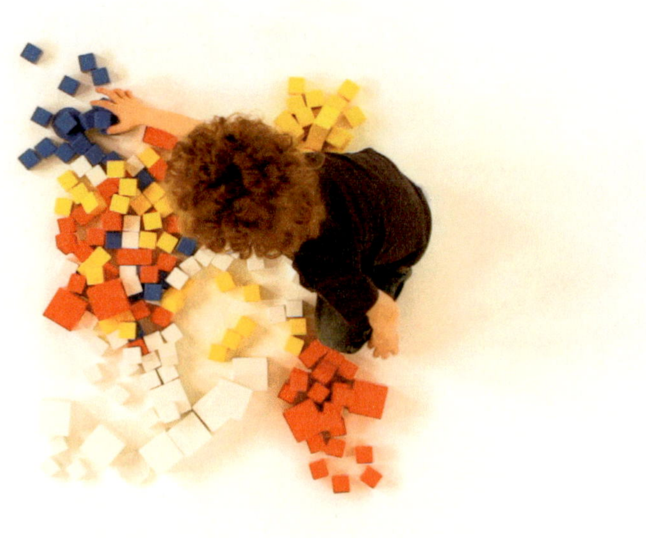

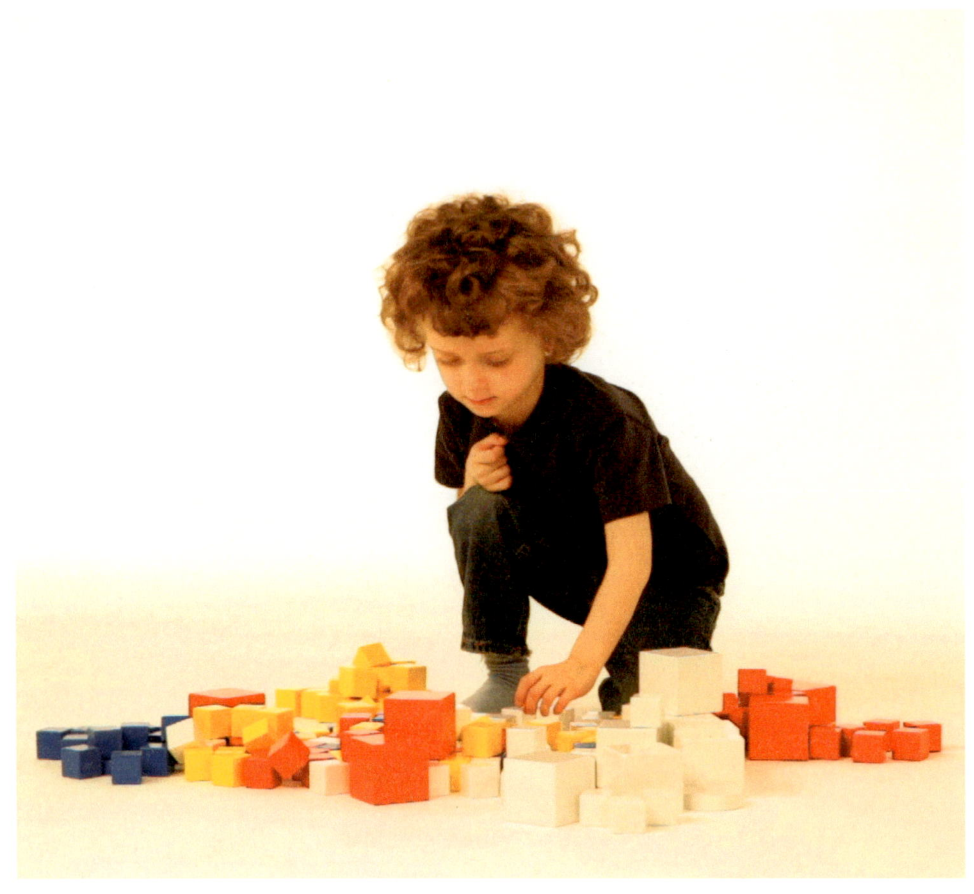

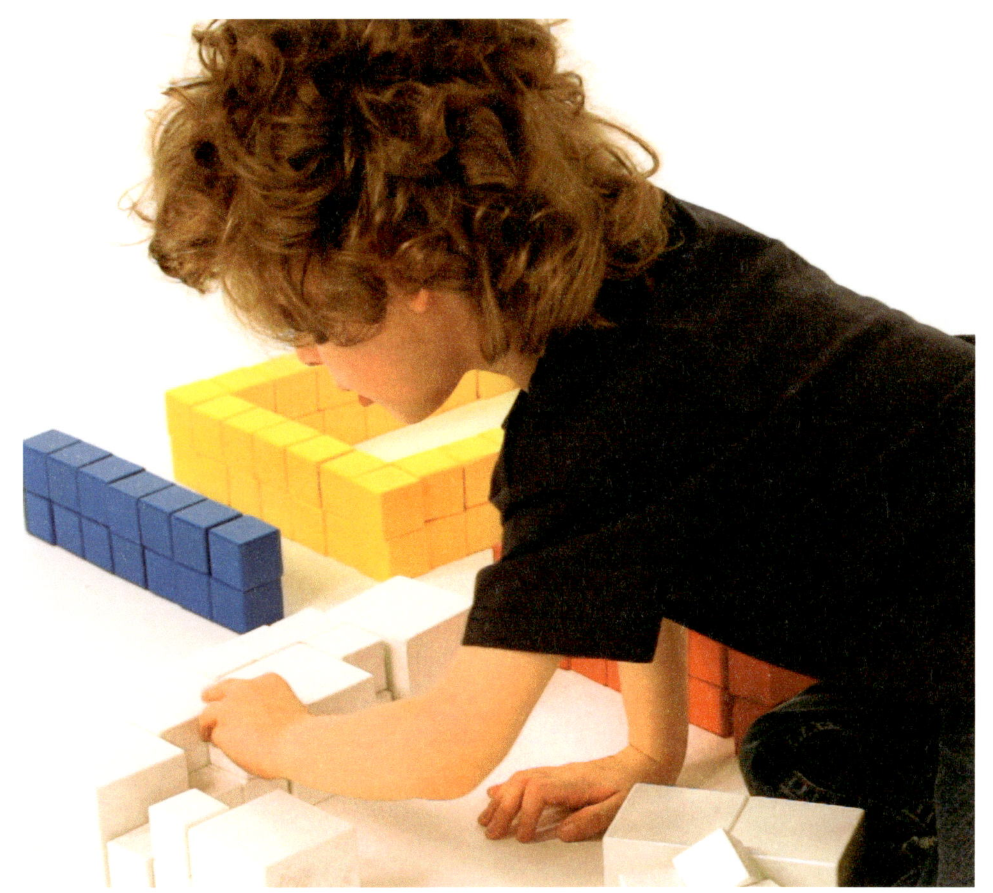

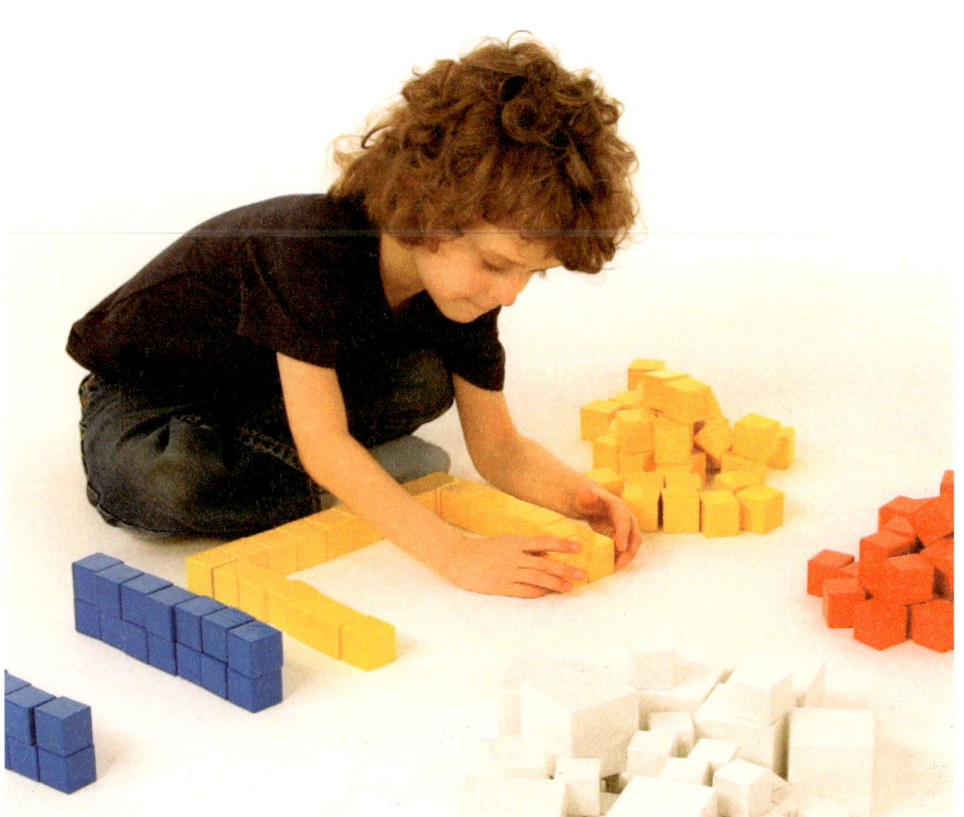

Priscila Fernandes, <u>Product of Play</u>, 2011

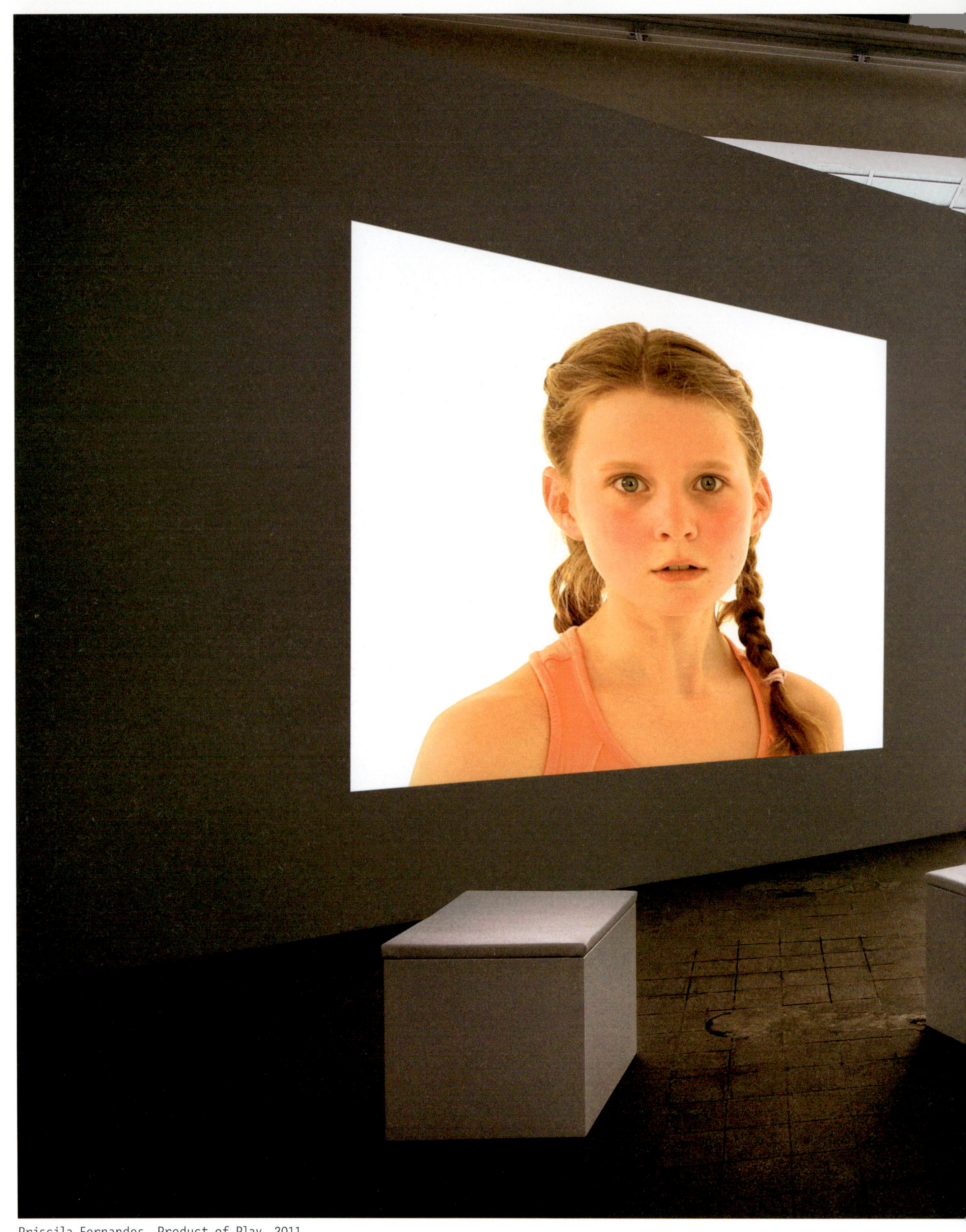

Priscila Fernandes, <u>Product of Play</u>, 2011
HD video projectie, kleur, geluid/HD video projection, colour, sound, 4 min. 3 sec. (loop)

Short List

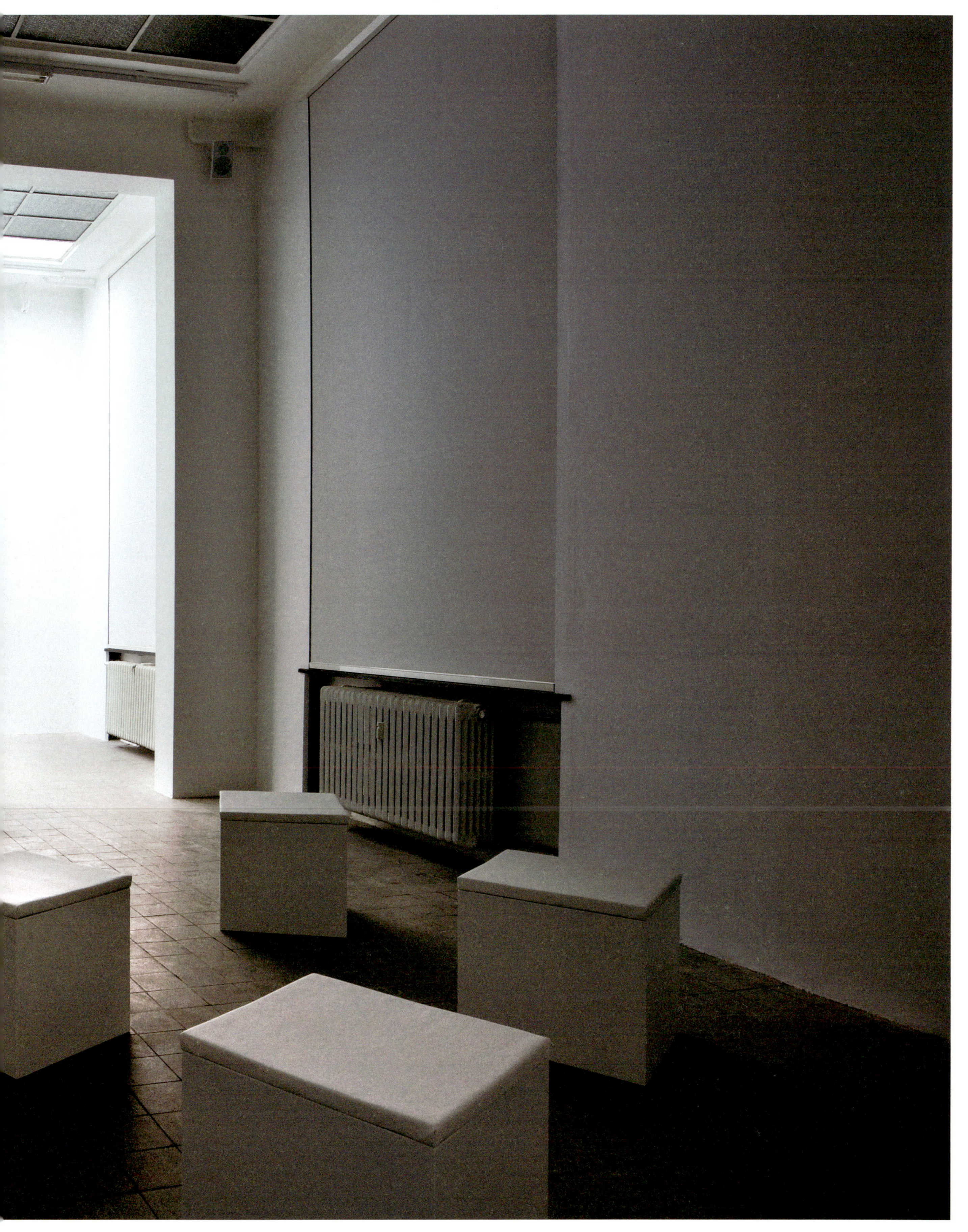

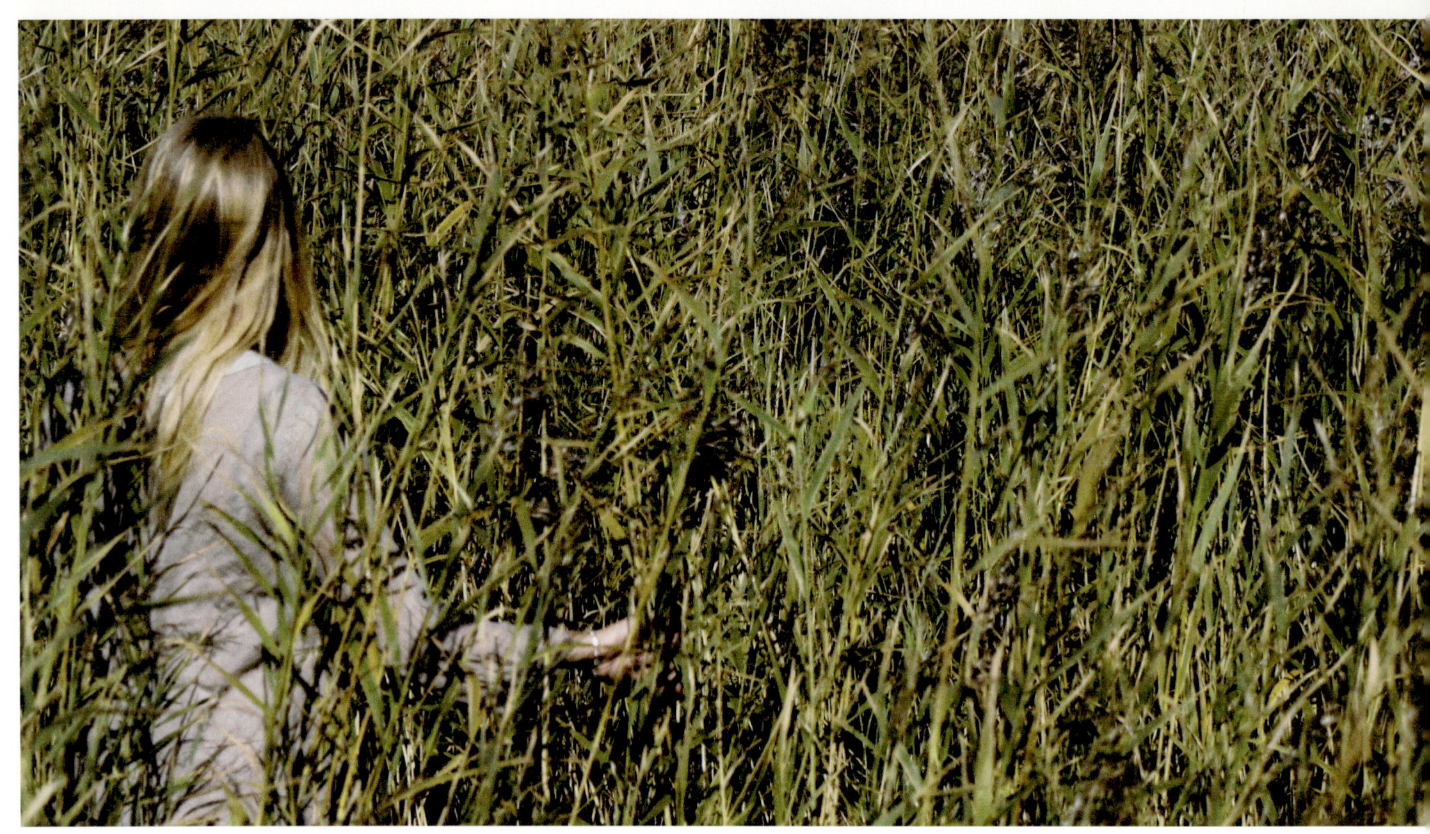

Ben Pointeker, <u>Splitter</u>, 2011
video geprojecteerd op plexiglas, kleur, zonder geluid/
video, rear projection on plexiglass screen, colour, silent
8 min, 30 sec, scherm/screen 100 x 178 cm

Ben Pointeker

basisprijs/basic prize

'Ik heb beweging nodig om te denken.' Ben Pointeker is resoluut in zijn conclusies, al worden die soms pas na lange aarzelingen gearticuleerd. Foto's maken kan hij niet, zegt hij, want wat daaraan ontbreekt is het element van tijd, beweging. Zijn meest recente videowerken bestaan uit een eindeloze hoeveelheid bevroren beelden die achter elkaar geplaatst een heel eigen ritme krijgen. 'Een beetje als poëzie, maar al dit soort vergelijkingen gaan eigenlijk mank', vindt hij zelf.
Ik moet denken aan de gedichten van Hans Faverey, waarin de dingen plaatsvinden 'tussen nog niet en nooit meer', en 'Zo er iets beweegt/is dit eerder een siddering/die door het gras gaat', in een 'huiverend hier', waarin een 'onstelpbaar wegzijn' wordt onthuld. Poëzie die is doortrokken van een intellectuele nervositeit, op de rand van verschijnen en verdwijnen, die een emotionele lenigheid of rusteloosheid bezit die zich niet hecht aan een duidelijk omlijnd personage. Hetzelfde geldt voor het werk van Pointeker, waarin wel mensfiguren optreden (zoals de twee vrouwen op een monumentale berg in Erdkörper (Suns of Temper) uit 2010), maar ze zijn 'more like a tree or a mountain', geeft hij toe, geen personages met een eigen psychologie waar de toeschouwer de emotie die zijn werk losmaakt op zou kunnen projecteren. Het zijn de beelden zelf die dienen als actoren; geïsoleerd van een context zijn het losgezongen zelfstandige entiteiten die opflakkeren in het zwart dat elke _still_ in temporele zin omhult.
Waar in . ...:.:...:::ccccoCCoooo:: (2007) nog cinematografische sporen aanwijsbaar zijn, sprake is van een spanningsopbouw en scènes, is in later werk elk moment steeds meer op zichzelf komen te staan. In eerder werk werd je nog zijn films ingezogen; nu kijk je niet langer náár iets, maar staat vooral het kijken zelf centraal. De aanwezigheid, de _presence_, van het beeld zelf, is het belangrijkste geworden. In zijn nieuwste werk, waarmee Pointeker meedingt naar de Prix de Rome, Splitter (2011), gaan verschillende 'moving images' een

'I need movement to be able to think.' Ben Pointeker is resolute in his conclusions, although they are sometimes only articulated after a long period of hesitation. He can't make photos, he says, because the element of time and movement is missing. His most recent video works consist of an endless number of frozen images that achieve a highly individual rhythm when placed in sequence. 'A little like poetry, but all these kinds of comparisons fall short, actually,' in his opinion.
It reminds me of the poems of Hans Faverey, where things occur 'between not yet and never again', and 'So something stirs/is this rather a shudder/that runs through the grass', in a 'trembling here', where an 'unstoppable being away' is revealed. Poetry that is pervaded with intellectual nervousness, on the verge of appearing and disappearing, which possesses an emotional suppleness or restlessness that does not get attached to a clearly outlined personage. The same is true of Pointeker's work, in which human figures do appear (for instance, the two women on a monumental mountain in Erdkörper (Suns of Temper) from 2010), but they are 'more like a tree or a mountain', he admits, not characters with their own psychology on which the viewer could project the emotion that his work releases. The images themselves are the actors; removed from a context they are independent entities that have broken free and are flaring up in the darkness that surrounds each still in temporal terms. Whereas in . ...:.:...:::ccccoC-Coooo:: (2007) there are still demonstrable cinematic traces — there are scenes and a build-up of tension — in later work each moment stands increasingly alone. In earlier work, you were still drawn into his films; now you are no longer looking at something, the act of looking itself is central.

The _presence_ of the image has become the most important element. In his latest work, which is Pointeker's entry for the Prix de Rome, Splitter (2011) various moving images enter into a relationship with each other. Their coherence is not determined by a narrative structure, although his video certainly does have a beginning and an end. However, the intervening time span is not filled with traditional narrative elements (such as characters or plot), but by tempo changes, rhythm and movement. Through the precise manner in which the movements are choreographed, the images acquire an almost physical dimension, to which the viewer must relate at a different level than traditional cinema. Normally, Pointeker spends much longer on a work than the stipulated three-and-a-half month period given to the shortlist artists to create something new. From an abundance of images ('I throw away 90 per cent') he distils a tableau with which he sets to work. His videos have a recognizable signature and the images he chooses are to some extent 'family' of each other.

relatie met elkaar aan. Hun samenhang wordt niet bepaald door een narratieve structuur, al heeft zijn video wel degelijk een begin en een eind. De tijdspanne daartussen wordt echter niet door traditioneel verhalende elementen ingevuld (zoals personages of plot), maar door tempowisselingen, ritme, 'movement'. De beelden verwerven door de precieze wijze waarop de bewegingen zijn gechoreografeerd een bijna fysieke dimensie, waartoe de kijker zich op een ander niveau moet verhouden dan bij tradionele cinema. Normaal gesproken werkt Pointeker veel langer aan een werk dan de voorgeschreven drieëneenhalve maand die is ingeruimd voor de werkperiode van de short-list-kunstenaars om tot iets nieuws te komen. Uit een veelheid van beelden ('90 procent gooi ik weg') destilleert hij een tableau waarmee hij aan de slag gaat. Zijn video's hebben een herkenbare signatuur en de beelden die hij kiest zijn in zekere zin 'familie' van elkaar.

Pointekers werk is persoonlijk, maar niet op een expressieve manier. Het persoonlijke zit hem in de spanning die het beeld, of de eindeloze variatie van het beeld (het ritme), oproept. Dat nerveuze, rusteloze, en ook melancholische beeld dat zichzelf voortdurend hernieuwt en nergens tot stilstand (of tot rust) komt. De strategie die hij aanwendt in zijn werk, een schier oneindige opeenvolging van stilstaande beelden, lijkt terug te voeren op de fundamenten van 'animatie' – anima betekent 'ziel' of 'levenskracht' in het Latijn, maar ook 'adem'. Animatie is het 'bezielen' van levenloze objecten.

Maar in Pointekers werk wordt niet zozeer het levenloze object ('a tree or a mountain') bezield, als wel levenskracht opgewekt in het beeld zelf. Niet een monumentale kracht, maar een uiterst *momentele* kracht, die misschien uitdrukking geeft aan wat Faverey omschreef als 'het in zijn nu verblijvend hier' ('Al inkerend tot zichzelf./ Eerst zichtbaar geworden/ wordt het verstaan').

Pointeker's work is personal, but not in an expressive way. The personal element comes from the tension evoked by the image, or the endless variation of the image (the rhythm): that nervous, restless and also melancholy image that constantly renews itself and never comes to a halt (or to rest). The strategy he applies to his work, an almost endless series of still images, seems to have its origins in the foundations of 'animation' – anima means 'soul' or 'life force' in Latin, but also 'breath'. Animation is breathing life into inanimate objects.

But in Pointeker's work, it is not so much the lifeless object ('a tree or a mountain') that is given a soul, it is rather the life force generated in the image itself. Not a monumental force but an extremely *momentary* force, which perhaps expresses what Faverey described as 'the here remaining in its now' ('While turning inwards./ By first becoming visible/ it is understood').

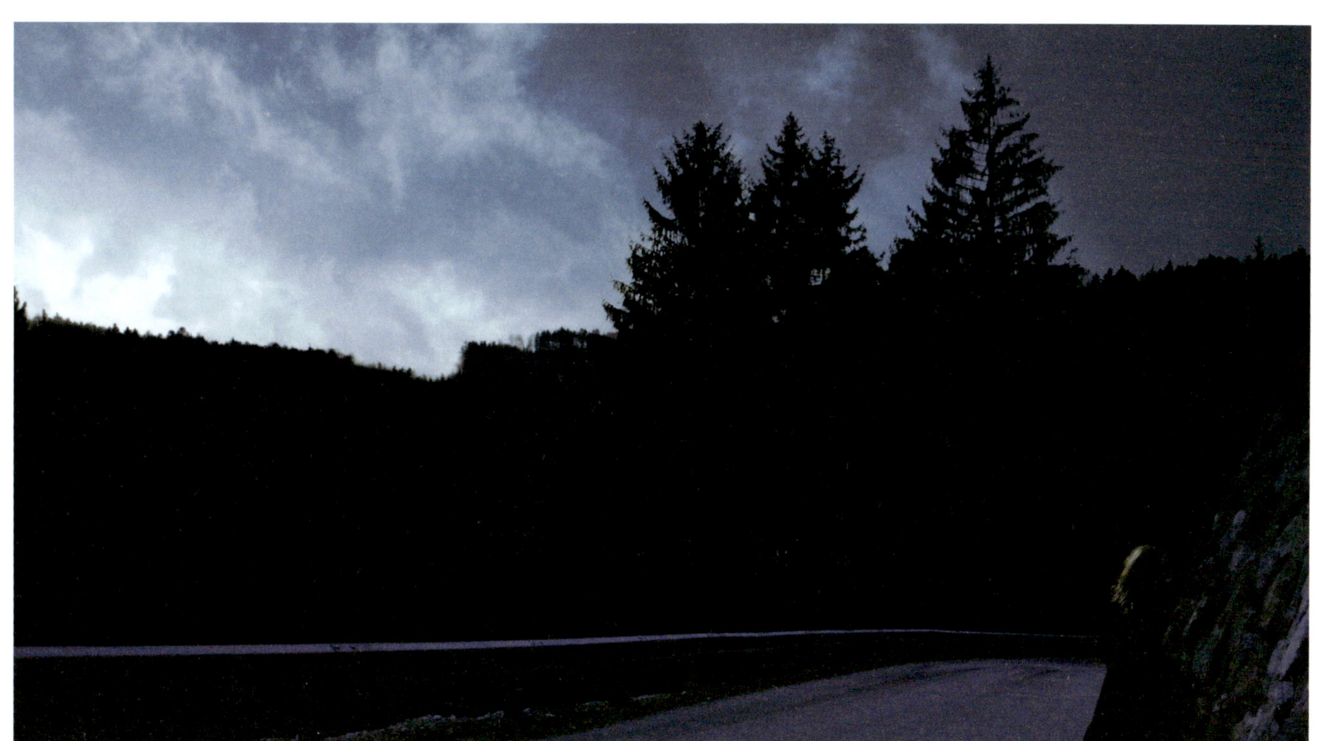

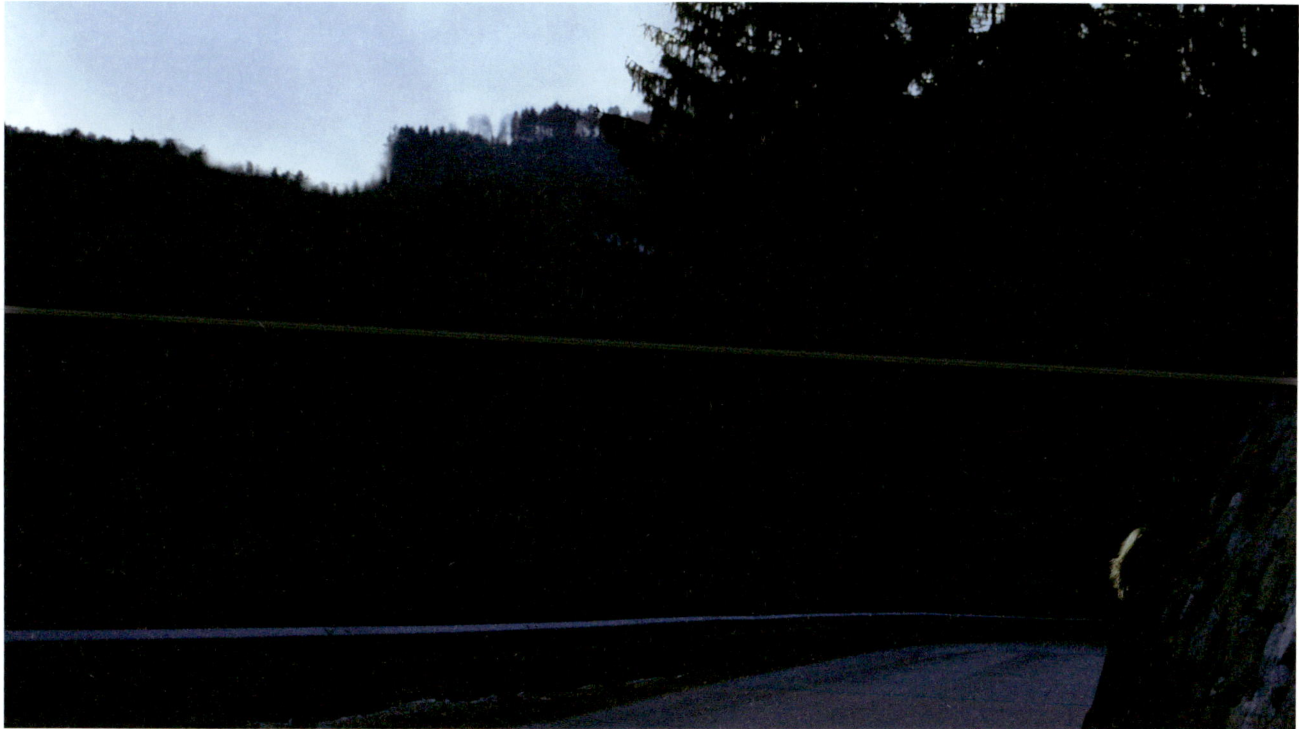

Ben Pointeker, <u>Splitter</u>, 2011

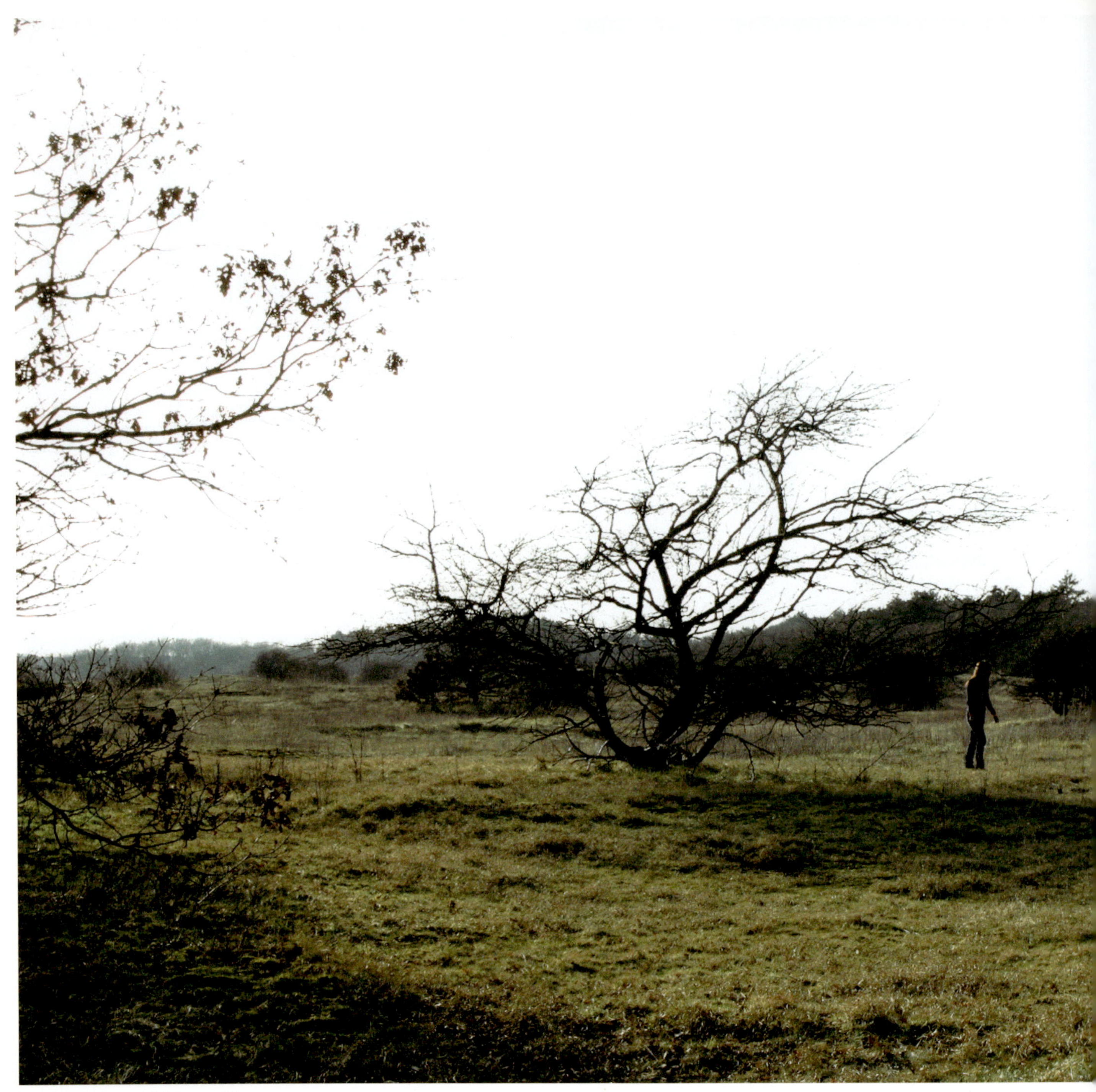

Ben Pointeker, <u>Splitter</u>, 2011

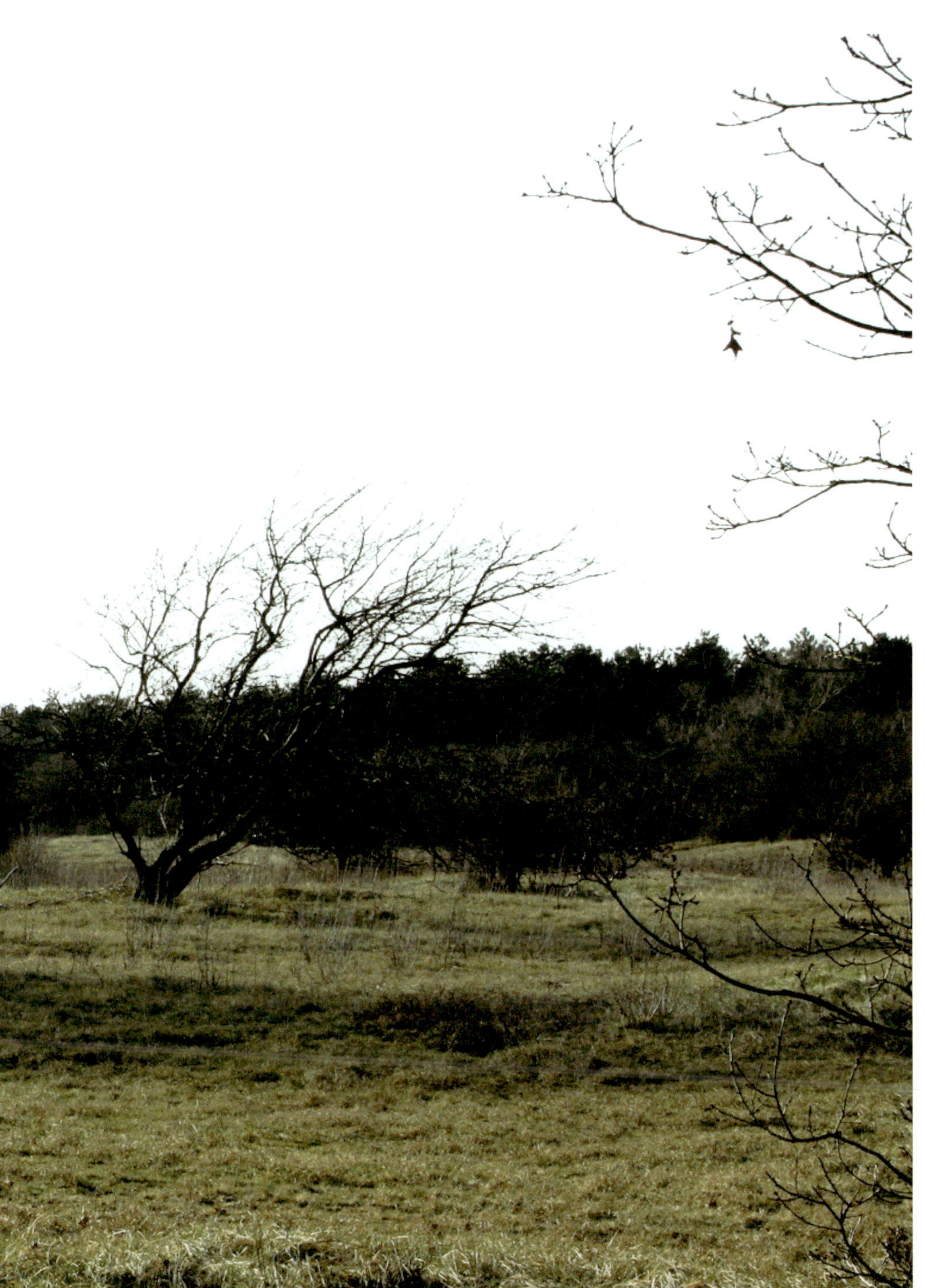

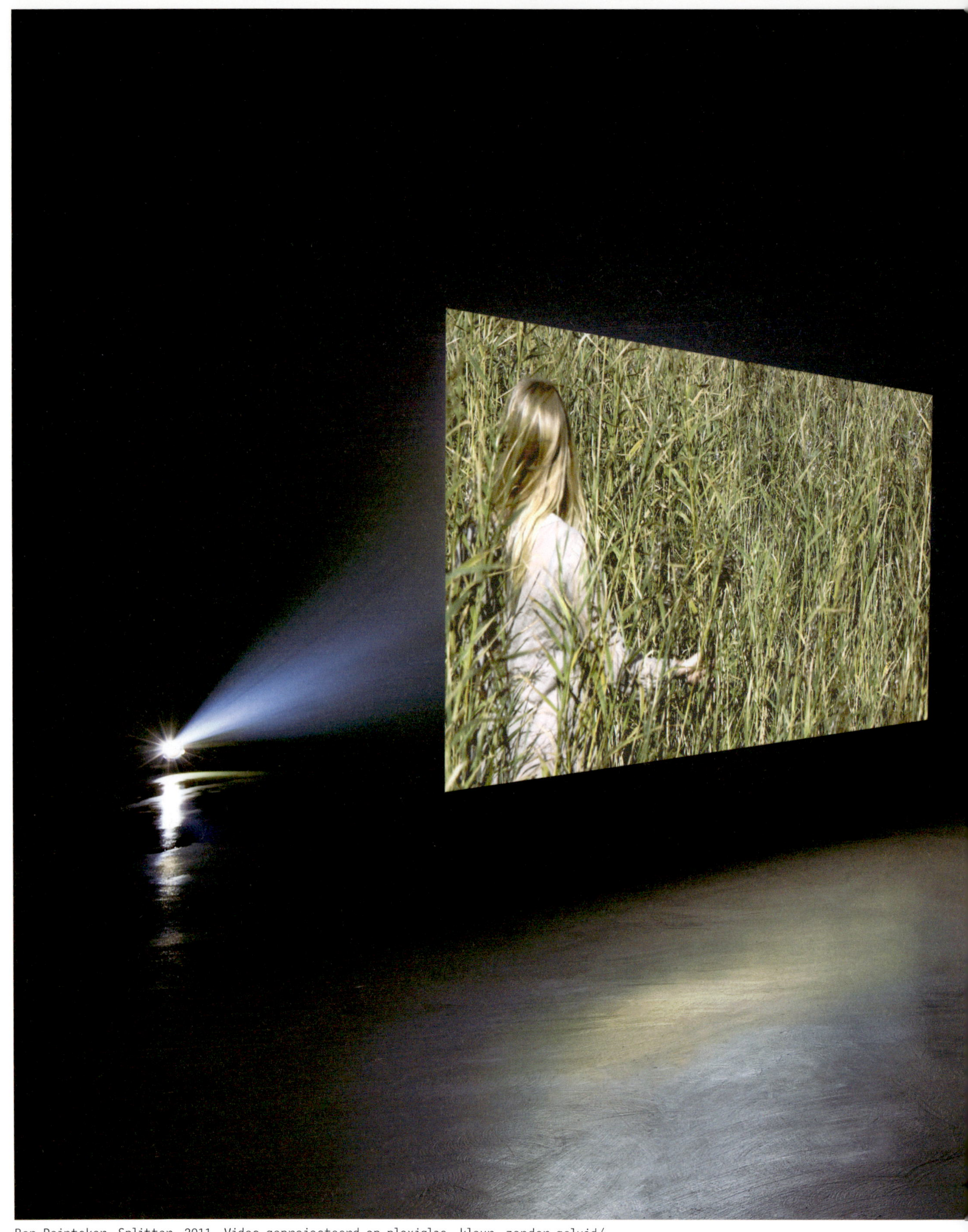

Ben Pointeker, <u>Splitter</u>, 2011, Video geprojecteerd op plexiglas, kleur, zonder geluid/
video, rear projection on plexiglass screen, colour, silent, 8 min, 30 sec, scherm/screen 100 x 178 cm

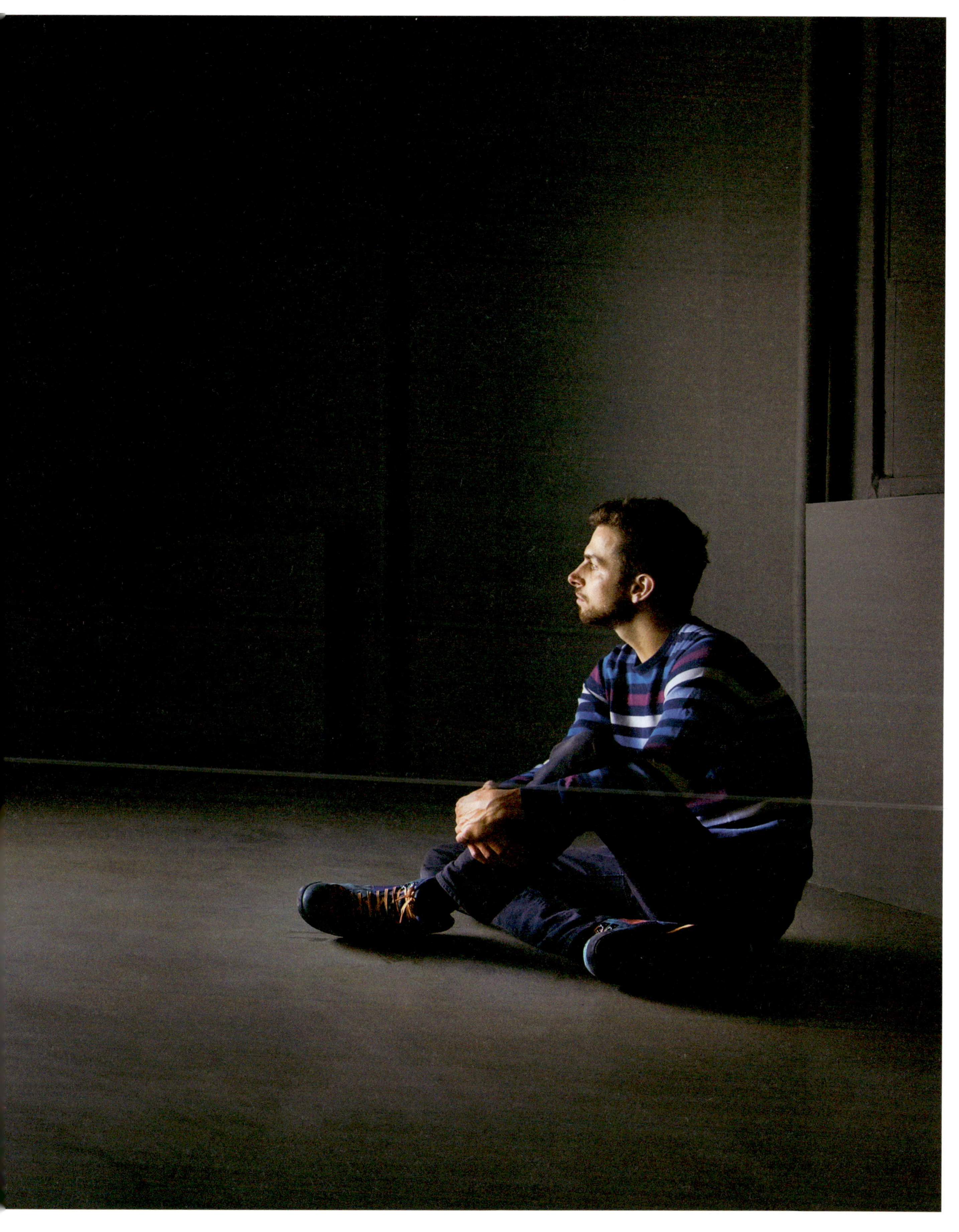

FEITEN
FACTS

Geschiedenis

De Prix de Rome is in 1666 in Frankrijk ingesteld door Lodewijk XIV en in 1808 in Nederland ingevoerd door Lodewijk Napoleon. Bij de oprichting in 1870 kreeg de Rijksakademie de uitvoering van de Prix de Rome als taak opgedragen. Tegenwoordig is dit instituut een internationale Research Residency en beheert het een bibliotheek en hedendaagse en historische kunstcollecties die teruggaan tot in de zeventiende eeuw.

Centrale doelstelling bij alle activiteiten van de Rijksakademie is 'het faciliteren van de ontwikkeling van individuele kunstenaars en van kunstenaarschap, gericht op excellentie en professionalisering'. De doelen van de Prix de Rome zijn het traceren van talent en het signaleren van trends in Nederland in een internationale context.

De Prix de Rome kent onder de winnaars vermaarde architecten als Cornelis van Eesteren (1921), Arthur Staal (1935), Wim Quist (1958), Piet Blom (1962), Adriaan Geuze (1990), Ronald Rietveld (2006) en Olv Klijn (2010) en kunstenaars als Pier Pander (1885), Jan Sluijters (1904), Pieter Defesche (1949), Erik Andriesse (1988), Viviane Sassen (2007) en Nicoline van Harskamp (2009).

Gedurende de meer dan 200 jaar van zijn bestaan heeft de Prix de Rome verschillende gedaanteverwisselingen doorgemaakt. Rode draad bleef daarbij de concentratie op de jongere generatie kunstenaars en architecten in Nederland. De meest recente aanpassingen zijn in 2005 doorgevoerd. De prijsgelden zijn in dat jaar verhoogd en het aantal categorieën werd teruggebracht tot twee. Met de Prix de Rome Beeldende Kunst eenmaal per twee jaar en de Prix de Rome Architectuur eenmaal per vier jaar heeft een nieuwe fase van de Prix de Rome vorm gekregen.

Prix de Rome Beeldende Kunst

De Prix de Rome Beeldende Kunst is een wedstrijd voor beeldend kunstenaars tot 35 jaar die minimaal twee jaar in Nederland woonachtig zijn. Transparantie van het juryproces staat voorop. De wedstrijd kent drie fasen: een anonieme voorronde (het selectiedeel), de eindronde (werkperiode) en de publieke presentatie met een publicatie, tentoonstelling en prijsuitreiking.

In de voorronde in november worden diegenen die zich voor de Prix de Rome hebben aangemeld en voldoen aan de criteria beoordeeld op grond van documentatie van werk van de afgelopen drie jaar. Op basis van de ingediende documentatie – visueel en geschreven – selecteert de jury tien kandidaten. Zij vormen de

History

The Prix de Rome was instituted in France by Louis XIV in 1666 and introduced in the Netherlands by Louis Napoleon in 1808. When the Rijksakademie was founded in 1870, administration of the Prix de Rome was brought under its aegis. These days, the institute is an international Research Residency and manages a library and contemporary and historical collections dating back to the seventeenth century.

The central objective of all the Rijksakademie's activities is the 'development of individual artists and artistic vocation, focused on excellence and professionalization'. The aims of the Prix de Rome are to trace talent and identify trends in the Netherlands in an international context.

Past winners of the Prix de Rome include renowned architects such as Cornelis van Eesteren (1921), Arthur Staal (1935), Wim Quist (1958), Piet Blom (1962), Adriaan Geuze (1990), Ronald Rietveld (2006) and Olv Klijn (2010) and artists such as Pier Pander (1885), Jan Sluijters (1904), Pieter Defesche (1949), Erik Andriesse (1988), Viviane Sassen (2007) and Nicoline van Harskamp (2009). During its more than 200 year history, the Prix de Rome has undergone various transformations. However, concentration on the younger generation of artists and architects in the Netherlands has remained its central theme. The most recent changes were implemented in 2005. In that year, the prize money was raised and the number of categories was reduced to two. With the Prix de Rome Visual Art being awarded once every two years and the Prix de Rome Architecture once every four years, a new phase of the Prix de Rome was ushered in.

Prix de Rome Visual Art

The Prix de Rome Visual Art is a competition for visual artists younger than 35 who have lived in the Netherlands for at least two years. Transparency in the judging procedure is of paramount importance.

There are three phases to the Prix de Rome: an anonymous preliminary round (the selection phase), the final round (the working period) and public presentation via a publication, an exhibition and the award ceremony.

In the preliminary round held in November, the artists who have applied for the Prix de Rome and who meet the criteria are assessed on the basis of documentation of work produced in the previous three years. Based on the documentation submitted – visual and written – the jury selects ten candidates. These artists make up the long list and are included in the exhibition and the publication. The artists on the long list are invited to submit original work. During the second round in December, the jury assesses the original work and discusses it

| Feiten/Facts

long list, die in de tentoonstelling en de publicatie wordt opgenomen. De kunstenaars van de long list worden uitgenodigd om origineel werk te tonen. Tijdens de tweede juryronde in december bekijkt de jury het originele werk en spreekt erover met de kunstenaar. De juryronde wordt besloten met een keuze van maximaal vier genomineerden; deze kunstenaars, de zogenaamde short list, gaan door naar de eindronde.
De eindronde bestaat uit een werkperiode van circa 3,5 maanden waarin de short-listkunstenaars de beschikking krijgen over een atelier en technische ondersteuning in de Rijksakademie van beeldende kunsten in Amsterdam.
De kunstenaars van de short list maken in deze werkperiode nieuw werk dat wordt gepresenteerd in een tentoonstelling waar ook het werk van de long-listkunstenaars te zien is.
De tentoonstellingsruimte voor de Prix de Rome Beeldende Kunst 2011 is SMART Project Space in Amsterdam.
De eindbeoordeling door de jury vindt tijdens de tentoonstelling plaats. Enkele weken later wordt op feestelijke wijze de winnaar bekendgemaakt en de juryrapportage verspreid.
Het prijzengeld wordt als volgt verdeeld: de eerste prijs bedraagt 45.000 euro, de tweede prijs 20.000 euro en de twee basisprijzen elk 10.000 euro. Naast deze geldbedragen kunnen de werkperiode in de Rijksakademie, de tentoonstelling, de publicatie en alle bijbehorende media-aandacht ook tot de beloning gerekend worden.

Publieksprogrammering

Hoewel de Prix de Rome vanaf de zeventiende eeuw in Frankrijk en een aantal andere naties werd uitgereikt, is de prijs met name in Nederland steeds opnieuw geactualiseerd en aantrekkelijk gebleven voor jong talent.
Door middel van een tentoonstelling, een publicatie met het juryverslag, aandacht in de vakbladen en op de televisie en een feestelijke prijsuitreiking wordt het publiek geïnformeerd en betrokken. Educatie, online communicatie en nieuwe media spelen hierbij een steeds grotere rol. Het werk van de kunstenaars is bij alle programmering leidraad.

Samenwerking

De Prix de Rome 2011 Beeldende Kunst wordt georganiseerd door de Rijksakademie van beeldende kunsten in samenwerking met SNS REAAL Fonds, Stichting Gieskes-Strijbis Fonds, KPN, Inbo, SMART Project Space, AVRO Kunstuur, NAi Uitgevers, de Prijs voor de Jonge Kunstkritiek, Kunstbeeld en IMC Weekendschool.
De Rijksakademie biedt, naast supervisie en productieonder- steuning, residency-plaatsen aan de short-listkunstenaars.
De prijs wordt verwezenlijkt met de steun van het Ministerie van OCW en het Trustfonds Rijksakademie.

www.prixderome.nl
www.facebook.com/prixderome
www.twitter.com/prixderome

with the artist. This round is closed with the selection of not more than four candidates; these artists, the so-called short list, go through to the final round.
The final round comprises a working period of approximately three-and-a-half months, during which time each artist has a studio at the Rijksakademie Amsterdam and technical support put at their disposal.
During this working period, the short list artists create new work that will be presented at an exhibition, together with the work of the long list artists. The exhibition space for the Prix de Rome Visual Art 2011 is SMART Project Space in Amsterdam.
The final judging takes place during the exhibition. The winner is announced at an award ceremony held several weeks later and the jury report is published.
The prize money is divided up as follows: the first prize is € 45.000, the second prize € 20.000, and there are two runners-up prizes of € 10.000 each. In addition to these cash prizes, the working period in the Rijksakademie, the exhibition, the publication and all the accompanying media attention can also be considered a reward.

Public Programme

Although the Prix de Rome has been awarded since the 17th century in France and a number of other countries, the prize in the Netherlands especially has been actualized time and again and has remained attractive for young talent.
The public is informed and involved by means of an exhibition, a publication containing the jury report, attention in the profes- sional press and on television and an award ceremony. Education, on-line communication and new media play an increasingly important role.
The artists' work is taken as the guiding principle in every element of the programme.

Collaboration

The Prix de Rome Visual Art 2011 is organized by the Rijksakademie in collaboration with SNS REAAL Fonds, Stichting Gieskes-Strijbis Fonds, KPN, Inbo, SMART Project Space, AVRO Kunstuur, NAi Publishers, de Prijs voor de Jonge Kunstkritiek, Kunstbeeld and IMC Weekendschool.
In addition to supervision and production support, the Rijks- akademie provides the short list artists with residencies. The prize is made possible with the support of the Ministry of Education, Culture and Science and the Rijksakademie Trust Fund.

www.prixderome.nl
www.facebook.com/prixderome
www.twitter.com/prixderome

BIOGRAFIEËN
BIOGRAPHIES

Hendrik Driessen (1952, Heemstede, NL)
Voorzitter

Hendrik Driessen is sinds de oprichting in 1989 directeur van De Pont museum voor hedendaagse kunst, Tilburg, dat in 1992 werd geopend. De Pont beschikt over een verzameling belangrijke ensembles van kunstenaars als Sigmar Polke, Gerhard Richter, Richard Serra en James Turrell, aangevuld met werken van jongere kunstenaars als Tacita Dean, Roni Horn, Anton Henning, Anri Sala, Fiona Tan en Luc Tuymans.

Driessen begon zijn museale loopbaan in 1977 als conservator publieksbegeleiding bij Pierre Janssen in het Arnhems Gemeentemuseum. Vanaf 1978 werkte hij bijna acht jaar in het Stedelijk Museum Amsterdam. Hier werkte hij mee aan nieuwe educatieve programma's en pionierde hij met de eerste vormen van sponsoring in de museale sector. Van 1986 tot 1989 werkte Driessen als hoofdconservator en adjunct-directeur in het Van Abbemuseum in Eindhoven.

Driessen bekleedt verschillende nevenfuncties, waaronder bestuurlijke bij de Appel en bij het fotomuseum Huis Marseille in Amsterdam. Hij was tot begin 2011 bestuurslid van het Fonds BKVB en bereidde daar onder meer de fusie met de Mondriaan Stichting voor.

Silke Otto-Knapp (1970, Osnabrück, DE)

Kunstenaar Silke Otto-Knapp studeerde aan het Chelsea College of Art & Design in Londen en behaalde een titel in culturele studies aan de universiteit van Hildesheim (DE). Zij schildert aquarellen en gouaches op linnen. In haar meest recente werk onderzoekt zij de ruimtelijke relatie tussen het theatrale en het picturale in geënsceneerde situaties en gechoreografeerde opstellingen. De beelden zijn vaak gebaseerd op willekeurig fotomateriaal en weergegeven in doorschijnende kleurlaagjes of in schemerige zilvertinten op linnen. Otto-Knapp had solotentoonstellingen in onder meer de Tate Britain, de Kunstverein München en in Modern Art Oxford.

Sung Hwan Kim (1975, Seoul, KR)

Kunstenaar Sung Hwan Kim studeerde aan het MIT, Cambridge, en aan het Williams College, Wiliamstown, beide in de Verenigde Staten. In 2004–2005 was hij *artist-in-residence* aan de Rijksakademie. In 2007 won hij de Hermès Korea Art Prize en tevens de tweede prijs in de PRIXDEROME.NL 2007 Beeldende Kunst. In 2010 won hij samen met David Michael DiGregorio (alias dogr) de Karl-Sczuka-Förderpreis voor hoorspelen in Duitsland. Hij werkt vaak samen met anderen, waarbij de communicatie tussen hem en zijn collega's het leidmotief vormt van het proces. In het uiteindelijke resultaat creëert hij een persoonlijke beeldtaal. Recente solotentoonstellingen waren in Kunsthalle Basel (2011), Queens Museum of Art (2011), Tranzitdisplay Praag (2010), Haus der Kunst München (2010), MIT List Visual Arts Center Cambridge (MA) (2009), Wilkinson Gallery Londen (2009) en Witte de With Rotterdam (2008).

Pedro Cabrita Reis (1956, Lisbon, PT)

Kunstenaar Pedro Cabrita Reis studeerde schilderkunst aan de Kunstacademie van Lissabon (ESBAL). Sinds begin jaren negentig zijn huizen, huisvesting, architectuur en territorium zijn belangrijkste thema's.

Hij maakt zijn werken van alledaagse voorwerpen zoals tafels en stoelen, deuren en ramen, die hij combineert met industriële materialen zoals tl-buizen, glasplaten, stalen binten en vezelplaten, die voortdurend verwijzen naar de gebouwde omgeving waarin wij leven. Het werk van Cabrita Reis was te zien op internationale tentoonstellingen als Documenta IX (1992) en de Lyon Biënnale (2009). In 2003 vertegenwoordigde hij Portugal op de Biënnale van Venetië. Vanaf november 2009 reist een grootschalige retrospectieve tentoonstelling van zijn werk, met tekeningen, schilderijen, foto's en sculpturen (vanaf 1986 tot heden). De tentoonstelling startte in de Hamburger Kunsthalle, waarna presentaties volgden in Carré d'Art, Nîmes en het M-museum of Contemporary Art, Leuven, de laatste presentatie vindt plaats in het Berardo Collection Museum in Lissabon.

Wendelien van Oldenborgh (1962, Rotterdam, NL)

Wendelien van Oldenborgh is een kunstenaar die maatschappelijke verhoudingen onderzoekt door middel van het verkennen van gebaren in het openbare domein. Van Oldenborgh hanteert vaak het format van een openbare filmopname, waarbij zij samenwerkt met anderen in wisselende scenario's om samen een script te produceren. Het eindresultaat kan een film zijn of een andere vorm van projectie. Recent werk: *Pertinho de Alphaville* (gecoproduceerd door de 29e Biënnale van São Paulo, 2010), *Lina Bo Bardi: The Didactic Room* (2010), *Après la reprise, la prise* (2009), *Instruction* (2009), *Lecture/Audience/Camera* (2008), *No False Echoes* (2008) en *Maurits Script* (2006). Momenteel ontwikkelt Van Oldenborgh een nieuw werk (mede in opdracht van *If I can't dance, I don't want to be part of your revolution*) voor het Deense paviljoen van de Biënnale van Venetië 2011. In de afgelopen jaren heeft ze geëxposeerd bij onder meer de Generali Foundation Wenen, Berlinale: International Film Festival Berlin, Stedelijk Museum Amsterdam, Muhka Antwerpen, A Space Gallery Toronto, Art Sheffield, ICA London, de Internationale Kurzfilmtage Oberhausen, de São Paulo Biënnale 2010 en de Istanbul Biënnale 2009. In het academisch jaar 2009/2010 was ze gastdocent 'Kunst und Kommunikatieve Praxis' aan de Universität für Angewandte Kunst in Wenen. Momenteel geeft ze les aan masterstudenten 'Artistic Research' van de Koninklijke Academie van Beeldende Kunsten in Den Haag.

Adam Szymczyk (1970, Piotrków Trybunalski, PL)

Adam Szymczyk is directeur en hoofdconservator van de Kunsthalle Basel. Hij studeerde kunstgeschiedenis aan de universiteit van Warschau. In 1997 was hij een van de oprichters van de Foksal Gallery Foundation in Warschau, die zich richt op het ondersteunen van kunstenaars en het bevorderen van de hedendaagse kunst in Polen door middel van tentoonstellingen en publicaties. Tot 2003 was hij werkzaam als tentoonstellingsmaker en schrijver in Warschau, waarna hij zijn huidige functie bij de Kunsthalle Basel ging bekleden. Daar heeft hij al vele tentoonstellingen georganiseerd, waaronder 'Rosalind Nashashibi: Over In' (2004); 'Artur Zmijewski' (2005); 'Nairy Baghramian: Es ist ausser Haus' (2006); 'Micol Assaël: Chizhevsky Lessons' (2007); 'Alexandra Bachzetsis: Show' (2008); 'Danh Vo: Where the Lions Are' (2009) en 'Moyra Davey: Speaker Receiver' (2010). In 2008 programmeerde hij samen met Elena Filipovic de 5e Berlin Biennale, onder de titel 'When Things Cast No Shadow'. Szymczyk schrijft catalogi bij tentoonstellingen en publiceert daarnaast regelmatig artikelen in publicaties als *Parkett, Frieze, Flash Art, Fluid, Kunstbulletin* en *Spike*.

Els van Odijk (1953, Wijk Bij Duurstede, NL)
Secretaris Prix de Rome (zonder stemrecht)
Directeur Rijksakademie van beeldende kunsten, Amsterdam

Els van Odijk studeerde kunstgeschiedenis aan de Universiteit Utrecht. Sinds 1986 is zij verbonden aan de Rijksakademie van beeldende kunsten, eerst als coördinator internationale projecten, verantwoordelijk voor internationale contacten en diverse projecten. Tevens gaf ze leiding aan het Studium Generale (theorieafdeling). Sinds 2000 is ze directielid en vanaf mei 2010 is ze algemeen directeur Rijksakademie en secretaris van de Prix de Rome. In 1999 startte zij het project RAIN Artists Initiatives Network, een samenwerkingsproject met het Ministerie van Buitenlandse Zaken/Ontwikkelingssamenwerking met Azië, Afrika, Midden- en Zuid-Amerika. Van Odijk is lid van diverse besturen en adviescommissies, waaronder de Raad van Advies van Dutch Design Den Haag, bestuurslid van Art Table Nederland, voorzitter van Productiehuis Toneelschuur Haarlem en bestuursvoorzitter van het tijdschrift *Jong Holland*.

Hendrik Driessen

(1952, Heemstede, NL)
President
Hendrik Driessen has been the director of the De Pont museum for contemporary art in Tilburg since 1989; the museum opened its doors in 1992. The De Pont collection contains important ensembles of works by artists such as Sigmar Polke, Gerhard Richter, Richard Serra and James Turrell, supplemented with the works of younger artists such as Tacita Dean, Roni Horn, Anton Henning, Anri Sala, Fiona Tan and Luc Tuymans.
Driessen's career in museums began in 1977 as the curator of public services/supervision with Pierre Janssen at the Gemeentemuseum in Arnhem. From 1978 onwards, he worked for almost eight years at the Stedelijk Museum Amsterdam; here he participated in new educational programmes and was a pioneer with the first forms of sponsoring in the museum sector. From 1986 to 1989, Driessen worked as chief curator and deputy director at the Van Abbemuseum in Eindhoven. Driessen held several secondary offices, including managerial functions at the Appel and the Huis Marseille photography museum in Amsterdam. He was a member of the board of the Fonds BKVB (Netherlands Foundation for Visual Arts, Design and Architecture) until the beginning of 2011. His tasks there included the preparation for the merger with the Mondriaan Foundation.

Silke Otto-Knapp

(1970, Osnabrück, DE)
Artist Silke Otto-Knapp studied at the Chelsea College of Art and Design in London and received a degree in Cultural Studies from the University of Hildesheim (DE). In her paintings she works with watercolour and gouache on canvas. Her recent paintings investigate the relationship of theatrical space to pictorial space in staged situations and choreographed formations. The images are often based on found photographic sources and are rendered in translucent washes of colour or shimmering monotones of silver gouache on canvas. Solo exhibitions of Otto-Knapp's work have been organized by the Tate Britain, the Kunstverein Munich and Modern Art Oxford.

Sung Hwan Kim

(1975, Seoul, KR)
Artist Sung Hwan Kim studied at both the MIT in Cambridge and Williams College in Williamstown, both in the USA. From 2004 to 2005 he was a resident at the Rijksakademie. In 2007 he won the Hermès Korea Art Prize and also won second prize in the PRIXDEROME.NL 2007 Visual Art. In 2010, together with David Michael DiGregorio (aka dogr), he won the Karl-Sczuka-Förderpreis for radio plays in Germany. He often works with others on projects where communication between him and his collaborators forms the basis and the leitmotif for the process and the final work. He creates a personal visual language. Recent solo exhibitions include Kunsthalle Basel (2011), Queens Museum of Art, New York (2011), Tranzitdisplay, Prague (2010), Haus der Kunst, Munich (2010), MIT List Visual Arts Center, Cambridge (MA) (2009), Wilkinson Gallery, London (2009) and Witte de With, Rotterdam (2008).

Pedro Cabrita Reis

(1956, Lisbon, PT)
Artist Pedro Cabrita Reis graduated in Painting from the Fine Arts School of Lisbon (ESBAL). Since the early 1990s, his work has revolved around the subjects of homes, housing, architecture and territory. His works are made with everyday objects such as tables and chairs, doors and windows, which he combines with industrial materials such as neon tubes, sheets of glass, steel supports or coarse boards. In his work, he refers to the constructed environment in which we live. Cabrita Reis's work has been shown in international exhibitions such as documenta IX (1992) and the Lyon Biënnale (2009). In 2003 he represented Portugal at the Venice Biennale. A major retrospective of his work, featuring drawings, paintings, photos and sculptures from 1986 till now, as been travelling since November 2009 when it started at Hamburger Kunsthalle, followed by Carré d'Art, Nîmes and M-museum of Contemporary Art, Leuven, having its last venue at Berardo Collection Museum in Lisbon.

Wendelien van Oldenborgh

(1962, Rotterdam, NL)
Wendelien van Oldenborgh is an artist whose practice explores social relations through an investigation of gesture in the public sphere. Van Oldenborgh often uses the format of a public film shoot, collaborating with participants in different scenarios to co-produce a script and orientate the work towards its final outcome, which can be film or other forms of projection. Recent works include *Pertinho de Alphaville* (co-produced by 29e Bienal de São Paulo 2010), *Lina Bo Bardi: The Didactic Room* (2010), *Après la reprise, la prise* (2009), *Instruction* (2009), *Lecture/Audience/Camera* (2008), *No False Echoes* (2008), and *Maurits Script* (2006). She is currently developing a new work (co-commissioned by *If I can't dance, I don't want to be part of your revolution*) for the Danish Pavilion at the Venice Biennale 2011. Her work has been exhibited in recent years at locations such as the Generali Foundation, Vienna, Berlinale: International Film Festival Berlin, Stedelijk Museum Amsterdam, Muhka Antwerp, A Space Gallery Toronto, Art Sheffield, ICA London, the International Short Film Festival Oberhausen, São Paulo Biennial 2010 and the Istanbul Biennial 2009. During the 2009/2010 academic year, she was the professor of Kunst und Kommunikatieve Praxis at the Universität für Angewandte Kunst in Vienna and is currently a lecturer at the Master Artistic Research at the KABK (Royal Academy of Art) in The Hague.

Adam Szymczyk

(1970, Piotrków Trybunalski, PL)
Adam Szymczyk is director and chief curator of the Kunsthalle Basel. He studied art history at the University of Warsaw. In 1997 he was one of the co-founders of Foksal Gallery Foundation in Warsaw, established with the aim of supporting artists and promoting contemporary art in Poland through exhibitions and publications. He continued working as curator and writer in Warsaw until 2003, when he assumed his current posts at Kunsthalle Basel, where he has organized numerous exhibitions, including 'Rosalind Nashashibi: Over In' (2004); 'Artur Zmijewski' (2005); 'Nairy Baghramian: Es ist ausser Haus' (2006); 'Micol Assaël: Chizhevsky Lessons' (2007); 'Alexandra Bachzetsis: Show' (2008); 'Danh Vo: Where the Lions Are' (2009) and 'Moyra Davey: Speaker Receiver' (2010). In 2008 he co-curated, with Elena Filipovic, the 5th Berlin Biennale for Contemporary Art under the title 'When Things Cast No Shadow'. In addition to authoring exhibition catalogues, Szymczyk has also contributed to such publications as *Parkett, Frieze, Flash Art, Fluid, Kunstbulletin* and *Spike*.

Els van Odijk

(1953, Wijk Bij Duurstede, NL)
Secretary of the Prix de Rome (no vote)
Director of the Rijksakademie van beeldende kunsten
Els van Odijk studied art history at the University of Utrecht. Since 1986 she has been associated with the Rijksakademie of visual arts, to begin with as the coordinator of international projects, responsible for international contacts and various projects. She also managed the Studium Generale (theory department). She has been a member of the management team since 2000 and the general director of the Rijksakademie and secretary of the Prix de Rome since May 2010. She started the RAIN Artists Initiatives Network project in 1999: a collaboration project with the Ministry of Foreign Affairs and Development with Asia, Africa and Central and South America. Van Odijk is a member of various boards and advisory committees, including the Advisory Board for Dutch Design The Hague, board member at Art Table Nederland, Chair of the Productiehuis Toneelschuur Haarlem and Chair of the Board of *Jong Holland*.

SHORT LIST/
BIOGRAFIEËN
BIOGRAPHIES

Priscila Fernandes
(1981, Coimbra, PT)
Woont en werkt in/Lives and works in Rotterdam

Opleiding/Education
2008–2010	Piet Zwart Institute, Rotterdam (NL), MA Fine Art
2003–2006	National College of Art and Design, Dublin (IE), BA Painting

Prijzen/Awards
2006	Henry Higgins Travelling Scholarship, RDS Student Art Awards (IE)
2002	2nd Award Fidelidade Jovens Pintores (PT)

Beurzen/Grants
2011	Fonds BKVB, Startstipendium (NL)
2009	Huygens Scholarship Programme (NL)

Solotentoonstellingen (een selectie)/(Selected) Solo Exhibitions
2009	'In Search of the Self', Cavanacor Gallery, Donegal (IE)
2007	'Drosophila Melanogaster', Four Gallery, Dublin (IE)
2003	'supercalifragilistichespiralidoso', Galeria Espaços JUP, Porto (PT)

Groepstentoonstellingen (een selectie)/
(Selected) Group Exhibitions
2010	'Post Dordt', Centrum voor hedendaagse kunst, Dordrecht (NL)
	'Bosch Young Talent Show', St. Joost Academie, 's-Hertogenbosch (NL)
	'If you say something, see something', TENT, Rotterdam (NL)
2008	'Luso-Phonia', Hangar, Barcelona (ES)
2007	'The Other Side of Real', Cavanacor Gallery, Donegal (IE)
	'Céad in China', 411 Galleries, Shanghai, Hangzhou, Beijing (CN)
	'Open Systems', Green On Red Gallery, Dublin (IE)
	'Aveiro Jovens Criadores', Museu da Cidade, Aveiro (PT)
2006	'Launch/Making Do', The Lab, Dublin (IE)
	'it is a kind of magic', Ashford Gallery, Royal Hibernian Academy, Dublin (IE)
	'Wildbeaming', Sign Gallery, Groningen (NL)
2005	'New Irish Painting', Context Galleries, Derry (UK)

Publicaties/Publications
2010	*Virtual Fictional*, Printed Project no. 13, Dublin: Visual Artists Ireland
	If You Say Something, See Something, Rotterdam: Piet Zwart Institute

Artikelen/Articles
2008	'Inspired by human curiosity: interview with Priscila Fernandes', *Circa Magazine* (online)
2007	'Launch/Making Do', *Circa Magazine* (online)
	'Students make do with a great launch', *Sunday Independent*
2006	'A Challenge to the Conventional', *The Irish Times*
	'Abracadabra', *Village Magazine*
	'Art Students Pile: The metaphors high', *The Irish Times*

Lezingen/Lectures
2009	*Priscila Fernandes*, Kunstakademiet, Tromsø (NO)
	Representation, Open Office for Words, ADA, Rotterdam (NL)
2008	*Scientific Aesthetics*, Institute of Art Design and Technology, Dun Laoghaire (IE)
2007	*Priscila Fernandes*, National College of Art & Design, Dublin (IE)
	Showcase – Blurring Boundaries, The Lab, Dublin (IE)

Collecties/Collections
	Foundation Jheronimus Bosch 500 (NL)
	Four Gallery, Dublin (IE)
	Fundação Ilídio Pinho, Porto (PT)
	Culturgest, Fidelidade Mundial, Caixa Geral de Depósitos, Lisboa (PT)
	Diverse particuliere verzamelingen/Several private collections

Pilvi Takala
(1981, Helsinki, FIN)
Woont en werkt in/Lives and works in Amsterdam

Opleiding/Education
2001–2006	MFA, Finnish Academy of Fine Arts, Helsinki (FIN)

Residencies
2010	FRAME Fellowship (NL)
2009–2010	Rijksakademie van beeldende kunsten/Dutch Ministry of Education, Culture and Science (NL)
2009	ARCADIS Fellowship
2007	Galerija Miroslav Kraljevic, Zagreb (HRK)
2005	Platform Garanti Contemporary Art Centre, Istanbul (TR)

Verzamelingen/Collections

Kiasma Museum of Contemporary Art, Helsinki/
Finnish National Gallery (FIN)
The State Art Collection (FIN)
Helsinki City Art Museum (FIN)
Gemeentemuseum, Helmond (NL)

Solotentoonstellingen (een selectie)/(Selected) solo exhibitions
2010 'You Can't Do What You Can't Imagine', Finnish-
Norwegian Culture Institute, Oslo (NOR)
2009 'The Trainee', Studio K, Kiasma Museum of
Contemporary Art, Helsinki (FIN)
2008 'Outshiners', Galerija Miroslav Kraljevic, Zagreb
(HRK)
'The Angels', Turku Art Museum (FIN)
2007 'Between Sharing and Caring', Frac des Pays de
la Loire, Nantes (F)
2006 'Wallflower', Rael Artel Gallery, Pärnu and Tallinn
(EST)

Groepstentoonstellingen (een selectie)/
(Selected) group exhibitions
2010 4th Bucharest Biennial (RO)
'Culture(s) of Copy', Goethe Institut, Hong Kong/
Edith Russ Site for Media Art, Oldenburg (D)
'Transient Spaces — The Tourist Syndrome', Neue
Gesellschaft für Bildende Kunst/Bethanien, Berlin
(D)
'And the moral of the story is...Morality Act III',
Witte de With, Rotterdam (NL)
Nordic Art Triennial, Eskilstuna Art Museum (SE)
'Export — Import', Kunsthalle, Helsinki (FIN)
2008 5th Berlin Biennial (D)
'Flowers and Media', Helsinki City Art Museum (FIN)
'Salon Of The Revolution', HDLU — Mestrovic
Pavilion, Zagreb (HRK)
2007 'Consequences and Proposals', Biennale of Young
Artists, Tallinn (EST)
'In Search of the Miraculous', 5th Triennial of
Finnish art, Kunsthalle, Helsinki (FIN)
2006 'Songs of Freedom and Love', Platform Garanti,
Istanbul/K2 Contemporary Art Center, Izmir (TR)
2005 9th Istanbul Biennial (TR)

Publicaties (een selectie)/(Selected) publications
2008 *Younger Than Jesus Artist Directory*, New York:
Phaidon and The New Museum
2007 *Pilvi Takala: Between Sharing and Caring*,
Carquefou: Frac des Pays de la Loire (cat.)

Ben Pointeker
(1975, Höfen, AT)
Woont en werkt in/Lives and works in Amsterdam

Opleiding/Education
2003–2005 Piet Zwart Institute, Rotterdam (NL)
1996–2001 University of Applied Arts, Wien (AT)
1999–2001 Academy of Fine Arts, Wien (AT)
1998–1999 Royal Academy of Fine Arts, København (DK)

Residencies (selectie/selection)
2008 Artist-in-residence, Contemporary Image
Collective, Cairo (EG)

Prijzen/Awards
2004 Preis des Landes Tirol für zeitgenössische Kunst
(AT)
2002 Kunststücke-award, Diagonale, Graz (AT)

Groepstentoonstellingen (een selectie)/
(Selected) Group Exhibitions
2010 RLB Kunstpreis, Innsbruck (AT)
2009 'Cineplex', Secession, Wien (AT)
'Concept Film II', Arti et Amicitiae, Amsterdam (NL)
'In Between. Austria Contemporary', Galerija
Umjetnina, Split (HR)
Filmmuseum, Amsterdam (NL)
'RaiR#1', WDW63, Rotterdam (NL)
2008 'dieses wilde Klaffen', Kunstpavillon, Innsbruck (AT)
2007 diskurs 07 festival for performing arts, Giessen
(DE)
Biennial of Moving Images, Genève (CH)
2006 TENT auditorium, Rotterdam (NL)
2002 'VISIONary', Austrian Cultural Forum, New York
(USA)
2001 transmediale, Berlin (DE)

Filmvertoningen (een selectie)/(Selected) Film Screenings
2009 Image Forum, Tokyo (JP)
2008 Media City, Windsor (CA)
European Media Art Festival, Osnabrück (DE)
FairPlay, Lugano (CH)
VIDEOEXperimental, Zürich (CH)
exground filmfest, Wiesbaden (DE)
Rencontres Internationales Paris/Berlin/Madrid
(FR, DE, ES)
2007 TIE International Experimental Film & Video
Festival, Montevideo (UY)
25fps — International Experimental Film and Video
Festival, Zagreb (HR)
Festival du nouveau cinéma, Montréal (CA)
EXiS, Artsonje Center, Seoul (KR)
Courtisane, Gent (BE)
International Film Festival, Cork (IE)
International Film Festival Rotterdam (nominatie/
nomination Tiger Awards for Short Film),
Rotterdam (NL)
Crossing Europe Filmfestival, Linz (AT)
2004 Moving Landscapes, Filmmuseum, Wien (AT)
2002 Impakt, Utrecht (NL)
2001 Viennale, Wien (AT)
Pacific Film Archive, Berkeley (USA)
Barbican Centre, London (UK)

Publicaties/Publications
2010 *In Between. Austria Contemporary*, Vienna: Bmukk
(cat.)
2009 *CINEPLEX*, Wenen/Vienna: Secession (cat.)
2007 'Overfart', in: *The Gift of Sound and Vision* (DVD),
Wenen/Vienna: Edition Standard 71
2006 'The basic condition', in: Ruth Buchanan (red./ed.),
Normal Desires, Auckland: Rm 103

Vincent Vulsma
(1982, Zaandam, NL)
Woont en werkt in/Lives and works in Amsterdam & Berlin

Opleiding/Education
2002–2006   Gerrit Rietveld Academie, Amsterdam (NL)

Residencies, Fellowships
2011   Villa Romana, Firenze (IT)
2006–2008   de Ateliers, Amsterdam (NL)

Prijzen/Awards
2011   Villa Romana Prize, Villa Romana, Firenze (IT)
2006   BK Prize, Gerrit Rietveld Academie, Amsterdam (NL)

Solotentoonstellingen/Solo Exhibitions
2010   '141°E', Ellen de Bruijne Projects (Dolores), Amsterdam (NL)
2009   'ARS NOVA E5305-B', Galerie Cinzia Friedlaender, Berlin (DE)

Groepstentoonstellingen/Group Exhibitions
2010   6th Berlin Biennale for Contemporary Art, KW, Berlin (DE)
'Amsterdam–Berlin', De Service Garage, Amsterdam (NL)
2009   'Birds' (installatie door/installation by Willem de Rooij), Cubitt Gallery, London (UK)
'Fencing the Museum', Stedelijk Museum, Amsterdam (NL)
2008   'Offspring', de Ateliers, Amsterdam (NL)
'Oktoberfest', Nieuwe Vide, Haarlem (NL)
'Mudpie', W139, Amsterdam (NL)
2007   '4x1', Villa Nuts, Den Haag (NL)
'The Big Hug Show', de Ateliers, Amsterdam (NL)
2006   'Final Works', Gerrit Rietveld Academie, Amsterdam (NL)
'Rietveld in de Oude Kerk', Oude Kerk, Amsterdam (NL)

Publicaties/Publications
2010   *6th Berlin Biennale for Contemorary Art*, Berlin: KW (cat.)
'Curating the 21st Century', DU Magazine, juni/June
Jurriaan Benschop, 'Berlin Biennale: Werkelijkheid?', *Kunstbeeld*, no. 6
2009   Dominicus Müller, 'ARS NOVA E5305-B', *Artforum*, november/November
Mark Prince, 'ARS NOVA E5305-B', *Flash Art*, oktober/October
Hans-Jürgen Hafner, 'Mehrwert mit Falten', Artnet.de
Nicolas Trembley, 'Vincent Vulsma', *Número*, oktober/October
Jennifer Thatcher, 'Birds', *Art Review*, mei/May
Reinier Kist, 'Stedelijk Museum laat posters in ABN-kleuren toch toe', *NRC Handelsblad* 17-04
2008   *Nieuwe Vide '08, curated by Tarja Szaraniec*, Haarlem: Nieuwe Vide
Offspring 2008, Amsterdam: de Ateliers (cat.)
Maarten Steenhagen 'Nieuwe lichting, eigen mores', Tubelight.nl
2006   Mark Moorman, 'Rietveld: Plafond terug', *Het Parool* 27-06
Sacha Bronwasser, 'Niets prematuurs aan', *de Volkskrant* 18-01

Lezingen/Lectures
2010   'Real Players', 6th Berlin Biennale, KW, Berlin (DE)
2008   'When Kittens become Cats', Frankfurter Kunstverein, Frankfurt (DE)

PRIX DE ROME WINNAARS/ WINNERS 1884–2010

1884
Jac. van Looy 1e prijs schilderkunst/1st prize painting
Jan Dunselman 1e prijs schilderkunst/1st prize painting

1885
P. Pander 1e prijs beeldhouwkunst/1st prize sculpture

1887
P.Ph. Rink 1e prijs schilderkunst/1st prize painting
P.C. de Moor 2e prijs schilderkunst/2nd prize painting

1888
E. Jacobs 1e prijs beeldhouwkunst/1st prize sculpture
J.W. Best 2e prijs beeldhouwkunst/2nd prize sculpture

1890
H.F. Goovaerts 1e prijs schilderkunst/1st prize painting

1896
J.H.Ph. Wortman 1e prijs beeldhouwkunst/1st prize sculpture
J.C. Wienecke 2e prijs beeldhouwkunst/2nd prize sculpture

1899
mevr./Ms. **J.A.C. Mijnssen** 1e prijs beeldhouwkunst/ 1st prize sculpture

1900
J.F. Buchel 1e prijs bouwkunst/1st prize architecture
J.H.W. Leliman 2e prijs bouwkunst/2nd prize architecture

1901
A.H. Gouwe 1e prijs schilderkunst/1st prize painting
M. Monnickendam 2e prijs schilderkunst/2nd prize painting

1902
F.E. Jeltsema 1e prijs beeldhouwkunst/1st prize sculpture
C.A. Smout 2e prijs beeldhouwkunst/2nd prize sculpture

1904
J. Sluijters 1e prijs schilderkunst/1st prize painting

1905
C.A. Smout 1e prijs beeldhouwkunst/1st prize sculpture

1906
J.M. van der Mey 1e prijs bouwkunst/1st prize architecture

1907
Tj. Bottema 1e prijs beeldhouwkunst/1st prize sculpture
F. Hogerwaard 2e prijs beeldhouwkunst/2nd prize sculpture

1908
B.M.A. Ingen Housz 1e prijs beeldhouwkunst/1st prize sculpture

1909
D.F. Slothouwer 1e prijs bouwkunst/1st prize architecture

1910
F. Hogerwaard 1e prijs schilderkunst/1st prize painting
A.J.J. Verschuuren 2e prijs schilderkunst/2nd prize painting

1911
Th. van Reijn 1e prijs beeldhouwkunst/1st prize sculpture
H.L. Krop 2e prijs beeldhouwkunst/2nd prize sculpture

1913
D.A. Bueno de Mesquita 1e prijs schilderkunst/1st prize painting
A.J.J. Verschuuren 2e prijs schilderkunst/2nd prize painting
mevr./Ms. **E. Valença** 1e prijs grafische kunst/1st prize graphic art

1916
P. Determeijer 1e prijs schilderkunst/1st prize painting

1917
Ch. Vos 1e prijs beeldhouwkunst/1st prize sculpture

E.H. Baaij 2e prijs
beeldhouwkunst/2nd prize
sculpture

1918
H.P.J. de Vries 1e prijs
bouwkunst/1st prize
architecture

1920
mevr./Ms.C. Demmink 1e prijs
beeldhouwkunst/1st prize
sculpture
L.S.W. van der Noordaa
2e prijs beeldhouwkunst/
2nd prize sculpture

1921
C. van Eesteren 1e prijs
bouwkunst/1st prize
architecture

1922
Ch. Eyck 1e prijs
schilderkunst/1st prize painting
C. Bolding 2e prijs
schilderkunst/2nd prize
painting

1923
F.J. van Hall 1e prijs
beeldhouwkunst/1st prize
sculpture
N.A. van der Kreek 2e prijs
beeldhouwkunst/2nd prize
sculpture

1924
J.P.L. Hendriks 1e prijs
bouwkunst/1st prize
architecture

1925
A. Lüske 1e prijs
schilderkunst/1st prize painting
A. Glansdorp 2e prijs
schilderkunst/2nd prize
painting

1926
J.G. Wertheim 1e prijs
beeldhouwkunst/1st prize
sculpture
M.S. Andriessen 2e prijs
beeldhouwkunst/2nd prize
sculpture

1929
mevr./Ms.C.C.J.M.
Heslenfeld
1e prijs beeldhouwkunst/
1st prize sculpture
mevr./Ms.G. Reuter 2e prijs
beeldhouwkunst/2nd prize
sculpture

1931
H.J.E. van der Kop 1e prijs
schilderkunst/1st prize painting
A.J.J. Scheffers 2e prijs
schilderkunst/2nd prize
painting

1932
D.K. Broos 1e prijs
schilderkunst/1st prize painting
J. Bouhuijs 2e prijs
schilderkunst/2nd prize
painting
mevr./Ms.P.H. Klaassen
1e prijs beeldhouwkunst/
1st prize sculpture
G.J. van der Veen 2e prijs
beeldhouwkunst/2nd prize
sculpture

1933
K. Brinks 1e prijs grafische
kunst/1st prize graphic art
N.J.H. Levigne 2e prijs
grafische kunst/2nd prize
graphic art

1934
J.M.F.Hul 1e prijs
schilderkunst/1st prize painting
mevr./Ms.M.A. Bloemen 2e
prijs schilderkunst/2nd prize
painting
G. Bolhuis 1e prijs
beeldhouwkunst/1st prize
sculpture
mevr./Ms.J.Th.J. Hulshoff
Pol 2e prijs beeldhouwkunst/
2nd prize sculpture

1935
A. Staal 1e prijs
bouwkunst/1st prize
architecture
mevr./Ms.F.P. 't Hooft
2e prijs bouwkunst/2nd prize
architecture

1936
W. Couzijn 1e prijs
beeldhouwkunst/1st prize
sculpture
mevr./Ms.A.H. Rutgers van
der Loeff 2e prijs
beeldhouwkunst/2nd prize
sculpture

1938
M. van Dam 2e prijs
schilderkunst/2nd prize
painting
D.C. Steenbergen 1e prijs
beeldhouwkunst/1st prize
sculpture

V.P.S. Esser 2e prijs
beeldhouwkunst/2nd prize
sculpture

1939
H. de Rijk 2e prijs
bouwkunst/2nd prize
architecture

1940
A.A. van der Weijden
1e prijs schilderkunst/
1st prize painting
J. Dijker 2e prijs
schilderkunst/2nd prize
painting
J. Limpers 1e prijs
beeldhouwkunst/1st prize
sculpture
P.H. d'Hondt 2e prijs
beeldhouwkunst/2nd prize
sculpture

1941
P.H. Schoenmakers 1e prijs
grafische kunst/1st prize
graphic art
C.P.A. Hos 2e prijs grafische
kunst/2nd prize graphic art

1942
J. Roozendaal 1e prijs
schilderkunst/1st prize painting
J.B. Sleper 2e prijs
schilderkunst/2nd prize
painting

1946
J. Schipper 1e prijs
bouwkunst/1st prize
architecture
A.C. Nicolaï 2e prijs
bouwkunst/2nd prize
architecture

1947
M.A. de Leeuw 1e prijs
schilderkunst/1st prize painting
C. Hund 1e prijs
beeldhouwkunst/1st prize
sculpture
N.H. Onkerhout 2e prijs
beeldhouwkunst/2nd prize
sculpture

1948
J.B. Sleper 1e prijs grafische
kunst/1st prize graphic art
E. Thorn Leeson 2e prijs
grafische kunst/2nd prize
graphic art

1949
P.J. Defesche 1e prijs
schilderkunst/1st prize painting

J.B.M. Sarneel 2e prijs
schilderkunst/2nd prize
painting
mevr./Ms.E.B. Haije 1e prijs
beeldhouwkunst/1st prize
sculpture
M.F.M. van Seumeren 2e
prijs beeldhouwkunst/2nd prize
sculpture

1950
R.D. Bleeker 2e prijs
bouwkunst/2nd prize
architecture

1951
A. Hettema 1e prijs
beeldhouwkunst/1st prize
sculpture
J.H. IJdo 2e prijs
beeldhouwkunst/2nd prize
sculpture

1952
E. Thorn Leeson 1e prijs
grafische kunst/1st prize
graphic art
L. Strik 2e prijs grafische
kunst/2nd prize graphic art

1953
A.J.B. Dekkers 1e prijs
schilderkunst/1st prize painting
J.H. IJdo 1e prijs
beeldhouwkunst/1st prize
sculpture
mevr./Ms.Th.R. van der
Pant
2e prijs beeldhouwkunst/
2nd prize sculpture

1954
G.J. van der Grinten
1e prijs bouwkunst/1st prize
architecture
H. van Leeuwen 2e prijs
bouwkunst/2nd prize
architecture

1955
mevr./Ms A.A. Dekkers
1e prijs schilderkunst/
1st prize painting
E.A.F.R. van Zanten 1e prijs
beeldhouwkunst/1st prize
sculpture

1957
mevr./Ms.E.M. Eerdmans
1e prijs schilderkunst/1st prize
painting
G. de Jong 2e prijs
beeldhouwkunst/2nd prize
sculpture

1958
W.G. Quist 2e prijs
bouwkunst/2nd prize
architecture

1959
N. Rolle 1e prijs
schilderkunst/1st prize painting
Jac. Frenken 2e prijs
schilderkunst/2nd prize
painting
G. de Jong 1e prijs
beeldhouwkunst/1st prize
sculpture
mevr./Ms. R. Brouwer 2e prijs
beeldhouwkunst/2nd prize
sculpture

1960
W. Vaarzon Morel 2e prijs
grafische kunst/2nd prize
graphic art

1961
A.N.J. Bakker 1e prijs
schilderkunst/1st prize painting
H.P. Pander 2e prijs
schilderkunst/2nd prize
painting
F.T.S. Letterie 1e prijs
beeldhouwkunst/1st prize
sculpture
mevr./Ms. N.J. Jelles-
Schepers 2e prijs
beeldhouwkunst/
2nd prize sculpture

1962
P. Blom 1e prijs bouwkunst/
1st prize architecture

1963
D. de Goede 1e prijs
beeldhouwkunst/1st prize
sculpture
mevr./Ms. G.Ch. Put-Nijland
2e prijs beeldhouwkunst/
2nd prize sculpture

1965
mevr./Ms. J.M. van den
Borg-du Mortier 1e prijs
schilderkunst/1st prize painting
J.H. Verburg 2e prijs
schilderkunst/2nd prize
painting
J.A. Spiering 1e prijs
beeldhouwkunst/1st prize
sculpture
H.H. Rorije 2e prijs
beeldhouwkunst/2nd prize
sculpture

1966
C.J.M. Weeber 1e prijs
bouwkunst/1st prize
architecture
J.H. Bosch 2e prijs
bouwkunst/2nd prize
architecture

1967
mevr./Ms. H.J. Siepman-van
den Berg 2e prijs beeldhouw-
kunst/2nd prize sculpture

1969
mevr./Ms. H. Grégoire-Sterk
1e prijs schilderkunst/1st prize
painting
F.J.M. Krijger 2e prijs
schilderkunst/2nd prize
painting
mevr./Ms. H.E.C. Schepp
1e prijs beeldhouwkunst/
1st prize sculpture
G.A.J. Sterk 2e prijs
beeldhouwkunst/2nd prize
sculpture

1972
L.W.J. Heidendael 1e prijs
grafische kunst/1st prize
graphic art
W. Jonkman 2e prijs grafische
kunst/2nd prize graphic art

1973
mevr./Ms. J.L.M. Tangelder
1e prijs schilderkunst/1st prize
painting
J.J. Grégoire 2e prijs
schilderkunst/2nd prize
painting
mevr./Ms E.J. van Rees-
Burger 1e prijs beeldhouw-
kunst/1st prize sculpture
G.H. Steyn 2e prijs
beeldhouwkunst/2nd prize
sculpture

1975
mevr./Ms. A.J.W.M. van der
Vorst 1e prijs beeldhouwkunst/
1st prize sculpture
mevr./Ms. F.D. Weinberg
2e prijs beeldhouwkunst/
2nd prize sculpture

1976
M.H.P. Boas 2e prijs grafische
kunst/2nd prize graphic art

1977
A. Schippers 1e prijs
schilderkunst/1st prize painting
mevr./Ms. M.F. de Vries
2e prijs schilderkunst/
2nd prize painting

mevr./Ms. E. Hahn 1e prijs
beeldhouwkunst/1st prize
sculpture
mevr./Ms. F.D. Weinberg 2e
prijs beeldhouwkunst/2nd prize
sculpture

1979
M.T.J.M. van de Laar
1e prijs schilderkunst/
1st prize painting
G. Prent 2e prijs schilder-
kunst/2nd prize painting
mevr./Ms. C.C.E. van Amstel
1e prijs beeldhouwkunst/
1st prize sculpture
P.P.A. Erftemeijer 2e prijs
beeldhouwkunst/2nd prize
sculpture

1980
D.E. Kisman 1e prijs grafische
kunst/1st prize graphic art
R. Sips 2e prijs grafische
kunst/2nd prize graphic art

1981
C.C.M. Voorbraak 1e prijs
schilderkunst/1st prize painting
mevr./Ms. H. Kos 2e prijs
schilderkunst/2nd prize
painting
C.J.M. van Oosterhout
2e prijs beeldhouwkunst/
2nd prize sculpture

1983
mevr./Ms. A.M. van Leeuwen
1e prijs schilderkunst/1st prize
painting

1984
mevr./Ms. M. Postma 1e prijs
grafische kunst/1st prize
graphic art
mevr./Ms. A. de Koning
2e prijs grafische kunst/2nd
prize graphic art

1985
Marien Schouten 1e prijs
schilderkunst/1st prize painting
Berend Hoekstra 2e prijs
schilderkunst/2nd prize painting
Marc Mulders basisprijs
schilderkunst/basic prize
painting
Maarten Ploeg basisprijs
schilderkunst/basic prize
painting
Leo Vroegindewey 1e prijs
beeldhouwkunst/1st prize
sculpture
Cor van Dijk 2e prijs
beeldhouwkunst/2nd prize
sculpture

Niek Kemps basisprijs
beeldhouwkunst/basic prize
sculpture
Marc Ruijgrok basisprijs
beeldhouwkunst/basic prize
sculpture

1986
Rik van Dolderen 1e prijs
stedenbouw en landschaps-
architectuur/1st prize urban
design and landscape
architecture
Harm Veenenbos 2e prijs
stedenbouw en landschaps-
architectuur/2nd prize urban
design and landscape
architecture
Paul van Beeck basisprijs
stedenbouw en landschaps-
architectuur/basic prize urban
design and landscape
architecture
Mathieu Derckx basisprijs
stedenbouw en
landschapsarchitectuur/basic
prize urban desing and
landscape architecture
Wim van den Bergh 1e prijs
architectuur/1st prize
architecture
Koen van Velsen 2e prijs
architectuur/2nd prize
architecture
Peter Defesche basisprijs
architectuur/basic prize
architecture
Guido Swart basisprijs
architectuur/basic prize
architecture

1987
Jan van de Pavert 1e prijs
beeldhouwkunst/1st prize
sculpture
Berend Strik 2e prijs
beeldhouwkunst/2nd prize
sculpture
Hans van Houwelingen
basisprijs beeldhouwkunst/
basic prize sculpture
Hans van Meeuwen basisprijs
beeldhouwkunst/basic prize
sculpture
Jan van den Dobbelsteen 1e
prijs kunst en de publieke ruimte/
1st prize art and public space

1988
Erik Andriesse 1e prijs
grafiek/1st prize graphic art
Ludo Slagmolen 2e prijs
grafiek/2nd prize graphic art
Willem Oorebeek basisprijs
grafiek/basic prize graphic art

Jan Schoenmakers basisprijs
grafiek/basic prize graphic art
Brian Meijers 1e prijs
grafische vormgeving/1st prize
graphic design
Mevis & Van Deursen
2e prijs grafische vormgeving/
2nd prize graphic design
Wim den Hertog basisprijs
grafische vormgeving/basic
prize graphic design
Lex Reitsma basisprijs
grafische vormgeving/basic
prize graphic design

1989
Bettie van Haaster 1e prijs
schilderkunst/1st prize painting
Rob Birza 2e prijs
schilderkunst/2nd prize
painting
Lisa Couwenbergh basisprijs
schilderkunst/basic prize
painting
W.J.M. Kok basisprijs
schilderkunst/basic prize
painting
Peter Baren basisprijs
theater en beeldende kunst/
basic prize theatre and visual
arts
Sanne Danz basisprijs theater
en beeldende kunst/basic prize
theatre and visual arts
Hans Klasema basisprijs
theater en beeldende kunst/
basic prize theatre and visual
arts
Erik Kouwenhoven basisprijs
theater en beeldende kunst/
basic prize theatre and visual
arts

1990
Adriaan Geuze 1e prijs
stedenbouw en landschaps-
architectuur/1st prize urban
design and landscape
architecture
Wilke Diekema 2e prijs
stedenbouw en landschaps-
architectuur/2nd prize urban
design and landscape
architecture
Bruno Doedens basisprijs
stedenbouw en landschaps-
architectuur/basic prize urban
design and landscape
architecture
Bert Dirrix 1e prijs archi-
tectuur/1st prize architecture
Roberto Meyer
2e prijs architectuur/
2nd prize architecture

Rik Lagerwaard basisprijs
architectuur/basic prize
architecture
Erik Knippers basisprijs
architectuur/basic prize
architecture

1991
Geen 1e en 2e prijs film en
video/no 1st and 2nd prize film
and video
René Hazekamp basisprijs film
en video/basic prize film and
video
Jozef van der Heijden
basisprijs film en video/
basic prize film and video
Bill Spinhoven basisprijs
film en video/basic prize film
and video
Geen 1e prijs fotografie/no 1st
prize photography
Romy Finke 2e prijs fotografie/
2nd prize photography
Korrie Besems basisprijs
fotografie/basic prize
photography
Claudia Kölgen basisprijs
fotografie/basic prize
photography
Bob Negrijn basisprijs
fotografie/basic prize
photography

1992
Karin Arink 1e prijs
beeldhouwen/1st prize
sculpture
Tom Claassen basisprijs
beeldhouwen/basic prize
sculpture
Joep van Lieshout basisprijs
beeldhouwen/basic prize
sculpture
Marlene Staals basisprijs
beeldhouwen/basic prize
sculpture
Suchan Kinoshita 1e prijs
beeldende kunst en
openbaarheid/1st prize art and
public space
Mark Manders 2e prijs
beeldende kunst en
openbaarheid/2nd prize art and
public space
Noor de Rooy basisprijs
beeldende kunst en
openbaarheid/basic prize art
and public space
Marijke van Warmerdam
basisprijs beeldende kunst en
openbaarheid/basic prize art
and public space

1993
Paul Klemann 1e prijs
tekenen/1st prize drawing
Bernadette Beunk 2e prijs
tekenen/2nd prize drawing
David Bade basisprijs
tekenen/basic prize drawing
Hewald Jongenelis 1e prijs
grafiek/1st prize graphic art
Wapke Feenstra 2e prijs
grafiek/2nd prize graphic art
Britta Huttenlocher
basisprijs grafiek/basic prize
graphic art
Remco Vlaanderen basisprijs
grafiek/basic prize graphic art

1994
Ed Gebski 1e prijs
schilderkunst/1st prize painting
Avery Preesman 2e prijs
schilderkunst/2nd prize
painting
Michael Raedecker basisprijs
schilderkunst/basic prize
painting
Robert Zandvliet basisprijs
schilderkunst/basic prize
painting
Ida Lohman 1e prijs theater en
beeldende kunst/1st prize
theatre and visual arts
Yvonne Dröge Wendel
2e prijs theater en beeldende
kunst/2nd prize theatre and
visual arts
Bart Gorter basisprijs
theater en beeldende kunst/
basic prize theatre and visual
arts

1995
Branimir Medić 1e prijs
stedenbouw en landschaps-
architectuur/1st prize urban
design and landscape
architecture
Pero Puljiz basisprijs
stedenbouw en landschaps-
architectuur/basic prize urban
design and landscape
architecture
Erwin Bot basisprijs
stedenbouw en landschaps-
architectuur/basic prize urban
design and landscape
architecture
Joost van Hezewijk
basisprijs stedenbouw en
landschapsarchitectuur/
basic prize urban design and
landscape architecture
Rob Hootsmans 1e prijs
architectuur/1st prize
architecture

Jen Alkema basisprijs
architectuur/basic prize
architecture
Moriko Kira basisprijs
architectuur/basic prize
architecture
Reinier Ubels basisprijs
architectuur/basic prize
architecture

1996
Paul Kooiker 1e prijs
fotografie/1st prize
photography
Hans Wijninga 2e prijs
fotografie/2nd prize
photography
Désirée Dolron basisprijs
fotografie/basic prize
photography
Astrid Hermes basisprijs
fotografie/basic prize
photography
Geen 1e prijs film en video/
no 1st prize film and video
Imogen Stidworthy 2e prijs
film en video/2nd prize film and
video
Marieke van der Lippe
basisprijs film en video/basic
prize film and video
Jeroen de Rijke/Willem de
Rooij basisprijs film en video/
basic prize film and video

1997
Femke Schaap 1e prijs
beeldhouwen/1st prize
sculpture
Erzsébet Baerveldt 2e prijs
beeldhouwen/2nd prize
sculpture
Una Henry basisprijs beeld-
houwen/basic prize sculpture
Theo van Meerendonk
basisprijs beeldhouwen/basic
prize sculpture
Alicia Framis
1e prijs beeldende kunst
en de publieke ruimte/
1st prize art and public space
Erik Weeda 2e prijs beeldende
kunst en de publieke ruimte/
2nd prize art and public space
Birthe Leemeijer basisprijs
beeldende kunst en de publieke
ruimte/basic prize art and
public space
Sjaak Langenberg basisprijs
beeldende kunst en de publieke
ruimte/basic prize art and
public space

1998
Agata Zwierzyñska 1e prijs
grafiek/1st prize graphic art
Bibo 2e prijs grafiek/2nd prize
graphic art
Thomas Buxó basisprijs
grafiek/basic prize graphic art
Rinke Nijburg basisprijs
grafiek/basic prize graphic art
Paul Nassenstein 1e prijs
tekenen/1st prize drawing
Mariëtte Renssen 2e prijs
tekenen/2nd prize drawing
Walter van Broekhuizen
basisprijs tekenen/basic prize
drawing
Marc Nagtzaam basisprijs
tekenen/basic prize drawing

1999
Charlotte Schleiffert
1e prijs schilderen/1st prize
painting
Erik van Lieshout 2e prijs
schilderen/2nd prize painting
Gé-Karel van der Sterren
basisprijs schilderen/basic
prize painting
Gijs Frieling basisprijs
schilderen/basic prize painting
Cees Krijnen 1e prijs theater
en beeldende kunst/1st prize
theatre and visual arts
Germaine Kruip 2e prijs
theater en beeldende
kunst/2nd prize theatre and
visual arts
Jennifer Tee basisprijs
theater en beeldende kunst/
basic prize theatre and visual
arts

2001
John Lonsdale 1e prijs
stedenbouw en landschaps-
architectuur/1st prize urban
design and landscape
architecture
Jago Van Bergen 2e prijs
stedenbouw en landschaps-
architectuur/2nd prize urban
design and landscape
architecture
Nikol Dietz basisprijs
stedenbouw en landschaps-
architectuur/basic prize urban
design and landscape
architecture
Paul Toornend basisprijs
stedenbouw en landschaps-
architectuur/basic prize urban
design and landscape
architecture
Gianni Cito 1e prijs
architectuur/1st prize
architecture

Theo Hauben 2e prijs
architectuur/2nd prize
architecture
Marion Regitko basisprijs
architectuur/basic prize
architecture
Fjodor Richter basisprijs
architectuur/basic prize
architecture

2002
Elspeth Diederix
1e prijs fotografie/
1st prize photography
Cuny Janssen 2e prijs
fotografie/2nd prize
photography
Thomas Manneke basisprijs
fotografie/basic prize
photography
Carla van de Puttelaar
basisprijs fotografie/basic
prize photography
Igor Sevcuk 1e prijs film en
video/1st prize film and video
Jasper van den Brink
2e prijs film en video/
2nd prize film and video
Diana Ramaekers basisprijs
film en video/basic prize film
and video
Saskia Olde Wolbers
basisprijs film en video/basic
prize film and video

2003
Ryan Gander 1e prijs beeld-
houwkunst/1st prize sculpture
Erik Olofsen 2e prijs
beeldhouwkunst/2nd prize
sculpture
Helmut Dick basisprijs
beeldhouwkunst/basic prize
sculpture
Folkert de Jong basisprijs
beeldhouwkunst/basic prize
sculpture
James Beckett 1e prijs kunst
en publieke ruimte/1st prize art
and public space
Katrin Korfmann 2e prijs
kunst en publieke ruimte/2nd
prize art and public space
Natasja Boezem basisprijs
kunst en publieke ruimte/basic
prize art and public space
Tomoko Take basisprijs kunst
en publieke ruimte/basic prize
art and public space

2004
Mariana Castillo Deball
1e prijs tekenen en grafiek/
1st prize drawing and graphic art

Derk Thijs 2e prijs tekenen
en grafiek/2nd prize drawing
and graphic art
Anant Joshi basisprijs
tekenen en grafiek/basic prize
drawing and graphic art
Marijn van Kreij basisprijs
tekenen en grafiek/basic prize
drawing and graphic art

2005
Lonnie van Brummelen 1e
prijs beeldende kunst/1st prize
visual arts
Yael Bartana 2e prijs
beeldende kunst/2nd prize
visual arts
Kan Xuan basisprijs beeldende
kunst/basic prize visual arts
Esther Tielemans basisprijs
beeldende kunst/basic prize
visual arts

2006
Ronald Rietveld 1e prijs
architectuur/1st prize
architecture
Daan Petri 2e prijs
architectuur/2nd prize
architecture
Eva Pfannes basisprijs
architectuur/basic prize
architecture
**Bas Princen & Milica
Topolovic** basisprijs
architectuur/basic prize
architecture

2007
Viviane Sassen 1e prijs
beeldende kunst/1st prize
visual arts
Sung Hwan Kim 2e prijs
beeldende kunst/2nd prize
visual arts
Claire Harvey basisprijs
beeldende kunst/basic prize
visual arts
Maartje Korstanje basisprijs
beeldende kunst/basic prize
visual arts

2009
Nicoline van Harskamp
1e prijs beeldende kunst/
1st prize visual arts
Rossella Biscotti 2e prijs
beeldende kunst/2nd prize
visual arts
**Ólafur Ólafsson & Libia
Castro** basisprijs beeldende
kunst/basic prize visual arts
Sara Rajaei basisprijs
beeldende kunst/basic prize
visual arts

2010
Olv Klijn 1e prijs
architectuur/1st prize
architecture
**Jeroen Spee & Jeroen
Steenvoorden** 2e prijs
architectuur/2nd prize
architecture
**Thijs van Bijsterveldt
& Oana Radeş** basisprijs
architectuur/basic prize
architecture
**Johan Selbing & Anouk
Vogel** basisprijs architectuur/
basic prize architecture

MET DANK AAN
ACKNOWLEDGMENTS

Juryleden/
Members of the jury

Alle deelnemende kunstenaars/
All participating artists

SMART Project Space
Thomas Peutz
Una Henry
Alex Lebbink

IMC Weekendschool
Lise ten Holder
Myrthe Hebinck

AVRO Kunstuur
Ruud Pelgrum
Irene Reukers

Domein voor kunstkritiek

Blikopeners – Stedelijk Museum Amsterdam

Kunstenaars en
medewerkers van
de Rijksakademie/
Artists and staff
members of the
Rijksakademie

Mede mogelijk
gemaakt door/
Made possible with
the support of:

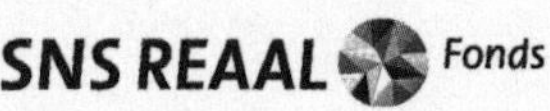

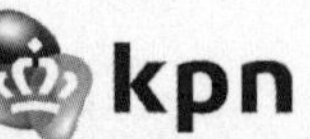

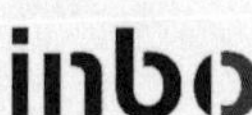

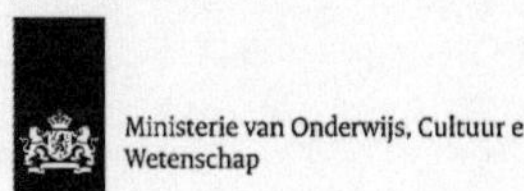

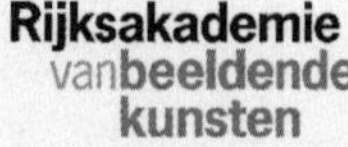

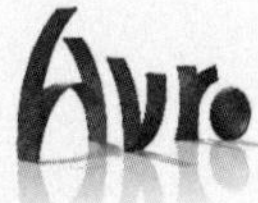

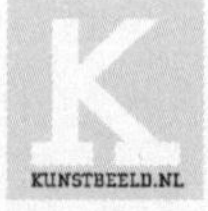

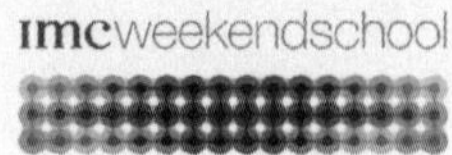

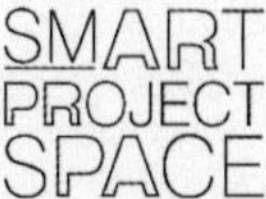

*Priscila Fernandes dankt/
would like to thank:*

Derek Brunen
Janke Dekker
Rosalie Eppink
Roderick Hietbrink
Steve Rushton
Edward Clydesdale Thomson
Bryan Vandamme
Xapp KinderCasting
Fonds BKVB, Amsterdam
Prix de Rome
Rijksakademie van beeldende
kunsten, Amsterdam

*Ben Pointeker dankt/
would like to thank:*

Jenny Beyer
Frans-Willem Korsten
Ine Lamers
Mayumi Nakazaki
Julia Willms

*Pilvi Takala dankt/
would like to thank:*

Camera: Siri Baggerman

en speciale dank aan/
and special thanks to:
Rael Artel
Hanna Arvela
Roman Babjak
Julien Beneyton
Tudor Bratu
Alexandra Chaushova
Tomáš Džadoň
Miklos Gaál
Pénélope Gaillard
Nicoline van Harskamp
Ištvan Išt Huzjan
Stine Marie Jacobsen
Agata Jastrzabek
Eleni Kamma
Philipp Kremer
Aukje Koks
Brígida Mendes
Alice Nikitinová
Antti Miettunen-Nordström
Laura Nordström
Ahmet Öğüt
Mario Pulver
Alex Reynolds
Pamela Rosenkranz
Hans Rosenström
Luís Silva
Rebecca Stephany
Jukka-Pekka Takala
Ola Vasiljeva
Ellen Wettmark
Philippe van Wolputte
Nina Yuen

*Vincent Vulsma dankt/
would like to thank:*

Eric Bell
Andrea Cammarosano
Cinzia Friedlaender
Karin Hasselberg
Petter Hellsing
Manja Hunger
David Jablonowski
Anna & Jan Hein van Joolen
Elisa van Joolen
Gert Jan Kocken
Mario Pfeifer
Joost Post
Pieter Paul Pothoven
Angelika Stepken
Tom & Elisabeth Vulsma
Kerstin Winking
Le Centre des Textiles
Contemporains de Montréal
Fonds BKVB, Amsterdam
The Metropolitan Museum of
Art, The Photograph Study
Collection, New York
The Museum of Modern Art
Archives, New York
Rijksakademie van beeldende
kunsten, Amsterdam
Villa Romana, Florence

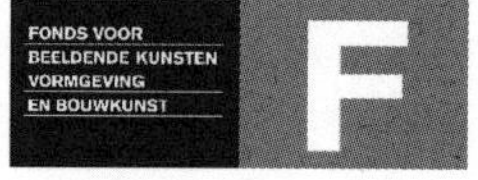

PUBLICATIE/PUBLICATION

Tekst/Text
Nicoline Timmer

Redactie/Edited by
Martijntje van Schooten

Tekstredactie/Text editing
Els Brinkman
D'Laine Camp

Vertaling/Translation
Christine Gardner

Vormgeving/Design
Joseph Plateau, Amsterdam

Fotografie/Photography
Daniel Nicolas
en/and
Nick Ash (p. 38, 40)
Ben Geraerts (p. 42-45)
Frank Lundvigsen (p. 34 onder/
bottom)
Joachim Naudts (p. 36)
Gert Jan van Rooij (p. 39)
Edward Clydesdale Thomson
(p. 18 boven/top, 24)

*Druk en lithografie/Printing
and lithography*
NPN Drukkers, Breda

Papier/Paper
GoMatt 135gr

*Projectcoördinatie/Project
coordination*
Barbera van Kooij,
NAi Uitgevers/Publishers

Uitgever/Publisher
Barbera van Kooij,
NAi Uitgevers/Publishers

ORGANISATIE/ORGANIZATION

Rijksakademie van beeldende
kunsten

*Directeur Rijksakademie van
beeldende kunsten en secretaris
van de Prix de Rome /
President Rijksakademie van
beeldende kunsten and
secretary of the Prix de Rome*
Els van Odijk

Medewerkers/Staff
Martijntje van Schooten
(algemeen coördinator)
Muriël Musa
Yolanda Wigleven
Kim Knoppers
Radna Rumping
(publieksontwikkeling)
Sebastiaan Brandsen (stagiair
publieksontwikkeling)

Sarphatistraat 470
1018 GW Amsterdam
The Netherlands
prix@prixderome.nl
www.prixderome.nl
www.facebook.com/prixderome
www.twitter.com/prixderome

TENTOONSTELLING/EXHIBITION

08.05.2011 – 24.07.2011

SMART Project Space
Arie Biemondstraat 105-113
1054 PD Amsterdam
tel + 31 (0) 20 4275951
info@smartprojectspace.net
www.smartprojectspace.net